AF893652

Terapeutyczna moc nerwu błędnego

STANLEY ROSENBERG

Przedmowy Stephen W. Porges i Benjamin Shield

Terapeutyczna moc nerwu błędnego

PRACA Z CIAŁEM OPARTA NA TEORII POLIWAGALNEJ

Tłumaczenie
Andrzej Homańczyk

Wydawnictwo Uniwersytetu Jagiellońskiego

Seria: Psyche/Soma

Tytuł oryginału: *Accessing the Healing Power of the Vagus Nerve: Self-Help Exercises for Anxiety, Depression, Trauma, and Autism*

Copyright © 2017 by Stanley Rosenberg
Illustrations by Sohan Mie Poulsen; © Stanley Rosenberg 2017.
Photographs by Tau Bjorn Rosenberg

© Copyright for Polish Translation and Edition by Wydawnictwo Uniwersytetu Jagiellońskiego
Wydanie I, Kraków 2020
All rights reserved

Redaktor naukowy
prof. dr hab. n. med. Jolanta Jaworek

Projekt okładki i stron tytułowych
Pracownia Register

Treść niniejszej książki służy wyłącznie celom informacyjnym i nie zastępuje konsultacji ani opieki lekarskiej. Czytelnikom zaleca się umiar w stosowaniu prezentowanych informacji i wykorzystywanie ich w porozumieniu z lekarzem. Autorzy i wydawca jednoznacznie zrzekają się odpowiedzialności za wszelkie niepożądane skutki wykorzystania lub zastosowania informacji zawartych w niniejszej książce.

Niniejsza książka stanowi utwór chroniony na podstawie ustawy o prawie autorskim i prawach pokrewnych. Prawami do tego utworu dysponuje Wydawca – Wydawnictwo Uniwersytetu Jagiellońskiego. Bez zgody Wydawcy niedopuszczalne jest kopiowanie, rozpowszechnianie lub inne korzystanie z niniejszej książki w całości lub z jej fragmentów z wyjątkiem dozwolonego użytku osobistego lub publicznego.

ISBN 978-83-233-4773-6

WYDAWNICTWO
UNIWERSYTETU
JAGIELLOŃSKIEGO

www.wuj.pl

Wydawnictwo Uniwersytetu Jagiellońskiego
Redakcja: ul. Michałowskiego 9/2, 31-126 Kraków
tel. 12-663-23-80, fax 12-663-23-83
Dystrybucja: tel. 12-631-01-97, tel./fax 12-631-01-98
tel. kom. 506-006-674, e-mail: sprzedaz@wuj.pl
Konto: PEKAO SA, nr 80 1240 4722 1111 0000 4856 3325

Lindzie Thorborg

Spis treści

Przedmowa doktora Stephena W. Porgesa 11
Przedmowa doktora Benjamina Shielda 15
Podziękowania 17
Wstęp 19
Wprowadzenie: autonomiczny układ nerwowy 25

CZĘŚĆ PIERWSZA: STARE i NOWE FAKTY ANATOMICZNE. TEORIA POLIWAGALNA

Problemy ze zdrowiem: czy walczysz z głowami Hydry? 37
Głowy Hydry: powszechne problemy powiązane z dysfunkcjami nerwów czaszkowych 39

1 **Poznaj swój autonomiczny układ nerwowy** 43
Dwanaście nerwów czaszkowych 43
Dysfunkcje nerwów czaszkowych a zaangażowanie społeczne 50
Leczenie nerwów czaszkowych 57
Nerwy rdzeniowe 59
Enteryczny układ nerwowy 63

2 **Teoria poliwagalna** 64
Trzy obwody autonomicznego układu nerwowego 64
Złotowłosa i trzy stany autonomicznego układu nerwowego 65

Pięć stanów autonomicznego układu nerwowego 68
Nerw błędny 71
Dwie części nerwu zwanego „błędnym" 74
Stres a układ współczulny 84

3 **Neurocepcja i błędna neurocepcja** 91
Błędna neurocepcja a przetrwanie 92
Inne przypadki błędnej neurocepcji 95
Historia Antajosa 96

4 **Badanie części brzusznej nerwu błędnego** 99
Prosta ocena na podstawie obserwacji twarzy 99
Obiektywna ocena funkcjonowania nerwu błędnego na podstawie zmienności rytmu zatokowego 103
Badanie funkcjonowania nerwu błędnego: pierwsze doświadczenia 105
Opracowanie teorii poliwagalnej 107
Badanie funkcjonowania nerwu błędnego: Cottingham, Porges i Lyon 113
Prosty test części gardłowej nerwu błędnego 115
Jak zbadać funkcjonowanie części gardłowej brzusznej nerwu błędnego 117
Terapeuci mogą badać funkcjonowanie nerwu błędnego bez dotykania 118

5 **Teoria poliwagalna – nowy paradygmat opieki zdrowotnej?** 122
Kondycja fizyczna i psychiczna w kontekście teorii poliwagalnej 123
Uzdrawiająca moc teorii poliwagalnej 126
Łagodzenie objawów POChP i przepukliny rozworu przełykowego 127
Leczenie przepukliny rozworu przełykowego 133
Oddychanie przeponą 136
Ból barków, szyi i głowy. Nerw czaszkowy XI, mięsień czworoboczny i mięsień mostkowo-obojczykowo-sutkowy 138
Mięsień dźwigacz łopatki 139
Test ściskania mięśnia czworobocznego a problemy z barkami i szyją 150

Problemy ze zdrowiem związane z wysunięciem głowy do przodu ... 152
Łagodzenie migrenowego bólu głowy ... 158

6 **Problemy somatopsychiczne** ... 166
Ataki lęku i paniki ... 171
Fobie ... 177
Zachowanie antyspołeczne i przemoc domowa ... 178
Zespół stresu pourazowego ... 186
Depresja a układ współczulny ... 192
Zaburzenia afektywne dwubiegunowe ... 194
ADHD i nadpobudliwość ... 197

7 **Zaburzenia ze spektrum autyzmu** ... 198
Nadzieja dla autyzmu: Protokół Słuchania Terapeutycznego ... 202
Rola słuchu w zaburzeniach ze spektrum autyzmu ... 207
Terapia autyzmu ... 212
Technika zaokrąglania płaskiej głowy ... 214
Uwagi końcowe ... 218

CZĘŚĆ DRUGA: ĆWICZENIA PRZYWRACAJĄCE ZAANGAŻOWANIE SPOŁECZNE

Ćwiczenie podstawowe ... 222
Technika rozluźniania nerwowo-powięziowego a zaangażowanie społeczne ... 231
Ćwiczenia salamandry ... 235
Masaż stosowany przy migrenie ... 240
Ćwiczenie mięśnia mostkowo-obojczykowo-sutkowego stosowane przy dolegliwości „sztywnej szyi" ... 241
Ćwiczenie obrotowe mięśnia czworobocznego ... 244
Czterominutowy naturalny lifting twarzy, część 1 ... 249
Czterominutowy naturalny lifting twarzy, część 2 ... 253
Odciąć wszystkie głowy Hydry ... 255

Dodatek ... 257
Przypisy ... 273
O autorze ... 281
Indeks ... 283

Przedmowa doktora Stephena W. Porgesa

Poznałem Stanleya w 2002 roku w Baltimore, gdzie występowałem na Konferencji Amerykańskiego Stowarzyszenia Psychoterapii Ciała. Wieczorem w dniu poprzedzającym moją prelekcję dostałem wiadomość od Jima Oschmana, który pytał, czy może przyjść razem ze Stanleyem. Wyjaśnił, że na pewno chętnie go poznam i dowiem się czegoś o jego pracy. Po moim wystąpieniu Stanley opowiedział o swoim celu, czyli opracowaniu obiektywnych wskaźników, takich jak zmienność rytmu zatokowego, które mogłyby zostać wykorzystane w badaniach potwierdzających rezultaty jego pracy klinicznej.

Zainteresowało mnie to i chciałem dowiedzieć się więcej o jego pracy i podejściu oraz o tym, dlaczego zajmował się pomiarem aktywności nerwu błędnego. Wspomniałem, że cierpię na kręgozmyk, czyli przemieszczenie kręgu w przód w stosunku do kości znajdującej się pod nim. Odpowiedział beztrosko: – Mogę to naprawić.

Zapytałem, ile jego zdaniem potrzebowałby na to czasu. Powiedział, że od dziesięciu do piętnastu sekund! Próbowałem wtedy zrozumieć, co takiego mógłby zrobić w ciągu dziesięciu czy piętnastu sekund. Uwzględniając jego znajomość rolfingu i technik czaszkowo-krzyżowych, założyłem, że terapia będzie wymagała kilku sesji. Po moich doświadczeniach z ortopedą byłem ciekaw, czy terapia somatyczna może przynieść jakieś skutki. Sugestia, że moja rehabilitacja mogłaby potrwać zaledwie kilka sekund, zupełnie nie mieściła mi się w głowie.

Moje schorzenie wynikało z przesunięcia dysku między kręgami lędźwiowymi i krzyżowymi, w dolnej części kręgosłupa. Przemieszczenie powodowało ból pleców, a pogarszająca się sytuacja w końcu sprawiłaby, że konieczny byłby zabieg chirurgiczny. Diagnozę postawił chirurg ortopeda, który wzbudził we mnie lęk przed operacją, żeby zmotywować mnie do postępów w fizjoterapii. Następnie udałem się do lekarza medycyny sportowej, który kazał mi nosić gorset ortopedyczny ograniczający zakres ruchu. Od licznych specjalistów otrzymywałem sprzeczne instrukcje. Lekarze zachęcali mnie do unieruchomienia dolnej części pleców, a fizjoterapeuci – do ruchu i pracy nad gibkością. Kiedy spotkałem Stanleya, nie miałem jasnej informacji, co robić, żeby osłabić objawy i uniknąć operacji.

Z radością przystałem na wielkoduszną propozycję Stanleya, który powiedział, że może to „naprawić". Kazał mi przyklęknąć i oprzeć się na rękach, a potem rozluźnić się i utrzymywać kręgosłup w miarę prosto. Następnie poruszył tkankę nad kręgami, które się przesunęły, kierując palce obu rąk w przeciwnych kierunkach. Kiedy to zrobił, kręgi od razu bez trudu wskoczyły na właściwe miejsca. Od piętnastu lat stosuję tę technikę, lekko zmodyfikowaną, żeby chronić się przed bólem.

Z miejsca domyśliłem się, co robił Stanley. Fizyczna manipulacja, która delikatnie poruszała górnymi warstwami tkanki, skłaniała ciało do rozluźnienia się. Wystarczyło to do zreorganizowania układu mięśni podtrzymujących kręgosłup, dzięki czemu kręgi łagodnie wskoczyły na swoje miejsce. Stanley wysyłał zatem układowi nerwowo-mięśniowemu sygnał bezpieczeństwa, który umożliwił temu układowi natychmiastowe przejście z obronnego stanu skurczu stanowiącego próbę ochrony dolnej części kręgosłupa do stanu bezpieczeństwa, w którym delikatny dotyk pozwolił układowi wrócić do naturalnej pozycji.

Metoda Stanleya potwierdziła, że metafora bezpieczeństwa jest wyraźnie dostrzegalna w całym ciele, a nie tylko w systemie zaangażowania społecznego za pośrednictwem mięśni twarzy i głowy albo w organach wewnętrznych za pośrednictwem dróg nerwowych wagalnych brzusznych. We wszystkich aspektach ludzkiej anatomii bezpieczeństwo wyraża się przez regulację w dół i konieczność obrony.

Kiedy sytuacja jest bezpieczna, struktury mogą dostroić się do wspierania zdrowia, wzrostu i regeneracji. Pod względem funkcjonalnym praca Stanleya opiera się na założeniu, że gdy układ nerwowy jest w stanie bezpieczeństwa, pojawia się gotowość na dotyk, który może zostać wykorzystany do ułożenia struktur ciała i optymalizacji działania autonomicznego układu nerwowego.

Nasze pierwsze spotkanie pozwoliło mi uchwycić sedno geniuszu Stanleya. Dostrzegłem w nim głębokie pragnienie łagodzenia bólu i cierpienia. Obserwowałem jego pełne współczucia podejście, które sprzyja poczuciu bezpieczeństwa dzięki łagodnej koregulacji. Zauważyłem także, że intuicyjnie rozumie działanie zintegrowanych układów organizmu.

Jesteśmy ze Stanleyem dobrymi znajomymi od piętnastu lat. Podczas wielu spotkań rozmawialiśmy o tym, jak jego manipulacje zmieniają stan autonomicznego układu nerwowego, tak żeby sprzyjał zdrowiu, wzrostowi i regeneracji. Niniejsza książka świadczy o tym, że błyskotliwie połączył zalety teorii poliwagalnej z walorami terapii czaszkowo-krzyżowej i innych terapii somatycznych. Aby to osiągnąć, umiejętnie wydzielił podstawową zasadę teorii poliwagalnej: w stanie bezpieczeństwa struktury ciała stają się podatne na dotyk i manipulację.

Zgodnie z teorią poliwagalną organizm – w tym także układ nerwowy odpowiadający za mięśnie szkieletowe – w stanie bezpieczeństwa działa inaczej. Autonomicznym układem nerwowym kierują wtedy drogi nerwowe wagalne brzuszne. W stanie tym zahamowane są obronne reakcje autonomicznego układu nerwowego, a ciało jest podatne nie tylko na zachowania z zakresu zaangażowania społecznego, takie jak prozodia wokalizacji i mimika, lecz także na dotyk. U podstaw klinicznego sukcesu Stanleya leży jego zdolność nawiązywania relacji z pacjentem i koregulacji za sprawą interakcji między systemami zaangażowania społecznego pacjenta oraz wysyłania sygnałów wzbudzających zaufanie i wyzwalających pozytywne działanie obwodu wagalnego brzusznego wprowadzającego stan bezpieczeństwa w całych organizmie.

Stanley nie jest typowym terapeutą wyszkolonym w jednej dziedzinie. Jego wykształcenie jest interdyscyplinarne, a jego podejście ma w sobie więcej z postawy uzdrowiciela. Uzdrowiciele umożliwiają organizmowi samoleczenie i taką też rolę odgrywa Stanley.

Koreguluje swoich pacjentów, umożliwiając im leczenie się dzięki mechanizmom samego organizmu. Jego zainteresowanie teorią poliwagalną wynika z założenia, że kiedy struktury organizmu znajdują się w stanie bezpieczeństwa, ciało może leczyć się samo.

Terapeutyczna moc nerwu błędnego... to wyraz osobistego przekonania Stanleya o tym, jak ważną rolę odgrywają drogi wagalne w procesie uzdrawiania: uspokajają organizm i czynią go podatnym na dotyk. Dzięki intuicyjnemu zrozumieniu tego złożonego procesu Stanley wypracował system zabiegów, które sprzyjają poczuciu bezpieczeństwa i pozwalają ciału ponownie dostroić układ nerwowy, a co za tym idzie, zoptymalizować zachowanie, zdrowie psychiczne i homeostazę fizjologiczną.

Jako naukowiec nie doświadczam świata terapeuty. Jako terapeuta Stanley nie doświadcza świata tak jak naukowiec. Stanley ma jednak ogromny dar: umiejętność dyskretnego czerpania informacji naukowych i wykorzystywania ich w terapii w intuicyjny, pomysłowy i skuteczny sposób. Wkład wnoszony przez Stanleya dzięki jego kreatywnemu podejściu do terapii jest wyjątkowy w skomplikowanym świecie służby zdrowia. Na szczęście jego przejmujące obserwacje, metafory i modele terapeutyczne zostały zgromadzone i przystępnie przekazane w *Terapeutycznej mocy nerwu błędnego...*

dr Stephen W. Porges,
Distinguished University Scientist, Kinsey Institute,
Indiana University, profesor psychiatrii,
University of North Carolina

Przedmowa doktora Benjamina Shielda

Zdarzają się w historii takie chwile, kiedy wielkie potrzeby są zaspokajane przez równy im geniusz. Mamy to szczęście, że znajdujemy się właśnie w jednym z tych momentów. *Terapeutyczna moc nerwu błędnego…* Stanleya Rosenberga dostarcza czytelnikowi narzędzi do poruszania się w problematyce najbardziej skomplikowanych schorzeń i ich leczenia.

Na podstawie gromadzonego niemal przez pół wieku doświadczenia klinicznego, szkoleń i wykładów Stanley przedstawia zupełnie nową koncepcję. *Terapeutyczna moc nerwu błędnego…* podaje informacje o genezie chorób fizycznych i emocjonalnych, o powodach, dla których leczenie konwencjonalnymi metodami tak często nie przynosi rezultatów, oraz o skutecznych sposobach radzenia sobie z tymi problemami.

Nasze samopoczucie zależy od właściwego funkcjonowania i możliwości adaptacyjnych układu nerwowego. Istotny dla adaptacji, zwłaszcza wobec stresu, jest nerw błędny. Ten nerw czaszkowy zintegrowany jest z całą naszą strukturą fizyczną i neurologiczną. Nerw błędny znajduje się w centrum wszystkich aspektów życia. Umożliwia nam głębokie odprężenie, a także natychmiastową reakcję w sytuacji zagrożenia życia. W przypadku wielu zaburzeń może być zarówno przyczyną, jak i rozwiązaniem. Co więcej, pozwala nam także tworzyć głębokie, osobiste więzi z innymi oraz z naszym środowiskiem.

To dla mnie zaszczyt, że znam Stanleya od ponad trzydziestu pięciu lat. Studiowałem z nim, uczyłem się od niego, a także sam wykładałem w Instytucie Rosenberga. Nie znam żadnego praktyka, który miałby lepsze kwalifikacje do zebrania wszystkich podstawowych elementów przedstawionych w niniejszej książce.

Terapeutyczna moc nerwu błędnego... odkrywa sekrety chronicznych schorzeń. Opublikowano wiele książek wyjaśniających, na czym polegają te choroby, ale żadna nie opisuje tak dogłębnie, dlaczego i jak rozwijają się te zaburzenia.

Publikacja ta jest pozycją obowiązkową nie tylko dla terapeutów, lecz także dla osób zmagających się z chorobami i zwykłych czytelników, którzy chcą się dowiedzieć więcej o samych sobie i o innych. Mamy wobec Stanleya Rosenberga ogromny dług wdzięczności za to, że z kilku dziesięcioleci obserwacji stworzył tak fascynujące i niezapomniane dzieło.

dr Benjamin Shield,
autor „Healers on Healing, For the Love of God",
„Podręcznika dla duszy" oraz „Handbook for the Heart"

Podziękowania

Dziękuję Stephenowi Porgesowi, który sformułował teorię poliwagalną – jego wykłady i teksty otworzyły przede mną świat zrozumienia i pozwoliły mi pomagać ludziom w mojej klinice oraz uczyć innych lekarzy. Jest moim przyjacielem od ponad dziesięciu lat, stał się także inspiracją do opracowania i napisania niniejszej książki. Zapoznał się z wczesną wersją roboczą rękopisu i pomógł w wyjaśnieniu istotnych kwestii.

Jestem wdzięczny Alainowi Gehinowi, od ponad dwudziestu pięciu lat mojemu przyjacielowi, mentorowi oraz głównemu nauczycielowi osteopatii i terapii czaszkowo-krzyżowej. Pragnę podziękować także profesor Pat Coughlin z Geisinger Commonwealth School of Medicine (poprzednio Commonwealth Medical College), mojej głównej nauczycielce anatomii i fizjologii. Pomogła mi w redagowaniu odniesień anatomicznych pojawiających się w niniejszej książce. Linda Thorborg była dla mnie inspiracją do rozwijania wielu aspektów moich praktycznych metod oraz prowadziła wraz ze mną kursy właściwego oddychania.

Słowa podziękowania kieruję do redaktorki Kathy Glass, która przekształciła moje notatki w niniejszą książkę. Od trzydziestu pięciu lat mieszkam w Danii i mówię po duńsku – ucierpiał na tym nieco mój angielski, zwłaszcza język pisany. Patrząc z perspektywy czasu, widzę, że Kathy podjęła się niemal niemożliwego i pomogła mi wyartykułować moje myśli – co więcej, dokonała tego w pięknym stylu. W redakcji pierwszych wersji książki pomogli mi także Benjamin Shield oraz Jacqueline Lapidus.

Wyrazy wdzięczności należą się też Mary Buckley, Erin Wiegand i Ninie Pick, redaktorkom z North Atlantic Books, które pomogły nadać mojej książce ostateczny kształt.

Dziękuję niektórym z moich innych nauczycieli: Jimowi Oschmanowi, który napisał książkę *Medycyna energii*, Tomowi Myersowi, autorowi książki *Anatomy Trains*; moim czterem nauczycielom tai chi i chi gung: Johnowi Chungowi Li, Edowi Youngowi, profesorowi Chengowi Man-Ch'ingowi oraz Hansowi Finne; mojemu nauczycielowi uważności i medytacji Vipassana, Josephowi Goldsteinowi; moim nauczycielom rolfingu: Peterowi Melchiorowi, Peterowi Schwindowi, Michaelowi Salvesonowi i Louisowi Schultzowi, a także Timothy'emu Dunphy, Ann Parks i pozostałym nauczycielom, którzy uczyli mnie leczenia, masażu oraz innych terapii ciała.

Dziękuję również moim współpracownikom z Instytutu Stanleya Rosenberga oraz wszystkim moim studentom, pacjentom i przyjaciołom, zwłaszcza Irze Brind, Benjaminowi Shieldowi, Anne i Philipowi Neess, Lise Pagh, Charlotte Soe, Mohammedowi Al Mallah, Gordonowi Enevoldsonowi, DeeDee Schmidt Peteresen, Trine Rosenberg i Donnie Smith. Dziękuję Filipowi Rankenbergowi oraz pozostałym współpracownikom w Manuvision.

Zwracam się także ze słowami wdzięczności do Sri Sri Ravi Shankara za jego zainteresowanie naszą formą terapii czaszkowo-krzyżowej i wsparcie przez te wszystkie lata.

Dziękuję moim dzieciom, Annatrine, Erikowi i Tau, moim wnukom, mojej matce i mojemu ojcu; a także braciom, Jackowi, Allenowi i Arnoldowi.

Wstęp

Nazywam się Stanley Rosenberg, mieszkam w Danii, zajmuję się terapią ciała, z pochodzenia jestem Amerykaninem. W niniejszej książce proponuję nowe podejście do leczenia oparte na doświadczeniach, które zebrałem w pracy w kontekście zupełnie nowego spojrzenia na funkcjonowanie autonomicznego układu nerwowego – teorii poliwagalnej, stworzonej przez doktora Stephena Porgesa.

Autonomiczny układ nerwowy nie tylko reguluje działanie organów wewnętrznych (żołądka, płuc, serca, wątroby i tak dalej), lecz jest także ściśle powiązany ze stanem emocjonalnym, który bezpośrednio wpływa na nasze zachowanie. Prawidłowe działanie autonomicznego układu nerwowego jest zatem istotne dla dobrego samopoczucia i zdrowia, zarówno emocjonalnego, jak i psychicznego. Teoria poliwagalna doktora Porgesa pozwoliła mi osiągnąć pozytywne rezultaty w pracy z szeroką gamą schorzeń, takich jak między innymi przewlekła obturacyjna choroba płuc (POChP), migrenowe bóle głowy i autyzm.

Zajmuję się różnymi rodzajami terapii ciała od ponad czterdziestu pięciu lat. Nic nie zapowiadało takiej ścieżki kariery, kiedy w 1962 roku ukończyłem Swarthmore College po studiach z rozszerzonym programem literatury angielskiej, filozofii i historii. Kiedy przyjeżdżam na spotkania absolwentów, okazuje się, że większość moich przyjaciół pracuje jako wykładowcy, lekarze, prawnicy, psychologowie lub wykonuje inne wolne zawody. Jestem jedynym terapeutą pośród dwustu pięćdziesięciu studentów z mojej grupy.

Za kulisami: filozofia gry aktorskiej

Podczas studiów w Swarthmore zainteresowałem się teatrem, szczególnie japońskim. Doprowadziło mnie to do studiów magisterskich na Uniwersytecie Hawajskim, gdzie wystawialiśmy sztuki z Japonii, Chin, Indii i Tajlandii. Po dwóch latach opuściłem piaszczyste plaże Honolulu i wraz z innymi pełnymi nadziei młodymi entuzjastami teatru przeniosłem się na głośne, brudne i zatłoczone ulice Lower East Side na Manhattanie.

Od czasu do czasu pomagałem Ellen Stewart, producent z La MaMa, słynnego teatru off-off-Broadway, w którym początkujący aktorzy i reżyserzy wystawiają nowe sztuki pisane przez obiecujących, lecz jeszcze nieodkrytych dramaturgów. Nie wiem, czy to sprawka losu, fartu czy też mojej zdolności znajdowania ludzi, z którymi warto pracować, ale miałem to szczęście, że Ellen wzięła mnie pod swoje skrzydła. W czasie europejskiego tournée z małą trupą teatralną Ellen nalegała, bym odwiedził Odin Teatret, niewielki duński teatr eksperymentalny.

Dzięki jej rekomendacji zostałem asystentem dyrektora Odin Teatret, Eugenio Barby. Barba chciał, żeby aktorzy tworzyli coś nowego w każdym, nawet najdrobniejszym elemencie swojej gry. Pewnego razu przez dwa dni ćwiczył z nimi jedną krótką scenę – próbowali różnego ustawienia, ekspresyjnych ruchów ciała i nietypowych sposobów ekspresji dźwiękowej – która po ukończeniu i włączeniu do sztuki trwała zaledwie dziewięćdziesiąt sekund.

Barba przez trzy lata uczył się jako asystent reżysera w polskim teatrze kierowanym przez Jerzego Grotowskiego, który w tamtym czasie słynął z tworzenia jednych z najbardziej ekscytujących inscenizacji na świecie. Grotowski był zarówno innowacyjnym reżyserem teatralnym, jak i teoretykiem zajmującym się połączeniami procesów umysłowych, fizycznych i emocjonalnych. Jego aktorzy pracowali nad poznawaniem fizycznych i emocjonalnych aspektów skrajnych przeżyć swoich postaci. Wchodzili w świat sytuujący się wpół drogi między rzeczywistością a fantazją, odkrywali podobne do snu stany wywoływane przez traumatyczne przeżycia.

Po trzech latach pracy jako asystent Grotowskiego Barba spędził także rok w Indiach, gdzie badał klasyczny teatr tańca kathakali, wykorzystujący niezwykłe formy ekspresji stylistycznej: maski, kostiumy, makijaż, często także pantomimę. Tancerze kathakali poddawani są wyczerpującemu szkoleniu, aby osiągnąć wysoki poziom elastyczności i kontroli mięśni, konieczny do wykonywania odpowiednich ruchów i kroków. W zmaganiu się z tymi wyzwaniami i uzyskiwaniu odpowiedniej gibkości pomagają im sesje masażu.

Wszystkie te doświadczenia miały wpływ na Barbę i Odin Teatret. Ćwiczenia gry aktorskiej, w których brałem tam udział, czerpały inspirację z pracy Grotowskiego i obejmowały akrobatykę, jogę i swobodną improwizację ruchową. Zostałem w teatrze Barby na cały rok, brałem udział w codziennych ćwiczeniach ekspresji dźwiękowej, ruchowej i emocjonalnej.

W swoim eseju *Ku teatrowi ubogiemu* Grotowski napisał: „Istota tej metody leży w tym, że nie próbuje ona uczyć aktora określonych sprawności czy też umożliwiać mu zbudowanie tak zwanego «arsenału środków». Nie jest to droga dedukcyjna, sumująca umiejętności"[1]. Kontakt z tą filozofią w Odin Teatret ukształtował moje podejście do wszystkiego, czym zajmowałem się później w moim życiu, łącznie z nauką i odkrywaniem terapii ciała.

Na przykład w trakcie ćwiczenia głosu nie śpiewaliśmy utworów do muzyki i tekstów napisanych przez kogoś innego. Nie próbowaliśmy naśladować czegoś, co słyszeliśmy u innych, ale staraliśmy się odkrywać świat dźwięków, które tworzyliśmy we własnej wyobraźni – dźwięków, jakich nigdy od nikogo nie słyszeliśmy. Zanim poczułem, że wydałem dokładnie taki dźwięk, jaki sobie wyobraziłem, mogły minąć godziny, dni, nawet tydzień; nikt poza mną nie mógł ocenić, czy udało mi się wydać „właściwy" dźwięk, czy nie. Kiedy już raz tego dokonałem, nigdy nie powtarzałem danego odgłosu. Przechodziłem do następnego dźwięku, jaki pojawił się w mojej wyobraźni, i pracowałem nad jego wyemitowaniem.

Taka sama postawa pojawiła się w moim podejściu do pracy z ciałem. Alain Gehin, mój mentor i pierwszy nauczyciel terapii czaszkowo-krzyżowej oraz technik osteopatycznych, powiedział kiedyś coś, co bardzo przypominało nauki z Odin Teatret: „Uczysz się technik, żeby zrozumieć zasady. Kiedy zrozumiesz zasady, stworzysz swoje własne techniki". Nieustannie zwracał też uwagę na jedną z reguł: „Sprawdzaj, lecz, a potem znów sprawdzaj".

Tai chi

W mojej pracy z aktorami w naturalny sposób pojawiła się terapia ciała. Jako nauczyciel i reżyser wypychałem aktorów poza ich strefę komfortu i poza zwyczajne ograniczenia ich ekspresji ruchowej i dźwiękowej. Zajmowaliśmy się na przykład pantomimą i akrobacją. Po drodze natrafiłem na krótką książkę o masażu shiatsu i włączyłem go do szkolenia, żeby pomóc ciału lepiej się poruszać.

Kiedy odkrywałem świat teatru eksperymentalnego w Nowym Jorku, uczyłem się także tai chi od Eda Younga, ucznia i tłumacza profesora Chenga Man-Ch'inga, jednego z wielkich mistrzów tai chi dwudziestego wieku. Nic nie dorównuje tai chi pod względem ilości gromadzonej wiedzy o naturalnym sposobie poruszania się ciała. Codzienne ćwiczenie postaw tai chi to kung-fu poznawania samego siebie; przypomina metody głębokiej medytacji obecne w innych tradycjach.

Ruchy w tai chi są ciągłe, narastające i „miękkie" w porównaniu z „twardymi" stylami samoobrony, takimi jak karate, gdzie ruchy wykonuje się w linii prostej, szybko, z określonymi punktami początkowymi i końcowymi. Celem tai chi jako sztuki walki nie jest bycie silniejszym ani szybszym niż przeciwnik, ale wykorzystanie świadomości własnego ciała, jego gibkości i zmysłu kinestetycznego do wykrycia napięcia u oponenta – tak żeby „pomóc"mu wykorzystać jego własną siłę przeciwko niemu.

Ideał tai chi to wykorzystanie „siły stu gramów do odparcia pół tony". Koncepcja ta stała się nieodłącznym elementem mojej terapii ciała. Niektórzy ludzie zajmujący się masażem i terapią ciała, chcąc dotrzeć głębiej, mocno naciskają na ciało pacjenta. Ja z kolei staram się odnaleźć dokładne centrum napięcia i dokładny kąt, pod jakim powinienem nacisnąć, żeby zwiększyć napięcie, a następnie wykorzystuję minimum siły konieczne do rozluźnienia ciała. Często używam siły nacisku nie większej niż kilka gramów.

Rolfing i inne inspiracje

Po pięciu latach wróciłem z Nowego Jorku do Danii i przez rok uczyłem gry aktorskiej w Państwowej Szkole Teatralnej. Wybicie się w duńskim świecie teatru jako obcokrajowiec bez żadnych znajomości było trudniejsze, niż myślałem. Postanowiłem więc zrezygnować z teatru i utrzymywać się z nauki tai chi i sesji terapii ciała.

W Danii cały czas słyszałem o rolfingu, terapii manualnej opracowanej przez Idę Rolf[2]. W tamtym czasie podejście to uważane było za wzór terapii ciała. (Rolfing to forma „integracji strukturalnej" – masażu tkanki łącznej, którego celem jest pomoc pacjentowi w utrzymywaniu lepszej postawy ciała, łatwiejszym oddychaniu i poruszaniu się).

Podczas moich dyskusji z Siegfriedem Libichem, niemieckim rolferem, pojawiła się koncepcja pracy motywowanej wewnętrzną intencją, tak jak to odbywało się podczas ćwiczeń głosu w Odin Teatret. Kiedy mój rozmówca wspomniał, że „praca z intencją" to ważny aspekt nauk Idy Rolf, postanowiłem umówić się z nim na dziesięć sesji rolfingu. Spotkania te wywarły na mnie tak głęboki wpływ, że sam też postanowiłem nauczyć się tych metod. Zostałem jednym z trzech pierwszych rolferów w Danii. Zajmuję się tą formą terapii ciała już od ponad trzydziestu lat.

W teatrze aktorzy przejmują napięcie psychiczne swoich postaci, natomiast w rolfingu pracujemy nad uwolnieniem naszych pacjentów od typowych aspektów fizycznych i charakterystycznych wzorców emocjonalnych, które ich ograniczają, zmniejszają ich swobodę ruchu oraz wywołują ból i dyskomfort. Główny nacisk kładzie się na zrównoważenie napięcia w tkance łącznej ciała, a nie na „odprężenie mięśni", jak to bywa w zwykle przyjmowanym podejściu do terapii ciała. W rezultacie pacjenci zyskują nowy zakres ruchu i większą elastyczność emocjonalną. Mogą uwolnić się od stereotypów, które przedtem ograniczały ich wolność ekspresji, i podążyć w stronę bardziej kreatywnej i autentycznej wersji siebie.

Rolferzy nie pracują jedynie rękami; uczą się także czytać ciało. Analiza ruchu i postawy to ważna część szkolenia, która póki co w ogóle nie jest nauczana w ramach innych metod terapii ciała. Rolferzy pytają: „W którym miejscu jest zaburzona równowaga? Gdzie załamuje się płynność ruchu? Co trzeba zrobić, żeby ciało wróciło do formy?".

Po kilku latach rolfingu usłyszałem od innych rolferów o terapii czaszkowo-krzyżowej, która ich zdaniem poszerzała granice terapii ciała. Tego też postanowiłem się nauczyć, podobnie jak innych metod osteopatycznych, łącznie z masażem wisceralnym i masażem stawów. Przez następne dwadzieścia pięć lat uczyłem się od najlepszych nauczycieli, jakich mogłem znaleźć. Każdego roku co najmniej trzydzieści dni spędzałem na zaawansowanych kursach i szkoleniach.

Przez ponad czterdzieści pięć lat spędzonych w Danii powoli rozwijałem swoje umiejętności terapeuty ciała. Obecnie mam już ponad siedemdziesiąt lat i wydaje mi się, że moje życie płynęło tutaj, w Danii, nieco wolniej, niż gdybym podążał podobną ścieżką terapii ciała w Stanach Zjednoczonych, gdzie szanse osiągnięcia zysku są większe i bardziej kuszące, przez co dla wielu terapeutów gabinet staje się za mały i zajmują się innymi, bardziej lukratywnymi przedsięwzięciami. Wydaje mi się też, że moda decydująca o tym, która terapia jest „na czasie", a która już nie, zmienia się szybciej w Stanach Zjednoczonych niż w Danii. Miałem to szczęście, że mogłem podążać własną ścieżką we własnym tempie. Alain Gehin, mój nauczyciel terapii czaszkowo-krzyżowej, powiedział kiedyś, że aby stać się wykwalifikowanym terapeutą ciała, trzeba nie tyle pewne rzeczy „wiedzieć", pojmować intelektualnie, ile należy „uczyć się, jak zrobić coś własnoręcznie". Uważał, że terapeuta ciała zdobywa coś, co Francuzi nazywają *savoir faire* – know-how, biegłość – po odbyciu dziesięciu tysięcy sesji. Mimo amerykańskich korzeni postrzegam siebie jako czeladnika, który stał się jednym z rzemieślników Starego Świata, Europy. Miałem czas na naukę, praktykę i rozwijanie swoich umiejętności. Miałem ten luksus, że pracą rąk mogłem cały czas dążyć do osiągnięcia wyższego poziomu finezji, wrażliwości i kreatywności.

Wszystko to było już gotowe, kiedy poznałem Stephena Porgesa i porwała mnie jego nowa interpretacja działania autonomicznego układu nerwowego, którą wyjaśniam w dalszej części książki.

Wprowadzenie: autonomiczny układ nerwowy

Mówi się, że odkrycie to moment, gdy przypadek natrafia na przygotowany umysł.

Albert Szent-Györgyi (1893–1986), biochemik węgierskiego pochodzenia, który w 1937 roku otrzymał Nagrodę Nobla za odkrycie witaminy C[3].

Nieważne, jak długo będziesz jeździł – nigdy nie trafisz tam, gdzie chcesz, jeśli nie będziesz miał właściwej mapy.

Stanley Rosenberg

Przez ponad trzydzieści lat zajmowałem się różnymi rodzajami terapii nakierowanej na ciało, ale w końcu doszedłem do wniosku, że używałem niewłaściwej mapy. Kiedy usłyszałem o teorii poliwagalnej Stephena Porgesa, koncepcja ta poszerzyła moje rozumienie funkcjonowania autonomicznego układu nerwowego i natychmiast zdobyłem lepszy plan.

Autonomiczny układ nerwowy jest integralną częścią ludzkiego układu nerwowego, która monitoruje i reguluje działanie organów wewnętrznych: serca, płuc, wątroby, woreczka żółciowego, żołądka, jelit, nerek oraz narządów płciowych. Problemy z którymkolwiek z tych organów mogą wynikać z dysfunkcji autonomicznego układu nerwowego.

Zanim powstała teoria poliwagalna, powszechnie uważano, że autonomiczny układ nerwowy funkcjonuje w dwóch stanach: stresu albo odprężenia. Reakcja stresowa to mechanizm umożliwiający przetrwanie, który jest aktywowany, kiedy czujemy się zagrożeni; przygotowuje ciało do walki lub ucieczki[4]. W stanie stresu zatem mięśnie są napięte, co umożliwia nam szybsze poruszanie się lub używanie większej siły. Organy wewnętrzne za pośrednictwem układu mięśniowego wspierają ten nadzwyczajny wysiłek.

Kiedy zwyciężyliśmy w walce i zneutralizowaliśmy zagrożenie albo kiedy uciekliśmy na tyle daleko, że już nic nam nie grozi, włącza się reakcja odprężenia. Pozostajemy w tym stanie do momentu, gdy pojawi się kolejna groźba. Zgodnie ze starym modelem autonomicznego układu nerwowego odprężenie było nazywane stanem „odpoczynku i trawienia" albo „karmienia i rozmnażania się". Stan ten wiązano z aktywnością nerwu błędnego, znanego także jako dziesiąty nerw czaszkowy, który podobnie jak inne nerwy czaszkowe ma swój początek w mózgu lub rdzeniu przedłużonym. Zgodnie z tym starym powszechnie akceptowanym poglądem nasz autonomiczny układ nerwowy waha się między stanem stresu i odprężenia.

Problemy zdrowotne pojawiają się wtedy, kiedy stan stresu utrzymuje się, choć zagrożenie już minęło, na przykład ze względu na stresującą pracę czy styl życia. Przez wiele dziesięcioleci długotrwały stres był uznawany za problem zdrowotny, a liczne badania naukowe dążyły do zrozumienia jego szkodliwych skutków.

Próby leczenia i kontrolowania chronicznego stresu przyniosły skutek w postaci powszechnej mobilizacji wśród specjalistów zajmujących się opieką zdrowotną, którzy pisali (i nadal piszą) liczne artykuły prasowe, książki i blogi przeznaczone dla szerokiej publiczności. Również przemysł farmaceutyczny zaczął produkować szeroką gamę leków antystresowych, które przyniosły korporacjom pokaźne zyski, gdy zużycie takich środków dramatycznie wzrosło. Mimo tych wszystkich działań wielu ludzi nadal sądzi, że pomoc nie była wystarczająca. Nadal czują się zestresowani. Wiele osób uważa, że nasze społeczeństwo staje się z roku na rok bardziej stresujące i w rezultacie jednostki także są coraz bardziej zestresowane.

Być może problem polega na tym, że korzystamy z niewłaściwej mapy. Przy starym modelu autonomicznego układu nerwowego nie udało nam się jeszcze znaleźć naprawdę skutecznych metod zarządzania stresem.

Jak niemal wszyscy pracujący w świecie medycyny i alternatywnych terapii podzielałem powszechnie panujące poglądy na temat działania autonomicznego układu nerwowego. W swojej praktyce klinicznej codziennie wykorzystywałem to, co wiedziałem o starym modelu opartym na stresie i odprężeniu. Skuteczność mojej terapii stanowiła potwierdzenie, że takie postrzeganie autonomicznego układu nerwowego było właściwe.

Z radością przekazywałem nabytą wiedzę studentom, którzy chcieli opanować różne aspekty terapii ciała wykorzystywanej przeze mnie z pozytywnymi wynikami. Nauczałem starego modelu działania autonomicznego układu nerwowego na wszystkich moich kursach terapii ciała. Zajęcia przyciągały coraz więcej uczniów, więc założyłem szkołę – Instytut Stanleya Rosenbera w Silkeborg w Danii. W 1993 roku zaprosiłem kilkoro wyszkolonych przeze mnie terapeutów do prowadzenia niektórych wstępnych zajęć, dzięki czemu mogłem skupić się na bardziej zaawansowanych kursach. W końcu inni nauczyciele przejęli także zajęcia na wyższym poziomie.

Nasza szkoła specjalizowała się w terapii czaszkowo-krzyżowej, która opiera się na pracy Williama Garnera Sutherlanda (1873–1954), amerykańskiego osteopaty i prekursora osteopatii czaszkowej. (W Stanach Zjednoczonych osteopaci muszą zdobyć pozwolenie na wykonywanie zawodu, przechodzą takie samo podstawowe szkolenie i mają takie same uprawnienia jak lekarze). Podczas badania wyschniętych kości czaszkowych w pracowni anatomicznej Sutherland odkrył, że zakończone szeregiem wypustek krawędzie sąsiednich kości czaszki pasują do siebie, ale dostrzegł też możliwość delikatnych ruchów kości względem siebie. W tamtej epoce dominował pogląd, że wszystko, co istniało w naturze, musi mieć jakiś cel. Sutherland stwierdził, że ruchy kości ułatwiały obieg płynu mózgowo-rdzeniowego, a zebrane przez niego techniki przekształciły się w terapię czaszkowo-krzyżową.

Ruch kości czaszki

Kości czaszki są połączone systemem elastycznych membran, które umożliwiają poszczególnym kościom przesuwanie się. Kiedy Sutherland prowadził dokładną palpację czaszek pacjentów, wyczuwał delikatne, ale zauważalne ruchy poszczególnych kości względem siebie.

Dostrzegł też, że u wielu pacjentów ze schorzeniami związanymi z układem nerwowym ruchy kości czaszki były ograniczone. Sutherland wyczuł, że rozluźnianie napiętych miejsc pozwalało zwiększyć zakres tych delikatnych ruchów. Działanie to pozwoliło mu pomóc kilku pacjentom, którzy zmagali się z różnymi problemami zdrowotnymi, a tradycyjne zabiegi nie przynosiły w ich przypadku żadnych skutków.

O ile lekarze mają tendencję do przepisywania leków na stres i inne schorzenia, o tyle podejście czaszkowo-krzyżowe to praktyczna terapia, która okazała się szczególnie skuteczna w poprawianiu funkcjonowania układu nerwowego. Terapia czaszkowo-krzyżowa może zmniejszyć chroniczny stres, rozluźnić napięcie w układzie mięśniowym i poprawić równowagę układu hormonalnego (endokrynnego). Sutherland opracował techniki terapeutyczne w trzech sferach: (1) rozluźnianie napięcia w membranach; (2) rozluźnianie ograniczeń między poszczególnymi kośćmi czaszki; (3) poprawianie przepływu płynu mózgowo-rdzeniowego.

Bariera ciało–mózg

Mózg i rdzeń kręgowy są otoczone fizyczną strukturą złożoną z komórek nabłonka. Warstwa ta stanowi tak zwaną barierę krew–mózg.

Krew nie dociera bezpośrednio do neuronów mózgu i rdzenia kręgowego. Te struktury są natomiast otoczone bezbarwnym płynem mózgowo-rdzeniowym, który dostarcza komórkom mózgu i rdzenia kręgowego konieczne elementy odżywcze, usuwa produkty uboczne metabolizmu komórkowego i wraca do krwi.

Płyn mózgowo-rdzeniowy ma skład zbliżony do krwi, ale jest od niej delikatniejszy. Nie zawiera czerwonych ani białych krwinek, przenosi także mniej zanieczyszczeń.

Krew z serca dopływa do płuc i nerek, gdzie zostaje „odświeżona" (czyli wzbogacona w tlen i pozbawiona dwutlenku węgla w płucach oraz oczyszczona ze zbędnych substancji przemiany materii w nerkach).

Dopływ krwi do rdzenia przedłużonego i wychodzących stamtąd nerwów jest istotny dla funkcjonowania pięciu nerwów czaszkowych, których praca wiąże się ze stanem zaangażowania społecznego. Należy do nich także część brzuszna nerwu błędnego.

Usunięcie ograniczeń w dopływie krwi jest podstawą skutecznej poprawy działania części brzusznej nerwu błędnego i pozostałych czterech nerwów czaszkowych koniecznych do zaangażowania społecznego. Osteopatia czaszkowo-krzyżowa dostarcza najlepszych metod umożliwiających osiągnięcie takich właśnie rezultatów.

Przez dziesięciolecia terapia ta była wyłączną domeną osteopatów. Zgodnie ze zwyczajem dostęp do szkoleń był ograniczony i mogli w nich uczestniczyć jedynie licencjonowani specjaliści oraz studenci szkół medycznych zajmujących się wyłącznie osteopatią. W końcu jednak niektóre praktyczne techniki trafiły także do lekarzy i studentów z innych dziedzin medycyny. Z uwagi na niezwykłą skuteczność wzbudziły one także ogromne zainteresowanie wśród ekspertów zajmujących się terapiami alternatywnymi i niekonwencjonalnymi.

Jeden z amerykańskich osteopatów, John Upledger, zerwał z tradycją i zaczął szkolić w zakresie technik czaszkowo-krzyżowych nie tylko osteopatów. W swojej pracy Upledger koncentrował się przede wszystkim na rozluźnianiu napięcia w membranach. Założył Instytut Upledgera, w którym w 1983 roku po raz pierwszy uczestniczyłem w kursie terapii czaszkowo-krzyżowej. Terapia ta stała się bardzo popularna wśród specjalistów terapii alternatywnej na całym świecie.

W 1995 roku, kiedy z sukcesami wykorzystywałem już to, czego nauczyłem się w Instytucie Upledgera, podjąłem naukę u Alaina Gehina, francuskiego osteopaty specjalizującego się w biomechanicznej terapii czaszkowo-krzyżowej. Skupiał się on na zmniejszaniu napięcia w tkance łącznej spajającej sąsiadujące ze sobą kości czaszki, co umożliwiało im swobodniejsze przesuwanie się względem siebie[5].

Kilka lat później uczestniczyłem w kursie wprowadzającym do biomechanicznej terapii czaszkowo-krzyżowej, która koncentruje się na pobudzaniu przepływu płynu mózgowo-rdzeniowego. Wszystkie trzy podejścia mają ten sam cel, do którego dążył także Sutherland: poprawę funkcjonowania układu czaszkowo-krzyżowego.

Moja praktyka kliniczna

W swojej praktyce wykorzystywałem głównie biomechaniczną terapię czaszkowo-krzyżową, ponieważ kojarzyła mi się z rolfingiem. To bardzo specyficzna forma terapii: pomagała mi dokładnie identyfikować punkty spojeń czaszkowych wymagające rozluźnienia, a także zapewniała ponad 150 szczegółowo opisanych technik, które pozwalały to osiągnąć. Terapia ta daje pozytywne rezultaty i w krótkim czasie pozwala skutecznie przywrócić funkcjonowanie nerwów czaszkowych.

W mojej klinice oprócz terapii czaszkowo-krzyżowej proponowałem pacjentom także indywidualne sesje rolfingu, który z kolei przywraca równowagę powięzi. Oferowałem również sesje masażu wisceralnego, który poprawiał funkcjonowanie układu trawiennego i oddechowego. Kiedy posługiwałem się praktycznymi technikami pochodzącymi z różnych modeli terapii, w układzie nerwowym pacjentów obserwowałem zmiany w zakresie stresu i odprężenia.

W pracy z pacjentami odnosiłem ogromne sukcesy. Z czasem coraz więcej osób chciało uczyć się mojej techniki i w Instytucie Stanleya Rosenberga zatrudniałem już na niepełny etat dwanaścioro nauczycieli. Zajęcia odbywały się w języku duńskim. W samej Danii przez kilka lat wyszkoliliśmy kilkaset osób. Terapeuci ci z kolei wyleczyli tysiące pacjentów. Wiadomości o moich metodach dotarły także poza granice Danii i poprowadziłem szkolenia również w kilku innych krajach.

W naszym programie nauczania bardzo ważną rolę odgrywała koncepcja dwóch stanów (stresu i odprężenia), w których może funkcjonować autonomiczny układ nerwowy. Nauczałem o tym w czasie zajęć poświęconych terapii czaszkowo-krzyżowej, masażowi wisceralnemu i masażowi tkanki łącznej. Wraz z amerykańskim neurologiem, dr. Ronaldem Lawrencem, napisaliśmy nawet książkę na temat łagodzenia bólu i praktycznej terapii, *Pain Relief with Osteomassage*[6], która opierała się na takim rozumieniu autonomicznego układu nerwowego.

Kiedy w 2001 roku w Baltimore po raz pierwszy usłyszałem Stephena Porgesa opowiadającego o teorii poliwagalnej, miałem za sobą niemal trzydzieści pięć lat efektywnej pracy z terapiami nakierowanymi na ciało. Teoria Porgesa jednak bardzo mnie poruszyła i dostarczyła mi zupełnie nowego spojrzenia na autonomiczny układ nerwowy. To z kolei pozwoliło mi w nowy i bardziej skuteczny sposób pomagać pacjentom.

Teoria poliwagalna Stephena Porgesa przyczyniła się do rewolucyjnych postępów w moim rozumieniu autonomicznego układu nerwowego. Zgodnie z tą teorią pięć nerwów czaszkowych musi odpowiednio funkcjonować, aby osiągnąć pożądany stan zaangażowania społecznego. Te nerwy to: V, VII, IX, X oraz XI – wszystkie one biorą swój początek w rdzeniu przedłużonym.

Nim usłyszałem wykład Porgesa, studiowałem anatomię pod kierunkiem profesora Patricka Coughlina, który uczył nas o wszystkich dwunastu nerwach czaszkowych, łącznie z nerwem błędnym (nerw X), i o tym, jak badać ich funkcjonowanie. Uczyłem się także szczegółowych praktycznych technik biomedycznych od mojego nauczyciela w dziedzinie metody czaszkowo-krzyżowej, Alaina Gehina, w celu poprawiania działania dwunastu nerwów czaszkowych. Byłem zatem dobrze przygotowany na zastrzyk nowej wiedzy, jakim okazała się teoria poliwagalna. W nowym paradygmacie zaadaptowałem znane mi techniki do skutecznego zajmowania się wieloma schorzeniami.

Jestem przekonany, że informacje i ćwiczenia zawarte w niniejszej książce mogą być użyteczne niemal dla wszystkich – od początkujących do zaawansowanych terapeutów czaszkowo-krzyżowych – w celu poprawiania funkcji nerwów czaszkowych u siebie i u swoich pacjentów oraz przynoszenia ulgi w przypadku licznych nieprzyjemnych dolegliwości, schorzeń i problemów zdrowotnych, zwłaszcza tych, które trudno diagnozować i leczyć.

Neurologia zaangażowania społecznego

Nerwy rdzeniowe biorą swój początek w mózgu, biegną wraz z rdzeniem kręgowym, odłączają się od niego między poszczególnymi kręgami i docierają do różnych obszarów ciała. Nerw rdzeniowy to nerw mieszany, który przewodzi impulsy ruchowe, czuciowe i autonomiczne między rdzeniem kręgowym a odpowiednim rejonem ciała.

Niektóre z włókien nerwów rdzeniowych splatają się ze sobą i tworzą układ współczulny, który biegnie wzdłuż kręgosłupa od kręgu Th1 do L2. (Th1 to pierwszy kręg piersiowy, a L2 to drugi kręg lędźwiowy). Łańcuch ten wspiera działanie organów wewnętrznych i mięśni, kiedy zagrożenie pobudza organizm do reakcji „walcz lub uciekaj".

Nerwy czaszkowe, poza I (węchowym) i II (wzrokowym), biorą swój początek w rdzeniu przedłużonym u podstawy mózgu. (Zob. ilustracje „Mózg" i „Nerwy czaszkowe" w Dodatku). Następnie biegną do różnych regionów czaszki oraz reszty ciała. Na przykład niektóre nerwy czaszkowe unerwiają mięśnie odpowiadające za mimikę, a inne wiodą do serca, płuc oraz żołądka i innych organów trawiennych. Z kolei inne nerwy czaszkowe dochodzą do mięśni poruszających gałkami ocznymi, a jeszcze inne łączą się z komórkami nabłonka węchowego w nosie i umożliwiają nam korzystanie ze zmysłu węchu.

Zgodnie z teorią poliwagalną, jeżeli człowiek czuje się bezpieczny – czyli nikt mu nie grozi ani nie znajduje się on w niebezpiecznej sytuacji – a jego ciało jest zdrowe i funkcjonuje właściwie, może znajdować się w stanie fizjologicznym umożliwiającym spontaniczne zachowania angażujące społecznie. Z neurologicznego punktu widzenia zaangażowanie społeczne to stan oparty na działaniu pięciu nerwów czaszkowych: części brzusznej nerwu błędnego (nerwu X) oraz dróg nerwowych w obrębie nerwów czaszkowych V, VII, IX i XI.

Jeżeli nerwy te współpracują ze sobą we właściwy sposób, ich aktywność wspiera stan umożliwiający interakcje towarzyskie, komunikację i odpowiednie zachowania uspokajające. Kiedy jesteśmy zaangażowani społecznie, możemy doświadczać uczuć miłości i przyjaźni. A kiedy poszczególne osoby w grupie potrafią się zebrać i współpracować ze sobą, zwiększają się ich szanse przetrwania.

Z zaangażowania społecznego wynikają inne inherentne wartości: tworzymy więzi, nawiązujemy przyjaźnie i cieszymy intymnymi relacjami seksualnymi; komunikujemy się, rozmawiamy ze sobą, troszczymy się o siebie wzajemnie, pracujemy ze sobą, tworzymy rodziny, opowiadamy historie, uprawiamy sporty, razem tańczymy i śpiewamy, zapewniamy sobie wzajemnie rozrywkę. Cieszymy się, kiedy razem siedzimy przy stole i spożywamy posiłek czy pijemy z przyjaciółmi i bliskimi. Zaangażowanie społeczne może się pojawić, kiedy rodzice układają dziecko do snu i kładą się obok, czytając książkę lub opowiadając historię, aż dziecko uśnie; albo w tej intymnej chwili, gdy dwoje kochanków leży blisko siebie tuż po stosunku. To tylko niektóre z tych ważnych doświadczeń, które czynią nas istotami ludzkimi.

Interakcje towarzyskie nie dotyczą jedynie relacji z ludźmi. Kochamy swoje zwierzęta domowe, karmimy je, wychodzimy na spacer z psami. Często rozmawiamy ze swoimi pupilami i jesteśmy pewni tego, że rozumieją nasze słowa. Kiedy w odpowiedzi okazują przywiązanie, czujemy się szczęśliwi. Niemal każdy rozpoznaje te zachowania, doświadczenia i wartości wynikające ze stanu zaangażowania społecznego. Tego rodzaju działań i interakcji nie da się jednak opisać ani wyjaśnić w ramach starego modelu autonomicznego układu nerwowego.

Nie tylko obwód zaangażowania społecznego w autonomicznym układzie nerwowym umożliwia przebywanie z innymi w pozytywnej atmosferze, lecz także doświadczanie przyjemnych kontaktów z innymi pomaga regulować pracę autonomicznego układu nerwowego. Kiedy przebywamy z innymi ludźmi będącymi w stanie zaangażowania społecznego, czujemy się lepiej. Z kolei gdy nie nawiązujemy wystarczająco dużo pozytywnych interakcji społecznych z innymi, łatwo popadamy w stres i depresję, stajemy się nietowarzyscy, a nawet antyspołeczni.

Nowa koncepcja złożonej roli nerwów czaszkowych, zwłaszcza w połączeniu ze stanem zaangażowania społecznego, pozwoliła mi świadomie pomóc wielu ludziom zmagającym się z jeszcze szerszą gamą problemów zdrowotnych. Musiałem jedynie określić, czy wspomniane pięć nerwów czaszkowych działało prawidłowo, a jeśli nie – użyć określonej techniki, żeby poprawić ich funkcjonowanie.

Dzięki temu mogłem osiągnąć w mojej praktyce o wiele większe sukcesy i leczyć takie schorzenia, jak między innymi: migrenowe bóle głowy, depresja, fibromialgia, przewlekła obturacyjna choroba płuc, wysunięcie głowy do przodu, a także problemy z szyją i barkami.

Niniejsza książka stanowi wprowadzenie do teorii i praktyki leczenia poliwagalnego. Najpierw opisuję podstawowe struktury neurologiczne, następnie wymieniam niektóre problemy fizyczne, psychologiczne i społeczne wywoływane przez niewłaściwe funkcjonowanie pięciu nerwów czaszkowych.

Zgodnie z teorią poliwagalną autonomiczny układ nerwowy oprócz funkcji części brzusznej nerwu błędnego obejmuje także dwie inne: działalność części grzbietowej nerwu błędnego i impulsy pnia współczulnego. To właśnie od tego zróżnicowanego charakteru nerwu błędnego pochodzi nazwa teorii (*poli* – wiele).

Różnorodność funkcji pełnionych przez części brzuszną i grzbietową nerwu błędnego ma poważne implikacje dla zdrowia oraz leczenia w aspekcie fizycznym i behawioralnym. W niniejszej książce proponuję nowe podejście do terapii. Obejmuje ono ćwiczenia do samodzielnego wykonywania oraz praktyczne techniki terapeutyczne, proste i łatwe w użyciu. Mam nadzieje, że wiedza ta nadal będzie się szerzyć i pozwoli wielu ludziom pomóc samym sobie oraz innym.

Przywracanie zaangażowania społecznego

Napisałem tę książkę, aby dać jak największej grupie ludzi dostęp do korzyści płynących z poprawy funkcjonowania nerwu błędnego, nawet jeśli nie mają oni żadnych wcześniejszych doświadczeń związanych z terapią czaszkowo-krzyżową ani innymi rodzajami praktycznych terapii. Czytelnicy mogą uzyskać niepowtarzalny zestaw łatwych do nauki i wykonania praktycznych technik oraz ćwiczeń do samodzielnej pracy, które powinny umożliwić im poprawienie pracy pięciu nerwów czaszkowych u siebie i innych. Opisywane techniki opracowałem na podstawie zasad kierujących pracą Alaina Gehina.

Ćwiczenia i techniki przywracają elastyczność funkcjonowania autonomicznego układu nerwowego. Pomagają wyeliminować takie ogólne problemy, jak chroniczny stres wynikający z nadmiernej stymulacji rdzeniowego układu współczulnego, a także zachowania depresyjne i wyłączenie się wynikające z aktywności części grzbietowej nerwu błędnego. Ćwiczenia są nieinwazyjne i nie wymagają stosowania leków ani zabiegów chirurgicznych. Poprawa funkcjonowania części brzusznej nerwu błędnego osiągnięta dzięki tym technikom pomaga regulować pracę organów wewnętrznych biorących udział w oddychaniu, trawieniu, wydalaniu i aktywności seksualnej.

Wypróbowałem ćwiczenia w pracy z ponad setką pacjentów mojej kliniki, zanim przedstawiłem je starannie nadzorowanym grupom podczas zajęć i wykładów. Doszedłem do wniosku, że moje nowe podejście, wykorzystujące ćwiczenia opisane w niniejszej książce, poprawi stan zdrowia większości ludzi oraz ich zdolność do zaangażowania społecznego. Pozytywne rezultaty mogą się utrzymywać zaskakująco długo.

Życie jest jednak pełne wyzwań i nic nie trwa wiecznie. O ile naszym celem jest poprawienie odporności autonomicznego układu nerwowego, stan zaangażowania społecznego nie jest trwały. Nie zawsze możemy też zapobiec temu, że dana osoba znajdzie się w niebezpiecznej sytuacji lub napotka jakieś zagrożenie.

Ciało, układ nerwowy i emocje nieustannie się dostosowują do zmieniających się warunków otoczenia. Jeżeli coś nam grozi, czyli znajdujemy się w sytuacji fizycznego lub emocjonalnego zagrożenia, właściwa reakcja fizjologiczna autonomicznego układu nerwowego polega na tymczasowym aktywowaniu pnia współczulnego albo części grzbietowej nerwu błędnego. Dzięki tym zmianom możemy przetrwać. Kiedy niebezpieczeństwo lub zagrożenie mijają, najlepsza opcja to powrót do stanu zaangażowania społecznego.

Nic w ciele nie trwa jednak wiecznie, dlatego układ nerwowy może przejść ze stanu zaangażowania społecznego z powrotem do pobudzenia pnia współczulnego albo części grzbietowej nerwu błędnego. W takiej sytuacji powtórzenie ćwiczeń powinno szybko wzbudzić aktywność części brzusznej nerwu błędnego i umożliwić powrót do stanu zaangażowania społecznego. Może się okazać, że konieczne będzie powtarzanie ćwiczeń i technik od czasu do czasu lub regularnie.

Pozytywne rezultaty ulegają kumulacji. Nasz autonomiczny układ nerwowy staje się odporniejszy za każdym razem, gdy przywracamy stan zaangażowania społecznego po tym, jak aktywuje się pień współczulny albo część grzbietowa nerwu błędnego. Możemy to osiągnąć dzięki ćwiczeniu podstawowemu, bardzo prostej technice do samodzielnego wykonania opisanej w Części drugiej. Naszym długoterminowym celem jest zachęcenie autonomicznego układu nerwowego do swobodnego, naturalnego powrotu ze stanu stresu (aktywacja pnia współczulnego) czy depresji (aktywność części grzbietowej nerwu błędnego) do stanu zaangażowania społecznego, kiedy tylko warunki zmieniają się na lepsze i odzyskujemy fizyczne oraz emocjonalne poczucie bezpieczeństwa.

Techniki i ćwiczenia opisane w Części drugiej poprawiają ruchy głowy, szyi i barków oraz korygują niektóre problemy z postawą i ogólnym funkcjonowaniem przypisywane starzeniu się, takie jak: wysunięcie głowy do przodu, kifoza, wdowi garb, plecy płaskie, zmniejszona pojemność oddechowa płuc i tym podobne. Poprawa jest odczuwalna po każdym zastosowaniu technik opisanych w niniejszej książce.

Część pierwsza
Stare i nowe fakty anatomiczne. Teoria poliwagalna

Problemy ze zdrowiem: czy walczysz z głowami Hydry?

Wielu ludzi zmaga się z problemami zdrowotnymi. Ich historie często przypominają opisaną w greckiej mitologii walkę Heraklesa, najsilniejszego z ludzi, z wodnym potworem o imieniu Hydra. Herakles był półbogiem i półczłowiekiem. Jego ojcem był Zeus, bóg nieba i piorunów, który rządził wszystkimi innymi bogami na Olimpie. Herakles, największy z herosów, otrzymał misję zabicia Hydry, podobnego do węża potwora o wielu głowach.

Herakles miał ze sobą złoty miecz, dar Ateny. W greckiej mitologii Atena – patronka miasta-państwa Aten – była boginią mądrości, cywilizacji, sprawiedliwej wojny, siły, strategii, sztuk kobiecych, rzemiosła, sprawiedliwości i umiejętności. Często towarzyszyła herosom w ich zmaganiach.

Hydra była niebezpiecznym przeciwnikiem – nawet jej oddech zawierał truciznę. Pozornie nieśmiertelnej Hydrze w miejsce każdej z wielu głów odciętych mieczem Heraklesa wyrastały dwie nowe. Herakles zdał sobie sprawę, że nie pokona Hydry, odcinając jej po jednej głowie naraz, wezwał zatem na pomoc swojego bratanka Jolaosa. Wpadł on na pomysł wypalania rozgrzanym żelaznym prętem ran powstałych na szyjach po odcięciu każdej głowy, dzięki czemu głowy nie mogły już odrastać w tym samym miejscu.

Na szczęście Hydra miała pewien słaby punkt: jedna z jej głów była śmiertelna. Kiedy Herakles znalazł śmiertelną głowę Hydry i ją odciął, potwór w końcu zginął.

Mityczna Hydra to metafora frustracji wynikającej z leczenia jednego objawu, w miejsce którego pojawia się następny lub kilka kolejnych. Podobnie jak w przypadku głów Hydry wszyscy zmagamy się z wieloma problemami zdrowotnymi. Zwalczanie objawów pojedynczo, lekami lub zabiegami skierowanymi na jeden konkretny symptom, może i przynosi tymczasową ulgę, ale nie likwiduje źródła problemu.

Możemy zażywać daną tabletkę na jeden problem, inną na drugi – a trzecią po to, żeby zniwelować skutki uboczne dwóch poprzednich. Możemy nawet przyjmować codziennie wiele różnych tabletek. Najczęściej jednak przynoszą one tylko czasową ulgę – jeśli w ogóle pomagają – i niekiedy musimy je zażywać do końca życia.

Nasza konwencjonalna medycyna opiera się na dwóch podejściach: biochemicznym (leki) i chirurgicznym. Te potężne narzędzia w niektórych przypadkach są bardzo wartościowe i pomogły wielu ludziom, łącznie ze mną. Zabiegi chirurgiczne mogą ratować życie. Ale nawet po najlepiej wykonanych operacjach zostają blizny, które mogą ograniczać poruszanie się, utrudniając swobodne przesuwanie się przylegających warstw mięśni i tkanki łącznej.

Co więcej, wiele objawów, schorzeń i problemów zdrowotnych nie przeszkadza w funkcjonowaniu ani nie zagraża życiu, mimo to z braku rozsądnej alternatywy decydujemy się w ich przypadku podążać zwyczajną medyczną ścieżką: stosujemy leki lub poddajemy się zabiegowi. Tyle że to może nie być najlepsze wyjście. W wielu przypadkach te rozwiązania nie działają tak skutecznie, jak byśmy chcieli, a często wywołują także niepożądane skutki uboczne.

Tak jak w walce z Hydrą zwalczanie objawów często prowadzi jedynie do pojawiania się następnych. Do osiągnięcia trwałej poprawy może natomiast posłużyć w dużej mierze niewykorzystany potencjał leżący w zrozumieniu działania układu nerwowego, który pozwoliłby potraktować problemy zdrowotne w nowatorski sposób. Krótko mówiąc: jeśli część brzuszna nerwu błędnego nie działa, spraw, żeby zadziałała. Autonomiczny układ nerwowy reguluje ważne funkcje organizmu, takie jak krążenie, oddychanie, trawienie i reprodukcja;

niewłaściwe działanie nerwu błędnego i innych nerwów czaszkowych może zatem wywoływać przeróżne konsekwencje.

Poniższa lista przedstawia niektóre z powszechnych problemów związanych z autonomicznym układem nerwowym. Objawy te występują u wielu osób. Czy doświadczyłeś któregoś z nich albo znasz kogoś, kto się z nimi zmaga? Jeżeli tak, zachęcam do zapoznania się z listą – praca z nerwami czaszkowymi może przynieść ulgę.

Głowy Hydry: powszechne problemy związane z dysfunkcjami nerwów czaszkowych

Chroniczne napięcie

- Napięte/twarde mięśnie
- Ból karku i mięśni barków
- Migreny
- Bóle pleców
- Zaciśnięte zęby
- Zgrzytanie zębami podczas snu
- Napięte mięśnie twarzy lub gałek ocznych
- Zimne dłonie i stopy
- Nieuzasadniona potliwość
- Napięcie po wysiłku fizycznym
- Bóle stawów
- Nerwowość
- Zawroty głowy
- Ściskanie w gardle

Problemy emocjonalne

- Drażliwość, gniew
- Uczucie przygnębienia
- Uczucie beznadziei
- Brak energii
- Skłonność do płaczu
- Ogólny lęk
- Uczucie ciężkości
- Wydłużone okresy depresji
- Strach

- Koszmary nocne
- Niepokój
- Zaburzenia snu
- Nadmierne zamartwianie się
- Trudności z koncentracją
- Zapominanie
- Frustracja
- Nadmierne pogrążanie się w marzeniach i fantazjowanie

Problemy z sercem i płucami

- Bóle w klatce piersiowej
- Astma
- Hiperwentylacja
- Krótki oddech
- Nieregularny rytm serca
- Wysokie ciśnienie krwi

Dysfunkcje organów wewnętrznych

- Zaburzenia trawienia
- Zaparcie stolca
- Podrażnienie jelita grubego
- Biegunka
- Problemy z żołądkiem
- Nadkwasota, wrzody żołądka, zgaga
- Utrata apetytu
- Objadanie się

Problemy z układem odpornościowym

- Częste przeziębienia
- Drobne infekcje
- Alergie

Problemy behawioralne

- Częste wypadki lub kontuzje
- Zwiększone spożycie alkoholu lub palenie tytoniu
- Nadmierne zażywanie leków – na receptę i bez recepty
- Autyzm, ADHD, zespół Aspergera

Relacje interpersonalne

- Nadmierny lub nieuzasadniony brak zaufania
- Trudności w dochodzeniu do porozumienia
- Brak zainteresowania seksem

Zaburzenia umysłowe

- Nadmierne zamartwianie się
- Trudności z koncentracją
- Trudności z pamięcią
- Trudności z podejmowaniem decyzji

Inne problemy

- Nadmierne bóle menstruacyjne
- Problemy ze skórą

Przy wszechogarniającym stresie i wszystkich wyzwaniach, z jakimi mierzymy się w życiu, każdy od czasu do czasu zmaga się z jednym lub kilkoma z wyżej wymienionych objawów. Na pierwszy rzut oka problemy na liście mogą się wydawać zupełnie ze sobą niepowiązane: moglibyśmy określić niektóre z nich jako „fizyczne", inne jako „psychiczne", jeszcze inne jako „emocjonalne", a jeszcze inne jako „behawioralne". Rozróżnianie grup objawów nie jest jednak pomocne w tym kontekście i odwraca uwagę od spostrzeżenia, że u podstaw wszystkich tych problemów znajduje się jedna fizjologiczna przyczyna.

Zazwyczaj ludzie zmagają się z kilkoma objawami jednocześnie. Naukowy termin to „współwystępowanie". Objawy mogą zanikać i pojawiać się ponownie w nieregularnych odstępach czasu. Jeżeli symptomy występują rzadko i nie utrudniają funkcjonowania, nie są zbyt wielkim problemem. Jeżeli jednak problemy pojawiają się często lub niemal w ogóle nie ustępują, zalecane jest podjęcie pewnych kroków.

Zamiast leczyć poszczególne objawy różnymi tabletkami jako osobne dolegliwości, warto byłoby znaleźć jakiś łączący je wspólny element. Być może uda się odkryć jedną prostą i skuteczną terapię, która pozwoli osłabić lub wyeliminować te pozornie niezależne problemy – być może uda się odkryć śmiertelny łeb Hydry.

Wspólny element może być całkiem prosty. Wszystkie problemy na liście wynikają przynajmniej częściowo z aktywności części grzbietowej nerwu błędnego lub pobudzenia pnia współczulnego i można im zaradzić przez przywrócenie normalnego funkcjonowania części brzusznej nerwu błędnego oraz innych nerwów koniecznych do zaangażowania społecznego.

Koncepcja, zgodnie z którą nerwy czaszkowe odgrywają pewną rolę we wszystkich tych schorzeniach, jest niemal powszechnie ignorowana przez współczesną medycynę. Większość ludzi nie wie zbyt wiele o rdzeniu przedłużonym, z którego nerwy te wychodzą, ani o samych nerwach czaszkowych.

Tak jak wielokrotnie powtarzałem, uważam, że jeśli uda nam się przywrócić prawidłowe funkcjonowanie pięciu nerwów odpowiedzialnych za zaangażowanie społeczne, mamy duże szanse osłabienia lub wyeliminowania wielu objawów znajdujących się na liście. Przekonanie to opieram na kilku dekadach doświadczenia klinicznego oraz na praktyce setek terapeutów, których szkoliłem w Instytucie Stanleya Rosenberga.

1

Poznaj swój autonomiczny układ nerwowy

Ludzki układ nerwowy ma jedną zasadniczą funkcję: zapewnić ciału przetrwanie. Układ nerwowy składa się z mózgu, rdzenia przedłużonego, nerwów czaszkowych, rdzenia kręgowego, nerwów rdzeniowych i nerwów enterycznych. W niniejszej książce skupiamy się przed wszystkim na autonomicznym układzie nerwowym, który zawiera elementy rdzenia przedłużonego, niektóre nerwy czaszkowe i fragmenty niektórych nerwów rdzeniowych.

Dwanaście nerwów czaszkowych

Pisanie o funkcjonowaniu nerwów czaszkowych dla czytelników, których część wie o nerwach wszystko, a część – nic, jest ogromnym wyzwaniem. Jak zaprezentować temat czytelnikom, którzy słyszą o nerwach czaszkowych po raz pierwszy, a jednocześnie pomóc także osobom bardziej znającym się na rzeczy zrozumieć funkcjonowanie tych nerwów w nowy i pożyteczny sposób?

Czytelnikom, dla których temat ten jest zupełnie obcy, przedstawię krótki opis działania wszystkich dwunastu nerwów czaszkowych. Mam nadzieję, że osobom bardziej biegłym w tej kwestii dostarczę szerszej perspektywy i nieco nowych informacji o funkcjonowaniu tych nerwów.

Nerwy czaszkowe różnią się od nerwów rdzeniowych. Niektóre nerwy czaszkowe łączą rdzeń przedłużony z mięśniami i narządami głowy, takimi jak nos, oczy, uszy i język. Rdzeń przedłużony bierze swój początek w mózgu; znajduje się w jego części brzusznej, w której rozpoczyna się rdzeń kręgowy. (Zob. „Mózg", „Nerwy czaszkowe" i „Rdzeń kręgowy" w Dodatku). Inne nerwy czaszkowe przez niewielkie otwory w mózgoczaszce biegną do gardła, twarzy, szyi, klatki piersiowej i brzucha. Każdy z dwunastu nerwów czaszkowych ma drogi nerwowe po prawej i po lewej stronie.

Jeden z nerwów czaszkowych „błądzi" po organizmie; przebiega od rdzenia przedłużonego do klatki piersiowej i brzucha, gdzie reguluje działanie wielu organów wewnętrznych. Unerwia mięśnie gardzieli (gardło i krtań) oraz narządów odpowiedzialnych za oddychanie (płuca), krążenie (serce), trawienie (żołądek, wątroba, trzustka, dwunastnica, jelito cienkie oraz części jelita grubego – wstępnica i poprzecznica) oraz wydalanie (nerki). Z uwagi na długość i liczne rozgałęzienia nerw ten został nazwany nerwem błędnym (*nervus vagus*, z języka łacińskiego *vagus*, czyli „włóczący się, błądzący").

Nerw błędny pomaga regulować wiele funkcji organizmu koniecznych do zachowania homeostazy. O ile układ współczulny jest przedłużeniem nerwów rdzeniowych i odpowiada za stan stresu oraz mobilizacji służącej do przetrwania, niektóre nerwy czaszkowe kontrolują inny, niestresowy stan organizmu. Jedną z podstawowych funkcji nerwów czaszkowych jest ułatwianie odpoczynku i regeneracji. Odpowiadają one także za działanie zmysłów wzroku, węchu, smaku i słuchu, a także czucie dotyku na twarzy. U ssaków współdziałanie niektórych nerwów czaszkowych umożliwia i wspiera zachowania społeczne.

Każdemu nerwowi czaszkowemu przypisana jest rzymska liczba. Na przykład nerw węchowy to nerw I, czyli „pierwszy nerw czaszkowy". Warto zauważyć, że choć nerwy funkcjonują w parach, zwykle używa się liczby pojedynczej, nerw I oznacza zatem parę nerwów.

Nerwy czaszkowe są numerowane zgodnie ze swoim położeniem. Biorą swój początek w półkolach po obu stronach mózgu; pierwsi anatomowie przypisali najwyżej położonemu nerwowi numer I, kolejnemu – II i tak dalej.

Różne funkcje nerwów czaszkowych

Podobnie jak włókna w kablu tak też nerwy czaszkowe mogą pełnić różne funkcje. Kiedy po raz pierwszy przyglądamy się różnym nerwom czaszkowym, ich funkcje wydają się niepowiązane ze sobą. Na przykład jeden z nerwów pomaga nam przełykać, inny napina mięsień obracający gałkę oczną ku osi twarzy, a jeszcze inny pomaga regulować ciśnienie krwi.

Choć nie podkreśla się tego zwykle podczas zgłębiania anatomii, wszystkie dwanaście nerwów czaszkowych ma pewną cechę wspólną: każdy z nich pomaga nam znaleźć jedzenie – żuć, połykać, trawić – a także wydalić niestrawione pożywienie jako odpady.

Nerwy czaszkowe kontrolują wydzielanie enzymów i soków trawiennych w ustach i żołądku, produkcję żółci w wątrobie i jej przechowywanie w pęcherzyku żółciowym, a także produkcję i przechowywanie enzymów trawiennych w trzustce. Nadzorują i regulują ruch niestrawionego pożywienia na całej trasie od żołądka do poprzecznicy. Kontrolują wydzielanie żółci i enzymów trzustkowych do dwunastnicy – właściwych ilości we właściwym czasie – w celu trawienia pożywienia i rozkładania jego struktury. Po tym jak białka, węglowodany i tłuszcze zostaną wystarczająco rozłożone, substancje odżywcze mogą być wchłonięte przez ściany jelita cienkiego do krwi.

Zaczniemy omawianie poszczególnych nerwów czaszkowych od przyjrzenia się roli, jaką każdy z nich odgrywa w procesie trawienia. Następnie przeanalizujemy niektóre dodatkowe funkcje nerwów czaszkowych, niepowiązane z pożywieniem, takie jak regulowanie działania nerek i pęcherza, serca i oddychania oraz popędu płciowego i reprodukcji.

Jeżeli nigdy wcześniej nie słyszeliście o nerwach czaszkowych, nie zaprzątajcie sobie głowy zapamiętywaniem zadań poszczególnych nerwów. Zawsze możecie wrócić do tej części i odświeżyć pamięć dzięki tabeli na stronie 49. Najlepiej będzie, jeśli zdobędziecie ogólne pojęcie o funkcjach regulowanych przez nerwy, łącznie ze stanem zaangażowania społecznego. Jeżeli już zajmowaliście się dwunastoma nerwami czaszkowymi, poniżej znajdziecie wiadomości wynikające z nieco innego podejścia, które poszerzą wasze rozumienie tego tematu.

Nerw węchowy, czyli nerw I, odpowiada za zmysł węchu. Był to pierwszy nerw czaszkowy, który rozwinął się w procesie ewolucji. Zmysł węchu jest niezwykle ważny dla ludzi i innych ssaków. Odgrywa istotną rolę w szukaniu pożywienia i decydowaniu, czy dany kąsek jest jadalny. Zapachy wywołują natychmiastową reakcję zainteresowania lub obrzydzenia – jeżeli to pożywienie znajdzie się bliżej, pocieknie nam ślina lub odwrócimy się ze wstrętem.

Nasza reakcja na zapachy jest silna, pierwotna i instynktowna, dlatego rozmaite zapachy mają na nas mocny wpływ emocjonalny. Dla dziecka ważne jest rozpoznawanie zapachu matki, u kochanków zapach partnera zwiększa podniecenie.

Włókna nerwowe nerwu I zaczynają się w komórkach węchowych powonienia w nosie i biegną bezpośrednio do mózgu. Nerw I to jedyny nerw czaszkowy zapewniający bezpośrednie połączenie narządu zmysłu z mózgiem, bez żadnych synaps po drodze. (Synapsa to struktura, która umożliwia neuronowi, czyli komórce nerwowej, przekazywanie sygnału elektrycznego lub chemicznego kolejnej komórce, nerwowej lub innej).

Nerw węchowy jest zatem jedynym nerwem czaszkowym, który przekazuje informacje (zapach) bezpośrednio do kory mózgowej, a nie za pośrednictwem innej części ośrodkowego układu nerwowego. Co ciekawe, ta część „starego mózgu" odgrywa ważną rolę w formowaniu pamięci, co z punktu widzenia przetrwania nie jest pozbawione sensu. Właśnie dlatego zapachy stanowią najtrwalsze i najżywsze wspomnienia.

Inne nerwy czaszkowe odpowiadają za wzrok, który odgrywa niezwykle istotną rolę w poszukiwaniu pożywienia. Nerw II (wzrokowy) również bierze swój początek w przodomózgowiu. Przekazuje sygnały z pręcików i czopków na siatkówce oka do synapsy, a za jej pośrednictwem do ośrodków wzroku w płacie potylicznym kory mózgowej. Mózg interpretuje te impulsy nerwowe jako to, co widzimy.

Możemy szukać jedzenia i zauważyć coś interesującego. Czy potrafimy to rozpoznać na podstawie doświadczenia z przeszłości? Czy to wygląda jak pożywienie? Czy wydaje się świeże? Czy nie ma na tym pleśni ani przebarwień? Jeżeli prezentuje się dobrze, możemy podjąć decyzję o zbliżeniu tego do twarzy, żeby to powąchać, a następnie o włożeniu do ust, żeby tego skosztować.

Poruszanie gałkami ocznymi w różne strony zwiększa nasze pole widzenia. Małe mięśnie, które nimi poruszają, są kontrolowane przez trzy inne nerwy czaszkowe: nerw III (okoruchowy), IV (bloczkowy) i VI (odwodzący). Pozwalają one poruszać oczami w górę, w dół, w lewo i w prawo.

Możemy jeszcze bardziej powiększyć pole widzenia, wykorzystując mięśnie szyi do poruszania głową. Nerw XI, rdzeniowy nerw dodatkowy, kontroluje mięsień czworoboczny oraz mięśnie mostkowo-obojczykowo-sutkowe. Poruszają one głową, dzięki czemu możemy spojrzeć w górę, w dół i na boki. Dzięki temu poszukiwanie pożywienia może obejmować także zbliżenie potencjalnego posiłku do nosa i odwrócenie głowy, gdyby zapach okazał się nieprzyjemny.

Węch i wzrok nie wystarczą jednak, żeby stwierdzić z całą pewnością, czy coś nadaje się do jedzenia. Idziemy o krok dalej i wkładamy to do ust: czy smak jest w porządku? Żeby spróbować pożywienia we właściwy sposób, musimy zmieszać je ze śliną. Wydzielanie śliny jest kontrolowane przez nerw V (trójdzielny), nerw VII (twarzowy) i nerw IX (językowo-gardłowy) unerwiające gruczoły ślinowe. Ślina nie tylko poprawia zdolność do próbowania pożywienia, lecz także inicjuje proces trawienia: rozpoczyna rozkładanie skrobi i nawilża spożywane substancje, dzięki czemu łatwiej je połknąć.

Do mieszania pożywienia ze śliną wykorzystujemy nerw V (trójdzielny), który unerwia mięśnie żwaczowe służące do otwierania i zamykania szczęki oraz rozdrabniania pokarmu za sprawą ruchu z boku na bok. Za pomocą nerwu XII (podjęzykowego) poruszamy językiem, żeby przemieszczać pokarm w jamie ustnej oraz po powierzchni zębów. Za pomocą nerwu VII (twarzowego) rozluźniamy i napinamy mięśnie policzków, żeby tworzyć przestrzeń dla pokarmu oraz przesuwać go z powrotem na rozdrabniające powierzchnie zębów. Możemy także przemieszczać pokarm za pomocą mięśni warg, również kontrolowanych przez nerw VII.

Do rozpoznania smaku jako takiego wykorzystujemy kubki smakowe na języku połączone z odnogami trzech nerwów czaszkowych: nerwu VII (twarzowego), nerwu IX (językowo-gardłowego) i nerwu X (błędnego). Czy smak jest akceptowalny, czy można wyczuć jakiś dziwny posmak, który oznacza, że pokarm może być niebezpieczny? Jeżeli jedzenie nie smakuje właściwie, możemy z łatwością je wypluć przed połknięciem, dzięki czemu unikamy zatrucia lub wymiotów.

Jeżeli postanowimy połknąć pokarm, język przerzuca przeżute jedzenie zmieszane ze śliną w kierunku ujścia przełyku w tylnej części jamy ustnej. Przełyk to mięśniowy przewód, który przesuwa pokarm z gardła do żołądka za sprawą rytmicznych skurczów, takich samych jak w jelitach. Połykamy jedzenie dzięki mięśniom gardzieli unerwionym przez nerw IX (językowo-gardłowy) oraz mięśniom języka unerwionym przez nerw XII (podjęzykowy) oraz inne mięśnie unerwione przez nerwy V i VII.

Górna jedna trzecia przełyku jest unerwiona przez część brzuszną nerwu błędnego, natomiast reszta – przez część grzbietową nerwu błędnego.

Jeżeli wyczuwamy, że z pokarmem jest coś nie tak, kiedy już znalazł się w żołądku, stara (grzbietowa) część nerwu błędnego daje nam ostatnią szansę wyplucia pożywienia, zanim trafi ono do jelita cienkiego. Odruch wymiotny jest kontrolowany na obu końcach przełyku: na górze przez nerw językowo-gardłowy, na dole przez nerw błędny. Łatwo zauważyć, jak skomplikowaną czynnością jest w istocie przełykanie, które wymaga skoordynowanego działania wielu nerwów czaszkowych.

Nerwy czaszkowe wspomagają poszukiwanie pożywienia również w inny sposób. Wiele zwierząt namierza potencjalne ofiary za pomocą niezwykle wyostrzonego zmysłu słuchu. Większość źródeł anatomicznych uznaje nerw VIII (słuchowy[7]) za jedyny nerw czaszkowy odpowiadający za słyszenie. U ssaków jednak również nerwy trójdzielny (V) oraz twarzowy (VII) odgrywają istotną rolę w słuchaniu i rozumieniu mowy, ponieważ regulują działanie mięśni ucha środkowego. Zmniejszanie lub zwiększanie napięcia błony bębenkowej ucha – odbywające się dzięki tym nerwom – zmienia głośność określonych częstotliwości akustycznych trafiających do ucha wewnętrznego. Kiedy natężenie dźwięku jest zbyt mocne dla delikatnych mechanizmów ucha wewnętrznego, mięsień strzemiączkowy tłumi wibracje. (Więcej o słuchu w Rozdziale 7).

Główne funkcje nerwów czaszkowych

Nerw I	Nerw węchowy	Węch; pomaga zlokalizować pożywienie.
Nerw II	Nerw wzrokowy	Wzrok; umożliwia widzenie.
Nerw III	Nerw okoruchowy	Patrzenie; kontroluje niektóre mięśnie oka.
Nerw IV	Nerw bloczkowy	Patrzenie; kontroluje niektóre mięśnie oka.
Nerw V	Nerw trójdzielny	Żucie i połykanie. Słuch; mięsień napinacz błony bębenkowej.
Nerw VI	Nerw odwodzący	Patrzenie; kontroluje niektóre mięśnie oka.
Nerw VII	Nerw twarzowy	Żucie; niektóre mięśnie twarzowe i wydzielanie śliny. Słuch; mięsień strzemiączkowy.
Nerw VIII	Nerw przedsionkowo- -ślimakowy	Słuch; przekształca fale dźwiękowe w impulsy nerwowe.
Nerw IX	Nerw językowo-gardłowy	Przełykanie.
Nerw X	Nowy nerw błędny Stary nerw błędny	Nowa (brzuszna) część nerwu błędnego unerwia i kontroluje górną jedną trzecią przełyku oraz większość mięśni gardłowych, a także reguluje działanie serca i oskrzeli. Stara (grzbietowa) część nerwu błędnego unerwia dolne dwie trzecie przełyku; reguluje funkcjonowanie żołądka, gruczołów trawiennych i organów takich jak wątroba oraz pęcherzyk żółciowy, a także przemieszczanie się pokarmu w jelitach (oprócz zstępnicy).
Nerw XI	Rdzeniowy nerw dodatkowy	Unerwia mięsień czworoboczny i mięśnie mostkowo-obojczykowo-sutkowe, które poruszają głową i poszerzają pole widzenia.
Nerw XII	Nerw podjęzykowy	Porusza językiem.

Nerwy czaszkowe oprócz funkcji związanych z jedzeniem pełnią także kilka innych. Trzewne czuciowe (sensoryczne) części nerwów V, VII, IX, X i XI gromadzą następujące informacje z narządów: czy jesteśmy bezpieczni, czy coś nam grozi, czy znajdujemy się w śmiertelnym niebezpieczeństwie. Czy czujemy, że ciało jest zdrowe, czy też występuje jakieś zaburzenie równowagi, ból, dysfunkcja lub choroba? Jeżeli jesteśmy bezpieczni i zdrowi, nerwy te aktywują tak pożądany stan zaangażowania społecznego.

Dysfunkcje nerwów czaszkowych a zaangażowanie społeczne

„Normalne" ludzkie zachowanie uważamy za odbicie pozytywnych wartości społecznych. Nasze działania powinny być korzystne z punktu widzenia naszego przetrwania i dobrostanu, jak również z punktu widzenia innych.

Kiedy jesteśmy zaangażowani społecznie, innym ludziom łatwo jest zrozumieć nasze zachowanie, a nasze postępowanie ma dla otoczenia jakiś sens; większość z nas jest przeważnie w stanie zaangażowania społecznego. Czasami jednak popadamy chwilowo w stan chronicznego pobudzenia pnia współczulnego (walcz lub uciekaj) albo grzbietowej części nerwu błędnego (wycofanie, zamieranie). Jeżeli nasz autonomiczny układ nerwowy jest odporny, po pewnym okresie powinniśmy wrócić do stanu zaangażowania społecznego.

Niestety niektórzy z nas przez większość czasu nie są zaangażowani społecznie; jeżeli brakuje nam odporności koniecznej do samorzutnego powrotu do stanu zaangażowania społecznego, pozostajemy w stanie „walcz lub uciekaj" lub zamierania. W tej sytuacji inni ludzie często mają trudności ze zrozumieniem naszych wartości, motywów i zachowania. Nasze działania wydają się irracjonalne, sprzeczne z naszym własnym interesem, a często także destrukcyjne wobec innych i nas samych. Jeżeli nie jesteśmy zaangażowani społecznie, życie jest trudniejsze nie tylko dla nas, lecz także dla otaczających nas ludzi.

Przyjrzyjmy się pięciu nerwom czaszkowym, których prawidłowe funkcjonowanie jest niezbędne do osiągnięcia stanu zaangażowania społecznego, oraz problemom pojawiającym się, kiedy nerwy te nie działają prawidłowo. Objawy te mogą być sygnałem, że ktoś nie jest w stanie zaangażowania społecznego. Osobie z danymi symptomami może przydać się terapia nakierowana na odpowiedni nerw lub nerwy.

Piąty i siódmy nerw czaszkowy

Nerw V, czyli nerw trójdzielny, ma kilka funkcji ruchowych, między innymi kontroluje mięśnie żwacze, które poruszają szczęką podczas żucia. Nerw ten pełni też funkcje czuciowe i otrzymuje impulsy od nerwów czuciowych skóry twarzy.

Nerw VII, czyli nerw twarzowy, również ma kilka funkcji ruchowych. Kontroluje napinanie i rozluźnianie poszczególnych mięśni twarzy. Zmiany w konfiguracji napięcia mięśni twarzowych odpowiadają za mimikę, która nie tylko wyraża różne emocje, lecz także odzwierciedla stan wewnętrzny w zakresie zdrowia lub choroby. W idealnej sytuacji wyraz twarzy kształtuje się spontanicznie i oddaje przepływ zmieniających się emocji oraz myśli.

A co się dzieje, jeżeli ktoś zachowuje śmiertelną powagę i brakuje mu ożywienia? Zazwyczaj jest to oznaka dysfunkcji nerwu VII. Możemy świadomie zmieniać wyraz twarzy, na przykład uśmiechnąć się czy szeroko otworzyć oczy. To jednak nie to samo, co spontaniczne odzwierciedlanie uczuć i myśli.

Samorzutne, drobne zmiany wyrazu twarzy (albo ich brak), dostrzegalne na linii biegnącej od kącików oczu do kącików warg – świadomie lub nieświadomie zauważane przez innych ludzi – zdradzają, czy znajdujemy się w stanie zaangażowania społecznego.

Oprócz oddzielnych funkcji nerwy V i VII mają także kilka zadań wspólnych. Nerw VII unerwia mięśnie twarzy, a nerw V jest nerwem czuciowym skóry twarzy. Kiedy zmieniamy wyraz twarzy, „czujemy" swoją twarz. Oba nerwy odgrywają także pewną rolę w słyszeniu i rozumieniu mowy, dzięki czemu możemy uczestniczyć w konwersacji. To również ważne dla stanu zaangażowania społecznego.

Mięsień strzemiączkowy, najmniejszy mięsień ludzkiego ciała, jest kontrolowany przez nerw VII. Mięsień ten chroni ucho wewnętrzne przed wysokim poziomem hałasu, przede wszystkim naszego własnego głosu. Ryk lwa może być przerażający; wywołuje u innych zwierząt strach, który wręcz je paraliżuje. Lew chroni się przed własnym rykiem, napinając tuż przed jego wydaniem mięsień strzemiączkowy i w ten sposób unikając wpływu własnego głosu.

Mięsień strzemiączkowy umożliwia dziecku lepsze wsłuchanie się w głos matki dzięki wyciszeniu dźwięków o częstotliwości wyższej i niższej niż kobiecy głos. Jeżeli łatwo rozpraszają cię odgłosy w tle, być może twój mięsień strzemiączkowy niewystarczająco wycisza niskie dźwięki, co utrudnia zrozumienie słów innych w głośnym pomieszczeniu.

Inny problem ze słuchem – nadwrażliwość słuchowa – może wynikać z dysfunkcji mięśnia strzemiączkowego lub innego mięśnia położonego w uchu środkowym, napinacza błony bębenkowej, unerwianego przez nerw V. Kiedy mięsień ten się spina, zwiększa napięcie i osłabia dźwięk. Funkcja ta bardzo przydaje się podczas jedzenia do wygłuszania odgłosu żucia. (Więcej o nadwrażliwości słuchowej i dysfunkcji mięśnia strzemiączkowego w Rozdziale 7).

Dysfunkcje nerwów V i VII często występują u dorosłych, czasami stanowią niepożądany skutek uboczny ekstrakcji zęba lub noszenia aparatu ortodontycznego. U kilkorga moich pacjentów po zabiegach dentystycznych zaobserwowałem, że wyrostek skrzydłowaty kości klinowej i kość podniebienna (jedna z drobnych kości twarzy) w ich podniebieniu twardym są „zwichnięte" względem siebie. W ramach poznawania biomechanicznej terapii czaszkowo-krzyżowej nauczyłem się patrzeć na kształt podniebienia twardego w celu wykrycia, czy kość podniebienna jest przesunięta w bok. Dowiedziałem się też, jakiej techniki użyć, aby kość wróciła na swoje miejsce.

W tym miejscu spotykają się niektóre gałęzie nerwów V i VII. Delikatne niedopasowanie mięśni twarzy w punkcie łączącym kości klinową i podniebienną może powodować ucisk obu nerwów. Czasami leczę pacjentów, którzy mają problem z tymi właśnie nerwami po wyrwaniu zęba. Kiedy pytam dentystów o ból zęba i niedopasowanie tych dwóch kości, większość z nich dokładnie wie, o co mi chodzi. Często odpowiadają, że bardzo ostrożnie podchodzą do wyrywania zębów – sam ból bez żadnych oznak infekcji nie jest powodem do ekstrakcji.

Spotykam jednak także osoby leczone przez dentystów, którzy nigdy się tego nie nauczyli lub o tym zapomnieli. Pewną kobietę po wyrwaniu zęba zaczął boleć inny ząb. Dała sobie wyrwać i ten, ale ból nie ustąpił. Najwyraźniej jej dentysta nie wiedział, że nerwy w tym miejscu mogą być uciśnięte, jeżeli kości klinowa i podniebienna przemieszczą się względem siebie. Uparcie dążył do uwolnienia kobiety od bólu. Wyrwał kolejny ząb, a potem jeszcze jeden. Kiedy pacjentka dotarła do mnie, prawie nie miała już zębów – a ból nadal nie ustępował.

Obecnie pracuję z innym pacjentem, który po wyrwaniu zęba zaczął zgrzytać zębami w nocy. Wielu dentystów nie rozpoznaje tego problemu albo być może nie potrafi go rozwiązać.

Podczas pierwszej sesji zazwyczaj pytam pacjentów, czy mieli wyrwany ząb albo czy noszą aparat ortodontyczny. W obu przypadkach może wystąpić chroniczne pobudzenie rdzeniowego układu współczulnego lub części grzbietowej nerwu błędnego.

Kość klinowa to najbardziej centralnie położona kość czaszki. Jej zewnętrzne powierzchnie tworzą to, co zwykle nazywamy skrońmi. Jeżeli bokser zostanie trafiony w skroń, może z miejsca zostać znokautowany. Wielu bokserów o tym wie, dlatego celują w skronie przeciwnika. Jeśli trafią, niemal na pewno zwyciężą przez nokaut. Również dlatego zawodnicy odbijający piłkę w bejsbolu noszą kaski z klapami chroniącymi ich skronie od urazu przy trafieniu piłką. Najbardziej wewnętrzna część kości klinowej ma zagłębienie w kształcie siodła, w którym znajduje się przysadka.

Bezpośredni fizyczny nacisk na jedną z gałęzi nerwu czaszkowego może zaburzyć nie tylko jej funkcjonowanie, lecz także działanie innych gałęzi danego nerwu. Dyslokacja kości klinowej i podniebiennej może zatem spowodować zaburzenie funkcjonowania nerwów twarzowych i ucha środkowego, co wystarczy do zablokowania całego układu zaangażowania społecznego.

Nerw V biegnie do skóry twarzy, natomiast nerw VII – do mięśni twarzy W części drugiej opisana jest technika, która stymuluje obydwa nerwy i może służyć do korygowania części powyższych dysfunkcji, a także do naturalnego liftingu. Choć poprawę i zmniejszone napięcie twarzy można dostrzec już po pierwszym wykonaniu ćwiczenia, warto je powtarzać od czasu do czasu, zwłaszcza jeżeli chroniczne pobudzenie pnia współczulnego lub części grzbietowej nerwu błędnego wywołało zanik naturalnego uśmiechu.

Dwa inne mięśnie również kontrolowane przez nerw V to mięśnie skrzydłowe środkowy i boczny, przyczepione do kości klinowej i odpowiadające za opuszczanie oraz podnoszenie szczęki. Delikatne przemieszczenie tej kości może wywołać nieregularności takie jak zgryz głęboki, przodozgryz lub zgryz krzyżowy.

Dziewiąty, dziesiąty i jedenasty nerw czaszkowy

Jedna z dwóch gałęzi X nerwu czaszkowego (część brzuszna nerwu błędnego) bierze swój początek w jądrze dwuznacznym w rdzeniu przedłużonym, podobnie zresztą jak IX i XI nerw czaszkowy.

Część grzbietowa nerwu błędnego z kolei zaczyna się na dnie czwartej komory w pobliżu rdzenia przedłużonego. (Komora nie jest osobną strukturą, ale przestrzenią między płatami mózgu, wypełnioną płynem mózgowo-rdzeniowym. Istnieją cztery takie komory połączone ze sobą wąskimi kanałami).

Obie gałęzie nerwu błędnego wraz z nerwami IX i XI oraz żyłą szyjną przechodzą przez otwór szyjny, niewielki otwór u podstawy czaszki, między kośćmi skroniową i potyliczną.

Zarówno włókna nerwu IX, jak i XI splatają się z włóknami nerwu X. Mój nauczyciel anatomii, profesor Pat Coughlin, powiedział nam na zajęciach, że zgodnie ze współczesnymi interpretacjami anatomii coraz więcej wykładowców uważa nerwy IX i X za dwie części tego samego nerwu. Podobnie jak włókna nerwów splatają się ze sobą, tak i ich funkcje wydają się powiązane jako elementy układu zaangażowania społecznego.

W pracy klinicznej, gdy chcę przywrócić stan zaangażowania społecznego w układzie nerwowym, najłatwiejszą drogą jest dla mnie praca z nerwami IX, X i XI, jakby były jednym nerwem. Kiedy u pacjenta występują objawy wskazujące na dysfunkcję w jednym z nich, niemal zawsze pojawia się także jakiś problem związany z dwoma pozostałymi. Jeżeli po terapii u pacjenta poprawiają się wyniki testu badającego funkcjonowanie nerwu błędnego (nerw X), zwykle zanikają także objawy przypisywane dysfunkcjom nerwów IX i XI.

Więcej o dziewiątym nerwie czaszkowym

Nerw IX nazywany jest nerwem językowo-gardłowym (łac. *nervus glossopharyngeus*, *glosso* – dotyczy języka, a *pharyngeus* – gardła, tylnej górnej części gardzieli). Nerw ten składa się zarówno z włókien czuciowych (aferentnych), jak i ruchowych (eferentnych). Gałąź ruchowa unerwia tylko jeden mięsień, rylcowo-gardłowy, który bierze udział w przełykaniu.

IX nerw czaszkowy otrzymuje sygnały czuciowe z migdałków, gardła, ucha środkowego oraz tylnej jednej trzeciej języka. Stanowi także część mechanizmu regulacji ciśnienia krwi: jego gałąź czuciowa sięga do zatoki tętnicy szyjnej znajdującej się u podstawy szyi, w pobliżu tętnicy szyjnej, a jej włókna czuciowe monitorują ciśnienie krwi i mają wpływ na serce oraz napięcie mięśni w tętnicach.

Nerw ten kontroluje także poziom tlenu i dwutlenku węgla we krwi, aby można było regulować szybkość oddychania. Odpowiada także za stymulowanie wydzielania ze ślinianki przyusznej, dużego gruczołu ślinowego położonego do przodu od jamy ucha.

Dziesiąty nerw czaszkowy (nerw błędny)

Nerw czaszkowy X to kluczowa część autonomicznego układu nerwowego. Nim Stephen Porges zaprezentował teorię poliwagalną, nerw ten uważany był za pojedynczą drogę nerwową. Obecnie wiemy jednak, że istnieją dwie gałęzie nerwu błędnego – brzuszna i grzbietowa – które biorą swój początek w różnych miejscach i pełnią zupełnie inne funkcje, a niniejsza książka została napisana właśnie po to, by objaśnić te różnice i ich konsekwencje.

Zrozumienie dwóch dróg nerwu błędnego dostarcza wielu opcji leczenia rozmaitych problemów zdrowotnych, co zostało omówione w dalszej części książki.

Odcinek podprzeponowy nerwu błędnego (grzbietowy)

Część grzbietowa nerwu błędnego obejmuje włókna ruchowe, które unerwiają organy wewnętrzne położone poniżej przepony: żołądek, wątrobę, śledzionę, pęcherzyk żółciowy, pęcherz moczowy, jelito cienkie, trzustkę oraz wstępnicę i poprzecznicę. Dlatego właśnie część ta bywa czasem nazywana „odcinkiem podprzeponowym nerwu błędnego".

Opis ten jest jednak tylko częściowo dokładny, ponieważ niektóre włókna biegnące z grzbietowego jądra ruchowego w rdzeniu przedłużonym mają także wpływ na serce i płuca, znajdujące się powyżej przepony. Również w przypadku części brzusznej nerwu błędnego, obejmującej głównie drogi nerwowe prowadzące do narządów powyżej przepony, niektóre włókna wpływają na narządy położone poniżej tej granicy. Wszystkie trzy części autonomicznego układu nerwowego – części brzuszna i grzbietowa nerwu błędnego oraz pień współczulny – mają wpływ na takie funkcje życiowe, jak oddychanie i krążenie krwi. Każdy z tych trzech obwodów inaczej oddziałuje na serce i płuca.

W Dodatku znajdują się dwie ilustracje z narządami wewnętrznymi. (Zob. „Część brzuszna nerwu błędnego" i „Część grzbietowa nerwu błędnego"). Na jednej znajdują się narządy unerwiane przez część brzuszną, na drugim – przez grzbietową.

Inne funkcje części brzusznej nerwu błędnego

Część brzuszna nerwu błędnego bierze swój początek w rdzeniu przedłużonym, na szczycie rdzenia kręgowego, poniżej półkul mózgowych. (Zob. „Mózg" w Dodatku).

Stymuluje ona rytmiczne kurczenie się oskrzeli i ułatwia tym samym pobieranie tlenu, natomiast jeżeli strefa rdzenia przedłużonego kontroluje aktywację części grzbietowej, może to prowadzić do chronicznego skurczu dróg oddechowych, co utrudnia przepływ powietrza. (To element mechanizmu uruchamianego w stanie zamierania lub szoku. Zwężenie oskrzeli występuje także w przewlekłej obturacyjnej chorobie płuc, przewlekłym zapaleniu oskrzeli i astmie).

Kiedy czujemy się bezpieczni, część brzuszna nerwu błędnego odpowiada za odpoczynek lub spokojne działanie. Drogi oddechowe rytmicznie zwężają się i rozszerzają: nieco poszerzają się podczas wdechu i nieco zmniejszają swoją średnicę podczas wydechu.

Część brzuszna nerwu błędnego unerwia wiele drobnych mięśni w gardle, między innymi struny głosowe, krtań, gardło i niektóre mięśnie z tyłu gardła (mięsień dźwigacz podniebienia miękkiego i mięśnie języczka).

Jedenasty nerw czaszkowy

Nerw XI, czyli „nerw dodatkowy", to jeden z najważniejszych czynników wpływających na dobrostan całego układu mięśniowo-szkieletowego. Unerwia on mięsień czworoboczny i mięsień mostkowo-obojczykowo-sutkowy, które umożliwiają ruchy głowy i szyi, a zatem napięcie w którymkolwiek z tych mięśni zaburza układ barków, kręgosłupa i całego ciała.

Zarówno mięsień czworoboczny, jak i mięsień mostkowo-obojczykowo-sutkowy przyczepione są do kości czaszki. (Mięsień czworoboczny jest przyczepiony do kości potylicznej, a mięsień mostkowo-obojczykowo-sutkowy – do wyrostka sutkowego kości skroniowej). Razem tworzą zewnętrzny pierścień mięśni szyi, barków i górnej części pleców.

Jeżeli w funkcjonowaniu nerwu XI pojawiają się jakieś dysfunkcje, skutkują one brakiem prawidłowego napięcia tych mięśni. To z kolei może prowadzić do ostrych lub przewlekłych problemów z barkami, sztywnienia szyi, migren i trudności w obracaniu głowy z boku na bok. (Więcej informacji o tych mięśniach znajduje się w Rozdziale 5. Część druga opisuje terapię, która przynosi ulgę w migrenie dzięki redukcji nadmiernego napięcia tych mięśni).

Zamiast po prostu masować chronicznie napięte lub zwiotczałe mięśnie czworoboczny lub mostkowo-obojczykowo-sutkowy, terapeuta powinien najpierw poprawić funkcjonowanie nerwu XI, wykorzystując Ćwiczenie podstawowe (zob. Część druga), a do masażu przystąpić dopiero wtedy, gdy nerw będzie już działał prawidłowo.

Leczenie nerwów czaszkowych

Do leczenia nerwów czaszkowych potrzebujemy innych technik niż powszechnie stosowane w pracy z nerwami rdzeniowymi. Niektórzy terapeuci wykorzystują w tym celu chiropraktykę lub mobilizacje podobne do wykorzystywanych w tego rodzaju terapii (krótkie, szybkie pchnięcia). Fizjoterapeuta może naciągać i wzmacniać mięśnie szyi i pleców w celu przesunięcia kręgu i tym samym zmniejszenia nacisku na mięśnie rdzeniowe. Jeżeli działania te zawodzą, czasami korzystamy z zabiegu ortopedycznego.

Jeżeli jednak chcemy manualnie poprawić lub przywrócić funkcjonowanie nerwów czaszkowych, potrzebujemy innego podejścia. Od 1920 roku istnieje metoda leczenia dysfunkcji nerwów czaszkowych nazywana „osteopatią czaszkową”, „terapią czaszkowo-krzyżową” lub „osteopatią w sferze czaszkowej”.

W USA lekarze osteopaci przechodzą takie samo szkolenie jak lekarze medycyny. Mają uprawnienia do wykonywania zabiegów chirurgicznych, wypisywania recept i pracy w szpitalach psychiatrycznych. Istotna różnica między osteopatami a lekarzami jest taka, że ci pierwsi przechodzą jeszcze dodatkowe szkolenie z praktycznych terapii.

Twórcą osteopatii czaszkowej był lekarz osteopata William Garner Sutherland (1873–1954). Jego student i współpracownik, lekarz osteopata Harold Magoun (1927–2011), napisał podstawową książkę *Osteopathy in the Cranial Field*[8], wydaną po raz pierwszy w 1951 roku i nadal stosowaną przez osteopatów uczących się technik czaszkowych. Książka Magouna opisuje trzy podejścia do terapii czaszkowej. Pierwsze jest biomechaniczne: terapeuta trzyma dwie sąsiednie kości czaszki w celu mobilizacji szwów (miejsc, w których stykają się dwie lub więcej kości czaszki). Może to zmniejszyć fizyczny nacisk na nerwy czaszkowe w miejscach, w których przechodzą przez różne otwory w czaszce.

Do osiągnięcia właściwego wyczucia i skutecznego stosowania tego rodzaju technik konieczne jest dokładne poznanie anatomii czaszki oraz bogate doświadczenie w praktycznej pracy z pacjentem. Francuski osteopata Alain Gehin rozwinął system technik biomechanicznych opisany przez Sutherlanda i Magouna, a następnie uczył swojego podejścia uczniów w różnych krajach.

Inne ujęcie terapii czaszkowej obejmuje rozciąganie membran tkanki miękkiej wewnątrz czaszki i kręgosłupa. Opona twarda to błona z tkanki łącznej rozciągająca się od czaszki do kości ogonowej i otaczająca mózg, rdzeń kręgowy i płyn mózgowo-rdzeniowy. Sierp mózgu i namiot móżdżku to zbudowane z tkanki łącznej warstwy, które utrzymują kości czaszki w całości i są ogólnie nazywane „membranami oponowymi".

Wszystkie te struktury stają się mniej elastyczne w wyniku procesu starzenia, chorób, działania niektórych rodzajów antybiotyków czy urazów fizycznych. Opisał je Harold Magoun, podając także sposoby zmniejszania obecnego w nich napięcia. Podejście to rozwinął później lekarz osteopata John Upledger, a obecnie Instytut Upledgera z siedzibą na Florydzie uczy go na całym świecie. Obejmuje ono rozciąganie membran oponowych oraz umożliwianie im „odprężenia".

Trzecie podejście to biodynamiczna terapia czaszkowo-krzyżowa. Jej celem jest maksymalizacja przepływu płynu mózgowo-rdzeniowego, który krąży wokół mózgu i rdzenia kręgowego, zapewniając tkankom substancje odżywcze i odprowadzając produkty uboczne metabolizmu.

Techniki biodynamiczne umożliwiają odprężenie dzięki przepływowi płynu mózgowo-rdzeniowego znajdującego się w membranach oponowych czaszki i kręgosłupa. Terapeuta trzyma głowę pacjenta w niezwykle lekkim uścisku i wyczuwa delikatne, subtelne ruchy kości czaszkowych[9].

Nerwy rdzeniowe

O problemach związanych z dysfunkcjami nerwów rdzeniowych słyszała większość ludzi. U wielu osób występuje dyskopatia, skutkująca uciskiem rdzenia kręgowego; również zmiany kostne (zwężenie kanału kręgowego) mogą uciskać nerwy rdzeniowe i powodować ból, utratę czucia lub kontroli (na przykład nad pęcherzem moczowym). Dysfunkcje nerwów rdzeniowych mogą także powodować miejscowy paraliż (niezdolność do używania określonego mięśnia szkieletowego).

Niektórzy ludzie do zwalczania ucisku nerwów rdzeniowych stosują chiropraktykę lub osteopatię. Chiropraktycy zazwyczaj wykorzystują szybkie i krótkie techniki, których celem jest przesunięcie kręgu z powrotem na miejsce, tak aby poprawić ułożenie i zlikwidować nacisk na bolący nerw. Osteopaci mają taki sam cel, ale zazwyczaj posługują się delikatniejszymi metodami.

Inne popularne „konserwatywne" terapie kręgosłupa obejmują także jogę i rozciąganie, wzmacnianie mięśni pleców przez kalistenikę, trening siłowy, fizjoterapię i masaż mający na celu zrównoważenie napięcia mięśni pleców. Jeżeli mimo tych metod nie udaje się utrzymać kręgosłupa w dobrej formie, możemy się czuć kalecy i zniechęceni, skłonni do decydowania się na radykalne rozwiązania, takie jak zabieg chirurgiczny.

Operacje kręgosłupa to świetny interes. Każdego roku około pięciuset tysięcy Amerykanów poddawanych jest zabiegom na samą dolną część kręgosłupa. Według Agencji ds. Badań i Jakości Opieki

Zdrowotnej tylko w 2008 roku wydaliśmy na leczenie szpitalne w zakresie bólu pleców ponad 30,7 miliarda dolarów[10]. Niestety, zabieg nie zawsze przynosi ulgę. W dodatku badania naukowe wykazują, że w większości przypadków z czasem ból ustępuje samoistnie. Szpital miejski w mojej miejscowości w Danii przestał stosować zabiegi chirurgiczne w leczeniu bólu pleców.

Przez dziesięciolecia chirurdzy ortopedzi leczyli problemy z kręgosłupem przez wycięcie fragmentów przerośniętego dysku, odłupywanie ostróg kostnych czy nawet mocowanie metalowych płyt i śrub w celu usztywnienia sąsiadujących ze sobą kręgów. Mimo powszechnego stosowania takich zabiegów, ich skuteczność nie jest udokumentowana naukowo. Wręcz przeciwnie – badania coraz częściej wykazują, że tego rodzaju operacje nie przynoszą długotrwałych rezultatów[11, 12, 13].

Jedną z ważnych funkcji nerwów rdzeniowych jest kurczenie i rozkurczanie odpowiednich mięśni, dzięki czemu możemy wykorzystywać ramiona, nogi i tułów do poruszania się. Nerwy rdzeniowe unerwiają także niektóre narządy wewnętrzne. Komunikaty dla nerwów rdzeniowych powstają w mózgu i przemieszczają się wzdłuż rdzenia kręgowego, podobnej do tuby wiązki nerwów, która wychodzi z czaszki przez duży otwór u jej podstawy, nazywany *foramen magnum* (łac. duża dziura).

Następnie pary nerwów rdzeniowych oddzielają się od rdzenia kręgowego między poszczególnymi kręgami i docierają do mięśni, stawów, więzadeł, ścięgien, narządów wewnętrznych i skóry. Ludzie mają trzydzieści trzy pary nerwów rdzeniowych; w każdej z nich jeden nerw biegnie do prawej strony ciała, a drugi – do lewej.

Każda para nerwów rdzeniowych odpowiada fragmentowi kręgosłupa. Łącznie mamy trzydzieści trzy kręgi: siedem szyjnych, dwanaście piersiowych, pięć lędźwiowych, pięć krzyżowych i cztery w kości ogonowej. Nerwy rdzeniowe, czyli zarówno nerwy ruchowe, jak i czuciowe, przenoszą sygnały od mózgu do reszty ciała i z powrotem. Dwa istotne wyjątki to mięśnie szyi i ramion: czworoboczny i mostkowo-obojczykowo-sutkowy. Unerwia je nerw XI, a wynikające z tego konsekwencje są omówione w innych miejscach niniejszej książki, na przykład w Rozdziale 5.

Do dowolnego mięśnia zawsze dochodzi więcej niż jedna gałąź jednego nerwu rdzeniowego. Dzięki temu w przypadku uszkodzenia któregoś z nerwów mięsień może dalej funkcjonować (chociaż mniej skutecznie) dzięki sygnałom z innych dostępnych nerwów.

Każdy nerw rdzeniowy również oddziałuje na kilka mięśni. Często mięśnie te stanowią część łańcucha ruchowego: na przykład przy kontrolowaniu podstawowych ruchów ramion czy dłoni mięśnie barków, ramion, przedramion, nadgarstków i palców współpracują ze sobą.

Drogi ruchowe nerwów przekazują do mięśnia polecenie wykonania skurczu. Rdzeniowe nerwy czuciowe gromadzą różnego rodzaju informacje w całym ciele i przesyłają je do mózgu: ból, umiejscowienie części ciała względem siebie, ruch, napięcie mięśni i powięzi, a także wrażenia dotykowe z całego ciała z wyjątkiem twarzy (która jest unerwiona przez nerwy czaszkowe).

Gałęzie nerwów rdzeniowych i czaszkowych są tradycyjnie dzielone według funkcji czuciowych i ruchowych, ale to zbytnie uproszczenie. Jeżeli przyjrzymy się bliżej poszczególnym „nerwom ruchowym", dostrzeżemy, że niektóre z ich włókien to istotnie włókna ruchowe, zawierają jednak także włókna czuciowe, które przesyłają do mózgu informację zwrotną o napięciu w mięśniach. Obecnie już wiemy, że większość włókien „nerwów ruchowych" to w rzeczywistości włókna czuciowe.

Taka kombinacja włókien czuciowych i ruchowych prowadzi do powstania sprzężenia zwrotnego, które umożliwia kurczenie mięśni za sprawą włókien ruchowych i jednoczesne przesyłanie przez włókna czuciowe do mózgu informacji zwrotnej o zmieniającym się napięciu mięśnia. Pozwala to odpowiednio dostosować napięcie mięśni. Takie rozwiązanie jest o wiele skuteczniejsze, niż gdyby mięśnie mogły albo skurczyć się całkowicie, albo wcale, a tak właśnie byłoby, gdyby nie informacja zwrotna włókien czuciowych.

W normalnych warunkach nerwy rdzeniowe umożliwiają łatwe, dobrze skoordynowane i zgrabne poruszanie się, a mięśnie zużywają do wykonania pożądanego ruchu minimum energii. Jeżeli jednak organizm znajduje się w stanie stresu i wszystkie mięśnie są napięte bardziej niż to konieczne, często tracimy naturalną płynność i ruchy stają się nieskoordynowane, niezgrabne, słabe.

Pień współczulny

Gałęzie nerwów rdzeniowych dochodzą do określonych struktur ciała: skóry (dermatomy), mięśni (miotomy), narządów wewnętrznych (wiscerotomy), a także więzadeł, powięzi i tkanki łącznej (fasciotomy). Pojedynczy nerw rdzeniowy dociera nie tylko do jednego mięśnia, obszary unerwione przez różne nerwy pokrywają się ze sobą; do danego mięśnia mogą dochodzić gałęzie kilku nerwów rdzeniowych. Powstaje w ten sposób system rezerwowy na wypadek uszkodzenia części nerwu – inne części mogą wtedy wywoływać skurcz danego mięśnia, który nadal funkcjonuje, choć jego działanie jest mniej skuteczne.

Niektóre nerwy rdzeniowe docierają do organów wewnętrznych. Na przykład nerwy z kręgów piersiowych Th1 i Th4 biegną do serca, nerwy z Th5 i Th8 – do płuc, z Th9 – do żołądka, a z Th10 – do nerek. Pozostałe nerwy łączą się z innymi narządami, takimi jak pęcherz, narządy płciowe czy jelita.

Po odłączeniu się od rdzenia kręgowego niektóre włókna nerwów piersiowych i wyższych nerwów lędźwiowych (Th1–L2) biegną na boki, niezbyt daleko. Niektóre pozostają w tej samej strefie, inne natomiast łączą się z włóknami nerwów powyżej i poniżej, tworząc w ten sposób część pnia współczulnego. Pień współczulny rozciąga się wzdłuż kręgosłupa, od kręgu Th1 do L2 i łączy się z tymi właśnie nerwami rdzeniowymi. Większości nerwów układu współczulnego, biegnących do narządów wewnętrznych i głowy, towarzyszą tętnice docierające do tego samego punktu.

Gdy coś zagraża naszemu przetrwaniu, dochodzi do pobudzenia całego pnia współczulnego, który przesyła sygnał o reakcji „walcz lub uciekaj", żeby zmobilizować wszystkie zasoby ciała. Reakcja jest totalna i natychmiastowa, odpowiednia do sytuacji, w której coś nam grozi albo jesteśmy w niebezpieczeństwie. Mięśnie napinają się i przygotowują do ruchu koniecznego w walce lub podczas ucieczki; osoby interesujące się podnoszeniem ciężarów nazywają to „pompowaniem się".

Niektóre narządy unerwione przez włókna tych właśnie nerwów współczulnych zwiększają aktywność, żeby wesprzeć ogólną mobilizację. Na przykład serce bije szybciej, żeby dostarczyć więcej krwi do układu mięśniowego. Wzrasta ciśnienie krwi, żeby można wpompować więcej krwi do napiętych mięśni. Wątroba uwalnia do krwi zmagazynowane cukry, aby dostarczyć mięśniom dodatkowej energii. Reakcja stresowa pnia współczulnego w sytuacji zagrożenia powoduje maksymalne rozluźnienie mięśni oskrzeli i otwarcie dróg oddechowych, co zwiększa wydolność oddechową i pomaga pobrać maksymalną ilość tlenu w celu pełnej mobilizacji do walki lub ucieczki.

Jednocześnie inne narządy (przede wszystkim biorące udział w trawieniu) zwalniają działanie lub całkowicie się zatrzymują. Następuje utrata apetytu, ruch pokarmu w jelitach zmniejsza prędkość lub ustaje i możemy poczuć „motyle" w brzuchu.

W momencie zagrożenia lub wyzwania stan stresu wywołany przez reakcję układu współczulnego wpływa na całe ciało i może objąć mięśnie ze wszystkich segmentów jednocześnie. Aktywacja pnia współczulnego w ramach reakcji „walcz lub uciekaj" to jeden z trzech możliwych stanów autonomicznego układu nerwowego, omówiony bardziej szczegółowo w dalszej części książki.

Enteryczny układ nerwowy

Enteryczny układ nerwowy to sieć nerwów łączących ze sobą narządy wewnętrzne. Niemal nic o nich nie wiemy. Są tak ściśle splecione ze sobą, z narządami wewnętrznymi i tkanką łączną pomiędzy nimi, że do tej pory anatomom nie udało się zbadać całkowitego przebiegu enterycznych dróg nerwowych. Dlatego w większości podręczników anatomii nie zostały one zbyt dobrze przedstawione.

Co więcej, niemal nic nie wiemy także o ich funkcjonowaniu. Możemy co najwyżej zgadywać, że nerwy enteryczne w jakiś sposób pozwalają narządom wewnętrznym komunikować się ze sobą nawzajem w celu koordynacji bardzo skomplikowanego procesu trawienia.

Enteryczny układ nerwowy jest czasem nazywany „drugim mózgiem", który jest inteligentny i działa poza naszą świadomą kontrolą[14]. Nie jesteśmy w stanie ani dowiedzieć się, co dokładnie dzieje się w trakcie procesu trawienia, ani z własnej woli na niego wpłynąć.

2

Teoria poliwagalna

To, czy można coś zaobserwować, czy nie, zależy od wyznawanej teorii. To teoria decyduje o tym, co można zaobserwować.

Albert Einstein

Trzy obwody autonomicznego układu nerwowego

Rolę autonomicznego układu nerwowego tradycyjnie postrzegano jako regulowanie różnych instynktownych, „automatycznych" funkcji, takich jak trawienie, oddychanie, popęd płciowy, reprodukcja i tym podobne. Stary model napięcia i odprężenia opierał się na przekonaniu, że istnieją tylko dwa obwody: współczulny i przywspółczulny.

Zgodnie z tym modelem uważano, że współczulny układ nerwowy aktywuje się w momencie pojawienia się stresu jako reakcji na zagrożenie i niebezpieczeństwo. Natomiast działanie przywspółczulnego układu nerwowego przejawiało się w odprężeniu i wiązano je z funkcjonowaniem nerwu błędnego. Ten starszy, niemal powszechnie akceptowany model autonomicznego układu nerwowego zakładał, że istnieje tylko jeden nerw błędny, i nie uwzględniał faktu, że tak naprawdę istnieją dwie dość różne drogi nerwowe nazywane „błędnymi".

Podstawą teorii poliwagalnej jest uznanie, że nerw błędny ma dwie oddzielne gałęzie – dwa oddzielne, różne nerwy błędne, biorące swój początek w dwóch różnych miejscach. Lepsze wyobrażenie działania autonomicznego układu nerwowego można osiągnąć, jeśli założymy, że składa się on z trzech układów neuronalnych: części brzusznej nerwu błędnego (pozytywny stan odprężenia i zaangażowania społecznego), pnia współczulnego (walcz lub uciekaj) oraz części grzbietowej nerwu błędnego (zwolnienie, zamieranie, zachowanie depresyjne). Te trzy obwody regulują działanie organizmu i pomagają nam utrzymać homeostazę.

Teoria poliwagalna nadaje też dodatkowy wymiar naszemu rozumieniu autonomicznego układu nerwowego. System ten nie tylko reguluje działanie naszych organów wewnętrznych, lecz także wszystkie trzy obwody są powiązane z naszymi stanami emocjonalnymi, które z kolei kierują naszym zachowaniem.

Ludzie, którzy umieją wykonywać masaż, wiedzą z doświadczenia, że jedna osoba może mieć zbyt twarde ciało, inna – zbyt miękkie, a kolejna „w sam raz". Zwykle gdy terapeuci uczą się wykonywania masażu, ćwiczą rozluźnianie napiętych mięśni. Podejście to jednak nie zdaje egzaminu w przypadku ciała, które nie ma wystarczającego napięcia mięśniowego.

Złotowłosa i trzy stany autonomicznego układu nerwowego

W baśni „Złotowłosa i trzy misie" można znaleźć dobrą metaforę opisującą trzy stany autonomicznego układu nerwowego.

Pewnego dnia Złotowłosa spacerowała samotnie po lesie, kiedy nagle doszła do chatki należącej do trzech misiów. Zastukała do drzwi, ale nikt jej nie otworzył. Była zmęczona i głodna, postanowiła więc wejść i poczekać, aż ktoś wróci.

Złotowłosa dostrzegła na stole trzy miski owsianki. Kiedy spróbowała z każdej z nich, odkryła, że pierwsza owsianka była za gorąca, druga – za zimna, a trzecia była w sam raz.

Kiedy zjadła tę trzecią miskę owsianki, zauważyła trzy łóżka i postanowiła się przespać. Pierwsze łóżko było za twarde, drugie – za miękkie, ale trzecie było w sam raz, położyła się więc do niego i zadowolona zasnęła.

Jakość napięcia mięśniowego w trzech autonomicznych stanach można opisać następująco: za twarde lub za gorące (w stanie pobudzenia układu współczulnego – walcz lub uciekaj), za miękkie lub za zimne (w stanie wyłączenia – pobudzenia grzbietowego nerwu błędnego) lub w sam raz (w stanie zaangażowania społecznego – działanie oparte na pobudzeniu brzusznej części nerwu błędnego i czterech innych nerwów czaszkowych odpowiedzialnych za zaangażowanie społeczne).

Działanie wspierane przez układ współczulny umożliwia nam walkę w celu pokonania zagrożenia lub ucieczkę, aby go uniknąć. Jest tak dlatego, że twarde, napięte mięśnie pozwalają nam szybko przemieszczać całe ciało. Aby zapewnić dopływ krwi do mięśni, które są napięte i twarde, konieczne jest także wyższe ciśnienie krwi.

Niższe poziomy napięcia mięśniowego można wykryć, kiedy aktywowana jest część grzbietowa nerwu błędnego, czyli nie ma potrzeby napinania mięśni do walki lub ucieczki (albo w przypadkach skrajnego zagrożenia, gdy reakcją mającą zapewnić przetrwanie jest zamieranie). Przy miękkich, rozluźnionych mięśniach do dostarczenia krwi wystarczy niskie ciśnienie. W skrajnym przypadku takie niskie ciśnienie może doprowadzić do utraty przytomności i omdlenia. Medyczna łacińska nazwa takiego stanu to *syncope*.

Dla mięśni, które nie są ani napięte, ani rozluźnione – takie w sam raz – właściwe jest normalne ciśnienie krwi. W stanie społecznego zaangażowania zazwyczaj nie ma żadnego zagrożenia lub niebezpieczeństwa w naszym środowisku oraz ciele. Układ nerwowy rejestruje ten fakt, więc nie musimy nic robić; możemy się naprawdę odprężyć i cieszyć obecnością innych. W ujęciu teorii poliwagalnej: kiedy jesteśmy w stanie zaangażowania społecznego, możemy tkwić nieruchomo bez strachu, gniewu ani działań depresyjnych. Ciśnienie krwi, zawartość cukru i temperatura utrzymują się w normie. Możemy zastygnąć w bezruchu, a jednocześnie być pobudzeni i czujni.

Dobrą wskazówką co do stanu autonomicznego układu nerwowego drugiej osoby jest uścisk dłoni. Zbyt napięte ciało zwykle jest skutkiem chronicznego stanu pobudzenia pnia współczulnego, kiedy to cały układ mięśniowy jest ciągle przygotowany do walki lub ucieczki. Osoba taka ma charakterystyczny, nadmiernie silny uścisk dłoni, naciska bardziej niż to konieczne. W przypadku ludzi z niedostatecznym napięciem mięśniowym prawda może być zupełnie inna: zwykle to oznaka nadaktywności w grzbietowej części obwodu błędnego. Uścisk dłoni takiej osoby zazwyczaj jest luźny, wilgotny i czasami zimny.

Jeżeli uścisk dłoni jest w sam raz, dominuje właśnie brzuszna część nerwu błędnego. Pojedyncze mięśnie mogą być napięte, ale szybko się rozluźniają, a prowadzący terapię masażysta zauważy, że ciało w dotyku także jest w sam raz.

Napięcie mięśniowe to tylko jeden z wielu sposobów obserwowania stanu układu nerwowego.

Homeostaza i autonomiczny układ nerwowy

Obwody nerwowe kontrolujące nerwy, które z kolei regulują funkcjonowanie organów wewnętrznych, można porównać do termostatu połączonego jednocześnie z grzejnikiem i klimatyzatorem. Kiedy termostat rejestruje zbyt niską temperaturę powietrza, włącza grzejnik, a gdy powietrze jest zbyt gorące – uruchamia klimatyzację. W podobny sposób ssaki muszą utrzymywać temperaturę ciała między dolnym i górnym limitem, a ich nerwy czuciowe dostarczają „termostatowi" informacji o temperaturze ciała.

W regulowaniu temperatury ciała pomagają nie tylko funkcje fizjologiczne, lecz także wzorce zachowań. Na przykład jeżeli jest nam zimno, możemy poruszać się i wytwarzać ciepło przez aktywność mięśni lub włożyć kolejne warstwy ubrań i poprawić izolację oraz ograniczyć utratę ciepłoty ciała. Naczynia krwionośne skóry kurczą się, żeby zachować ciepło. Kiedy jest nam bardzo zimno, organizm reaguje odruchowymi rytmicznymi skurczami mięśni (dreszczami), które wytwarzają ciepło.

Kiedy jest nam ciepło, leżymy lub siedzimy nieruchomo, aby ograniczyć aktywność mięśni i uniknąć dalszego przegrzania. Naczynia krwionośne rozszerzają się i umożliwiają ciepłu wydostanie się na powierzchnię skóry, gdzie może się rozproszyć. Zdejmujemy ubrania i pocimy się: parujący pot ochładza ciało.

Gdy ludzie są zdenerwowani, mówimy czasem, że są „w gorącej wodzie kąpani". Możemy im zwrócić uwagę, żeby nieco „ochłonęli". Kiedy ludziom coś się nie podoba, mogą się wycofać, a wtedy zwrócimy uwagę na „chłodne przyjęcie". Zastanawiamy się, w jaki sposób „rozpalić" w nich zainteresowanie pomysłem. Zarówno ciepło, jak i chłód odbierane są jako odbicia stanu emocjonalnego.

Trzy części autonomicznego układu nerwowego współdziałają w celu kontroli aktywności organów i utrzymania homeostazy, a także pomagają nam właściwie reagować na sytuacje w otoczeniu i równoważyć stan wewnątrz ciała.

Model teorii poliwagalnej możemy zastosować też do problemów i diagnoz w wielu sferach fizjologicznych, takich jak trawienie czy reprodukcja, które przy innym podejściu wydają się aspektami fizycznymi poza naszą kontrolą czy wpływem.

Pojawia się na przykład coraz więcej badań, w których do pomiaru wewnętrznej aktywności nerwu błędnego wykorzystuje się zmienność rytmu zatokowego (HRV, ang. *heart rate variability*). Określa się ilościowo spontaniczny rytm serca znany jako niemiarowość zatokowa oddechowa. Badania te wykazują, że niski poziom wewnętrznej aktywności błędnej łączy się z szeroką gamą problemów zdrowotnych, takich jak otyłość, wysokie ciśnienie, palpitacje serca i tak dalej[15]. Zdarzają się również spekulacje, że pomiary zmienności rytmu zatokowego mogą być pomocne w przewidywaniu początków raka, przerzutów oraz prawdopodobnej śmiertelności osób z nowotworami[16]. (Więcej o HRV w Rozdziale 4).

Pięć stanów autonomicznego układu nerwowego

Biobehawioryzm: interakcje zachowań i procesów biologicznych

W przeciwieństwie do starej koncepcji autonomicznego układu nerwowego, która koncentrowała się na jego wpływie na funkcjonowanie organów wewnętrznych, nowy model obejmuje trzy oddzielne drogi nerwowe opisane powyżej, a każdy z tych trzech obwodów powiązany jest ze stanem emocjonalnym kierującym naszym zachowaniem. Oprócz opisanych trzech stanów istnieją jeszcze dwa stany hybrydowe – każdy z nich łączy dwa z trzech poszczególnych obwodów – co razem daje pięć możliwych stanów autonomicznego układu nerwowego.

Pierwszy stan hybrydowy umożliwia doświadczenie intymności: część grzbietowa nerwu błędnego zajmuje się przyhamowaniem aktywności fizycznej, a w tym samym czasie część brzuszna pozwala poczuć się bezpiecznie w towarzystwie innej osoby. Stan ten jest omówiony bardziej szczegółowo poniżej.

Drugi stan hybrydowy wyraża się w przyjacielskiej rywalizacji. Możemy toczyć zaciętą walkę w konkurencjach sportowych czy grach, ale dochodzi do tego w ramach bezpiecznych zasad, na które z góry zgodzili się wszyscy przeciwnicy. W tym stanie hybrydowym reakcja „walcz lub uciekaj" aktywowana przez pień współczulny łączy się z poczuciem bezpieczeństwa kojarzonym z działaniem części brzusznej nerwu błędnego.

Trzy drogi nerwowe autonomicznego układu nerwowego

Pierwszą z trzech dróg nerwowych autonomicznego układu nerwowego jest układ zaangażowania społecznego. Wiąże się z aktywnością części brzusznej nerwu błędnego (nerw X) i czterech innych nerwów czaszkowych (V, VII, IX i XI). Aktywność tego obwodu ma uspokajający, kojący wpływ, sprzyja odpoczynkowi i regeneracji.

Część brzuszna nerwu błędnego jest powiązana z pozytywnymi emocjami takimi jak radość, satysfakcja i miłość. Jeśli chodzi o zachowanie, manifestuje się w pozytywnym współdziałaniu z przyjaciółmi i bliskimi. Stan zaangażowania społecznego wspiera zachowania społeczne obejmujące pomoc innym ludziom i dzielenie się. Współpraca z innymi zazwyczaj zwiększa nasze szanse przetrwania: rozmawiamy ze sobą, razem śpiewamy, tańczymy, wspólnie spożywamy posiłki, współdziałamy w celu ukończenia projektu, uczenia i wychowywania dzieci i tak dalej.

Druga droga autonomicznego układu nerwowego to pień współczulny, który aktywuje się, kiedy coś zagraża naszemu przetrwaniu. Jeżeli w ramach tej reakcji mobilizujemy ciało, możemy podjąć ogromny wysiłek w celu reakcji na zagrożenie. Stan „pobudzenia ze strachu" pojawia się, gdy nie jesteśmy albo nie czujemy się bezpieczni. Pień współczulny wiąże się z emocjami gniewu czy lęku, które mogą się wyrażać w takich zachowaniach, jak walka w celu przezwyciężenia zagrożenia czy ucieczka w celu uniknięcia groźnej sytuacji.

Trzecia droga nerwowa to część grzbietowa nerwu błędnego. Aktywuje się ona, kiedy mierzymy się z przytłaczającą nas siłą lub bezpośrednim zagrożeniem. Kiedy ucieczka i walka są pozbawione sensu, zachowujemy dostępne zasoby – zastygamy w bezruchu. Uruchomienie tej drogi wiąże się z poczuciem bezradności, beznadziei i apatii, wyrażającym się w wycofaniu się i zamknięciu. Stan ten można opisać jako „paraliżujący strach".

Kiedy ludzie lub inne ssaki stają w obliczu najprawdopodobniej nieuniknionego śmiertelnego zagrożenia, śmierci lub destrukcji, aktywuje się część grzbietowa nerwu błędnego. Jej nagłe lub ekstremalne pobudzenie może wywołać stan szoku, czyli zamierania. Oprócz innych reakcji dochodzi także do utraty napięcia mięśniowego i spadku ciśnienia krwi. Możemy stracić przytomność lub omdleć.

W filmach dokumentalnych o dzikich zwierzętach żyjących na afrykańskiej sawannie można często zobaczyć następującą scenę. Lew goni i dopada małą antylopę, chwytając ją swoją potężną paszczą. Antylopa, uciekając przed zagrożeniem, znajdowała się w stanie pobudzenia pnia współczulnego. W sytuacji gdy śmierć jest bliska, zwierzę jest w szoku i zamiera: omdlewa, a ciało się rozluźnia.

Ogólnie rzecz biorąc, lwy nie są padlinożercami. Jeżeli lew nagle poczuje, że ofiara jest pozbawiona życia, może otworzyć paszczę, upuścić ofiarę i odejść. Kiedy chce potrząsnąć antylopą, aby skręcić jej kark, albo zatopić kły w mięsie, rozluźnione mięśnie nie stawiają odpowiedniego oporu. Być może zamieranie antylopy wystarczy, aby odebrać lwu instynkt zabójcy. Lew rozluźnia chwyt, antylopa pada na ziemię, a drapieżnik się oddala.

Kilka sekund po jego odejściu mała antylopa podnosi się, otrząsa i wraca do matki. Pasie się dalej jak gdyby nigdy nic. Dzięki reakcji zamierania, która ocaliła jej życie, antylopa jest gotowa do podjęcia kolejnych wyzwań zagrażających jej przetrwaniu. Sytuacja ta jest przykładem adaptacyjnej wartości reakcji unieruchomienia kierowanej przez część grzbietową w momencie skrajnego zagrożenia.

Można podać jeszcze inny przykład tego, jak część grzbietowa nerwu błędnego umożliwia skuteczną obronę. Jeżozwierz, któremu zagraża drapieżnik, wycofuje się i zwija w kulkę. Jego ostre kolce sterczą na zewnątrz i uniemożliwiają napastnikowi ugryzienie.

Dwa obwody hybrydowe

Oprócz powyższych trzech obwodów autonomicznego układu nerwowego istnieją także dwa stany hybrydowe, obejmujące różne kombinacje dwóch z trzech obwodów nerwowych.

Czwarty stan to hybryda wspierająca przyjacielską rywalizację, czyli „pobudzenie bez strachu", która jest właściwa dla sportów wyczynowych. Stan ten łączy rezultaty działania dwóch obwodów nerwowych: aktywacja pnia współczulnego umożliwia mobilizację i działanie na najwyższym poziomie. Aktywacja obwodu zaangażowania społecznego sprawia, że rywalizacja jest przyjacielska i możemy grać zgodnie z zasadami, bez krzywdzenia innych.

W sporcie można zażarcie walczyć o zwycięstwo. Rywalizujące zespoły zgadzają się na przestrzeganie reguł i trzymanie się określonych granic, aby nikomu nic się nie stało. W końcu to przecież tylko gra. Jest wiele innych przykładów mobilizacji bez strachu. Szczenięta z jednego miotu ciągle bawią się ze sobą, tak jakby walczyły. Mogą warczeć na siebie i gryźć się całymi godzinami.

W Japonii kochankowie czasem odbywają rytualną bitwę na poduszki. Poduszki te są wypełnione pierzem i mają długie rozcięcie przy jednym z brzegów. Po kilku uderzeniach pierze wypada z poszwy i unosi się w całym pokoju, otaczając świetnie bawiącą się parę. Coś, co na początku było „walką", teraz wywołuje u obojga uśmiech i rozbawienie.

Piąty stan to także hybryda dwóch obwodów nerwowych. Aktywność części grzbietowej nerwu błędnego w połączeniu z pobudzeniem części brzusznej nerwu błędnego umożliwia poczucie bliskości i zachowania intymne. Stan ten, który będziemy nazywać „unieruchomieniem bez strachu", charakteryzuje się uczuciami pełnymi spokoju i zaufania, pozwalającymi nam na przykład leżeć i przytulać się do ukochanej osoby.

Nerw błędny

Dobre samopoczucie fizyczne i psychiczne są ze sobą ściśle powiązane. Jeżeli boli nas głowa, trudno być zadowolonym i radosnym lub mieć ochotę na kontakt z innymi ludźmi. Natomiast jeżeli dobrze przespaliśmy noc, trochę poćwiczyliśmy i zjedliśmy dobry posiłek, czujemy, że panujemy nad sytuacją i mamy naturalną chęć bycia wśród ludzi. To połączenie jest bardzo powszechnie znane.

Niewielu z nas zdaje sobie jednak sprawę z tego, że nerw zwany błędnym reguluje większość funkcji organizmu koniecznych do zachowania zdrowia i dobrego samopoczucia emocjonalnego. Nerw ten musi działać prawidłowo, abyśmy byli zdrowi, czuli się dobrze pod względem emocjonalnym i wchodzili w pozytywne interakcje z rodziną, przyjaciółmi i innymi ludźmi.

Historia nerwu błędnego

Anatomia układu nerwowego opisuje rozmieszczenie nerwów w ciele względem mięśni, kości, skóry, narządów wewnętrznych i tak dalej. Fizjologia układu nerwowego opisuje funkcje poszczególnych nerwów: jak monitorują sytuację w różnych miejscach organizmu, jak gromadzą i łączą informacje i jak przesyłają impulsy umożliwiające kontrolę różnych funkcji życiowych.

Dokładne zbadanie anatomii i fizjologii układu nerwowego to niebagatelne przedsięwzięcie. Połączone anatomia i fizjologia stanowią podstawę wiedzy przekazywanej na początku programu nauczania uniwersytetów medycznych. Od co najmniej stu lat nauka tych dwóch dyscyplin stała się także udziałem niemal wszystkich innych zachodnich specjalistów zajmujących się zdrowiem.

Pierwsza udokumentowana wzmianka o nerwie błędnym pochodzi od greckiego lekarza Klaudiusza Galena (130–200 r. n.e.) żyjącego w Cesarstwie Rzymskim i badającego nerw błędny gladiatorów, których leczył, a także makaków berberyjskich i świń poddawanych przez niego sekcji w celu zgromadzenia większej wiedzy na temat ciała. Galen zaobserwował pewne dysfunkcje występujące u gladiatorów, których nerw błędny został przecięty.

Pisma Galena na temat nerwu błędnego to jedynie część jego dziedzictwa. Prace tego lekarza to w rzeczywistości połowa wszystkich starożytnych greckich tekstów na dowolny temat, które dotrwały do naszych czasów. Jego obszerne dzieła były tak rozpowszechnione i szanowane, że stanowiły podstawę europejskiej medycyny przez ponad tysiąc pięćset lat. Od czasu pierwszych odkryć Galena nerw błędny pojawiał się w wielu tekstach medycznych, a także w artykułach i książkach licznych psychologów.

W ciągu wieków lekarze i inni specjaliści zajmujący się zdrowiem, opierając się na obserwacjach Galena, doszli do wniosku, że autonomiczny układ nerwowy składa się z dwóch części unerwiających narządy wewnętrzne – współczulnej i przywspółczulnej. Zgodnie z tą interpretacją część współczulna aktywuje się w stanie stresu i pomaga zmobilizować organizm do walki lub ucieczki albo też zamierania, jeśli to konieczne. Układ przywspółczulny miał się składać przede wszystkim z nerwu błędnego i odpowiadać za odprężenie, odpoczynek i regenerację.

Niemal powszechnie akceptowano koncepcję, że układy współczulny i przywspółczulny stanowią zrównoważony system, który dostosowuje swoją aktywność do aktywności człowieka przechodzącego ze stanu stresu do odprężenia i odwrotnie. Stare rozumienie autonomicznego układu nerwowego może być porównane do dwojga dzieci na huśtawce: kiedy pierwsze opada, drugie się unosi – i tak dalej.

W ciągu ostatniego stulecia jako problem zdrowotny związany z chorobami serca, astmą, cukrzycą i wieloma innymi schorzeniami wskazywano chroniczny stres. Dlatego za istotne dla zdrowia uznawano odprężenie czerpane z właściwie działającego nerwu błędnego. Uważano, że nerw ten zapewnia prawidłowe funkcjonowanie narządów wewnętrznych odpowiedzialnych za krążenie (serce i śledziona), oddychanie (oskrzela i płuca), trawienie (żołądek, trzustka, wątroba, pęcherzyk żółciowy i jelito cienkie) oraz wydalanie (wstępnica i poprzecznica w jelicie grubym, nerki i moczowody).

Definicja „stanu odprężenia" oprócz nerwu błędnego obejmowała zazwyczaj także działanie krzyżowych dróg przywspółczulnych prowadzących do zstępnicy, odbytnicy, pęcherza i dolnych części moczowodów. Niektóre z tych dróg unerwiają również narządy płciowe i umożliwiają różne reakcje seksualne. W skład „przywspółczulnych" wchodziły także nerwy krzyżowe biorące swój początek u podstawy kręgosłupa, w części krzyżowej. Wraz z nerwem błędnym należały do układu „odpoczynku i trawienia" albo „karmienia i rozmnażania się".

W 1994 roku, podczas honorowego wykładu dla Towarzystwa Badań Psychofizjologicznych, Stephen Porges przedstawił teorię poliwagalną, którą sformułował, opierając się na nowej interpretacji funkcjonowania nerwu błędnego. Rok później opublikował swoją koncepcję w czasopiśmie „Psychophysiology"[17], w artykule pod tytułem *Orienting in a Defensive World: Mammalian Modifications of our Evolutionary Heritage – A Polyvagal Theory* (*Orientowanie się w świecie nastawionym na obronę i modyfikację dziedzictwa ewolucyjnego u ssaków – teoria poliwagalna*).

Porges zaprezentował zupełnie inny model autonomicznego układu nerwowego. Jego koncepcja stresu jest podobna do starej, ale Porges skupił się na trzech częściach autonomicznego układu nerwowego: części brzusznej nerwu błędnego, układzie współczulnym i części grzbietowej nerwu błędnego.

Dwie części nerwu zwanego „błędnym"

Części grzbietowa i brzuszna nerwu błędnego (nerw X) biorą swój początek w różnych punktach mózgu i rdzenia przedłużonego, biegną innymi drogami przez ciało i spełniają bardzo odmienne funkcje. W zasadzie nie ma żadnego bezpośredniego połączenia anatomicznego czy funkcjonalnego między nimi. Są oddzielnymi i odrębnymi elementami.

Przed pojawieniem się teorii poliwagalnej nie różnicowaliśmy wystarczająco obu części nerwu błędnego. Część brzuszna była wrzucana do jednego worka wraz z grzbietową jako „nerw błędny" czy „dziesiąty nerw czaszkowy". Na długo zaburzyło to nasze próby zrozumienia funkcji autonomicznego układu nerwowego.

Teoria poliwagalna pozwala docenić różnice między obiema częściami nerwu błędnego. Części brzuszna i grzbietowa zaczynają się w różnych punktach. Słowo „brzuszna" odnosi się do położenia tej części nerwu błędnego, która bierze swój początek po stronie brzusznej (czyli przedniej albo od strony żołądka) rdzenia przedłużonego. Słowo „grzbietowa" oznacza położenie z tyłu. Jak wspomnieliśmy wcześniej, część grzbietowa nerwu błędnego bierze swój początek na dnie czwartej komory. Obie gałęzi nerwu błędnego odpowiadają za zupełnie odmienne stany fizjologiczne, inaczej oddziałują na poszczególne narządy wewnętrzne, uruchamiają inne reakcje emocjonalne i sprzyjają innym zachowaniom. Część brzuszna nerwu błędnego współdziała z czterema innymi nerwami czaszkowymi (V, VII, IX i XI), które także zaczynają się w rdzeniu przedłużonym. Część brzuszna nerwu błędnego jest zmielinizowana, czyli osłonięta komórkami Schwanna (komórkami tkanki łącznej), które umożliwiają szybsze przesyłanie impulsów niż w nerwach niezmielinizowanych. Część grzbietowa jest starsza i niezmielinizowana.

W przeciwieństwie do układu współczulnego, który umożliwia ekstremalną mobilizację przed walką lub ucieczką, obie gałęzie nerwu błędnego mogą przyczyniać się do uspokojenia, unieruchomienia. Części brzuszna i grzbietowa odpowiadają jednak za zupełnie odmienne stany unieruchomienia wynikające z dwóch różnych rodzajów aktywności fizjologicznej. Wiążą się z dwoma różnymi typami zachowania, wywołują dwie różne reakcje emocjonalne i wpływają na organy wewnętrzne w różny sposób.

Skutki działania części brzusznej nerwu błędnego

Kiedy część brzuszna nerwu błędnego i cztery powiązane z nią nerwy czaszkowe działają właściwie, ludzie i inne ssaki znajdują się w tak pożądanym stanie zaangażowania społecznego. Aby to osiągnąć, musimy czuć się bezpieczni, nie odczuwać potrzeby zaspokojenia jakichkolwiek potrzeb albo zneutralizowania zagrożenia przez walkę lub ucieczkę. Musimy także być zdrowi fizycznie. Kiedy jesteśmy zaangażowani społecznie, nie musimy niczego robić ani niczego zmieniać. Możemy sobie pozwolić na unieruchomienie bez strachu (odprężenie). Możemy zachować pełnię energii bez ryzyka załamania ani nadmiernego pobudzenia.

Część brzuszna nerwu błędnego wraz z czterema innymi nerwami czaszkowymi odpowiada za odpoczynek i regenerację. Gwarantuje, że spełnione są wymogi konieczne do utrzymania optymalnego zdrowia fizycznego i emocjonalnego, przyjaźni, współpracy, wzajemnego wsparcia, tworzenia więzi między dziećmi i rodzicami oraz związków pełnych miłości. Kiedy jesteśmy zaangażowani społecznie, potrafimy być kreatywni, pozytywni, produktywni i radośni.

Czasami część brzuszna jest nazywana „nowym nerwem błędnym", ponieważ w historii filogenetycznej naszego gatunku pojawiła się później niż część grzbietowa. Część brzuszna jest także nowsza z punktu widzenia ewolucji. Występuje jedynie u ssaków, nie mają jej żadne inne kręgowce, choć możliwe, że u ptaków funkcjonuje pewien ekwiwalent tej drogi nerwowej. Według Stephena Porgesa obie części nerwu błędnego pojawiły się w różnych etapach rozwoju ewolucyjnego kręgowców.

Kiedy my (lub inne ssaki) jesteśmy bezpieczni w swoim środowisku – wolni od zagrożeń, niebezpieczeństw i niepotrzebnych zmartwień – i cieszymy się dobrym zdrowiem, zazwyczaj zachowujemy się w sposób zaangażowany społecznie.

Gdy jednak coś nam grozi lub znajdujemy się w niebezpieczeństwie, nasz autonomiczny układ nerwowy wyłącza część brzuszną nerwu błędnego i ucieka się do wcześniejszej, bardziej prymitywnej reakcji ewolucyjnej: pobudzenia pnia współczulnego (walka/ucieczka) lub zachowania depresyjnego (wycofanie).

Jeżeli nasz układ nerwowy działa właściwie i jesteśmy zaangażowani społecznie, nasza reakcja na nową sytuację w naturalny sposób będzie otwarta, pełna zaufania i pozytywnych oczekiwań. Czujemy się bezpieczni, więc możemy wpierw dążyć do porozumienia, współpracy i dzielenia się. Nawet w obliczu zagrożenia nasze zachowanie może być początkowo otwarte i przyjacielskie. Czasami takie pozytywne, prospołeczne zachowanie sprawia, że druga osoba także zaczyna czuć się bezpieczna, co z kolei może wystarczyć do uspokojenia potencjalnie groźnej sytuacji.

Jeżeli jednak takie zachowanie nie wystarczy do zneutralizowania niebezpieczeństwa, jako pierwszy porzucony zostanie najbardziej współczesny mechanizm nerwowy – obwód zaangażowania społecznego. Tracimy dostęp do racjonalnego myślenia i świadomych wyborów, a całą energię zużywamy na instynktowne reakcje obronne.

Jeżeli autonomiczny układ nerwowy wyczuwa, że sytuacja nie jest bezpieczna, będziemy reagować na niższym poziomie: zamiast zaangażowania społecznego pojawi się silna, gadzia odpowiedź pnia współczulnego i podejmiemy walkę z niebezpieczeństwem lub uciekniemy. W sytuacji tak skrajnej, że nie wystarczy ani walka, ani ucieczka, poziom reakcji może stać się jeszcze niższy: znajdziemy się pod kontrolą części grzbietowej nerwu błędnego, w stanie wycofania, dysocjacji i zamierania.

Skutki działania części grzbietowej nerwu błędnego

Część grzbietowa to starsza z dwóch gałęzi nerwu błędnego. Występuje ona u wszystkich klas kręgowców – od ryb po ludzi i inne ssaki. Czasami jest nazywana „starym nerwem błędnym".

Teoria poliwagalna opisuje dwa stany autonomicznego układu nerwowego, które aktywują część grzbietową nerwu błędnego. Kiedy działa ona samodzielnie, prowadzi do stanu metabolicznego zamierania. Stan ten umożliwia zwierzętom ograniczenie aktywności jedynie do podstawowych funkcji życiowych, co pozwala oszczędzać energię. Można to opisać jako „unieruchomienie ze strachu": boimy się, ale nie podejmujemy żadnych działań, żeby pozbyć się lub uniknąć zagrożenia. Po prostu się poddajemy.

Drugi stan, w którym uczestniczy obwód grzbietowy nerwu błędnego, to „unieruchomienie bez strachu", które łączy aktywność tego obwodu z pobudzeniem obwodu zaangażowania społecznego. To stan właściwy dla sytuacji, w której czujemy się bezpiecznie i decydujemy się nie ruszać, aby przebywać w intymnej bliskości z drugą osobą.

Podczas hibernacji u ssaków również występuje śladowa aktywność części grzbietowej nerwu błędnego, ale to nie to samo, co zamieranie. Niedźwiedzie hibernują zimą, ale to bardziej zwolnienie niż zamieranie. Jako zwierzęta stałocieplne, podobnie zresztą jak wszystkie inne ssaki, niedźwiedzie muszą utrzymywać minimalny pobór tlenu i temperaturę ciała, często wyższą niż temperatura otaczającego je powietrza, aby ich mózg mógł funkcjonować i nie doszło do hipotermii.

Z kolei gady mogą popaść w stan niemal całkowitego zamierania, drastycznie obniżając rytm serca, częstotliwość oddechu i trawienie, aby zachować energię do czasu następnego posiłku. Żółw wyłącza metabolizm i procesy życiowe, kiedy śpi w lodowatej, bliskiej zamarznięcia wodzie na dnie jeziora. Temperatura jego ciała zrównuje się z temperaturą wody dookoła. Żółw jest zmiennocieplny i nie wytwarza własnej energii do podnoszenia temperatury ciała. Często z kolei wyleguje się na skałach, aby gromadzić ciepło słońca i powietrza. Sen zimowy niedźwiedzia w gawrze wymaga mniejszej aktywności części grzbietowej nerwu błędnego, zupełnie inaczej niż w przypadku niemal całkowitego zamierania u takiego zmiennocieplnego gada jak na przykład żółw. Temperatura ciała niedźwiedzia spada tylko o kilka stopni.

Nagły, bardzo silny wzrost aktywności części grzbietowej nerwu błędnego w sytuacji, gdy my albo inne ssaki znajdujemy się w śmiertelnym zagrożeniu, może wywołać stan szoku, czyli unieruchomienia ze strachu. Choć czasem nazywam ten stan fizjologiczny „zamieraniem", w przypadku ssaków bardziej precyzyjne będzie myślenie o drastycznym zwolnieniu. Unieruchomienie ze strachu może stanowić strategię obronną, tak jak to bywa w przypadku bezruchu i pozorowania śmierci. Na przykład mysz zastyga w bezruchu, kiedy wyczuwa drapieżnika, siedząc „jak mysz pod miotłą", aby nie dać się zauważyć.

Sokoły mają niezwykle dobry wzrok i potrafią dostrzec nawet najsłabsze poruszenie, choćby to związane z normalnym oddychaniem myszy. Jeżeli sokół krąży nad polem, gdzie ukrywa się mysz, zauważy wszelkie gryzonie próbujące uciec i zanurkuje, aby chwycić je w swoje ostre szpony. Dlatego właśnie mysz zastyga w bezruchu, zamiast podjąć próbę ucieczki. Zwalnia funkcje życiowe i wstrzymuje oddech dopóty, dopóki sokół nie odleci i zagrożenie nie ustanie.

Jeżeli jednak zwolnienie będzie zbyt nagłe albo zbyt mocne, w rezultacie mysz może zostać dosłownie wystraszona na śmierć. Około 10 procent myszy ginie z powodu zamierania w ramach reakcji na zagrożenie ze strony drapieżnego ptaka lub węża.

Teoria poliwagalna wyjaśnia, dlaczego wzrost aktywności części grzbietowej nerwu błędnego stanowi strategię obronną, która wywołuje fizjologiczny stan szoku lub zamierania, umożliwiający nam radzenie sobie przez nagłą zapaść i zamieranie z traumatycznymi wydarzeniami, skrajnym niebezpieczeństwem czy nieuniknioną destrukcją, zarówno rzeczywistą, jak i wyimaginowaną. Poddanie się lub pozorowanie śmierci może ratować życie. Zastygając w bezruchu, nie zwracamy na siebie uwagi drapieżnika lub wroga. Z fizjologicznego punktu widzenia brak ruchu oznacza także oszczędzanie energii.

Utrzymywanie się stanu aktywności części grzbietowej nerwu błędnego pomimo ustania zagrożenia pozbawia nas jednak jasności myślenia, produktywności i radości życia aż do czasu, gdy uda nam się powrócić do stanu zaangażowania społecznego. W naszej kulturze zwracamy ogromną uwagę na problemy wywoływane przez stres. Niestety, jesteśmy raczej nieświadomi innego zagrożenia dla zdrowia wynikającego z powszechnego stanu chronicznej aktywności obwodu grzbietowego.

Kiedy aktywność ta nie jest silna, ale długotrwała, odpowiada jej profil emocjonalny charakteryzujący się depresyjnymi uczuciami. W codziennej rozmowie ludzie mówią, że mają „depresję", albo opisują swój nastrój i zachowanie jako „depresyjne", nawet jeśli żaden psychiatra ani psycholog nie postawił im takiej diagnozy. W niniejszej książce stosuję terminy „depresyjne uczucia", „depresyjne zachowania" lub „aktywność części grzbietowej nerwu błędnego", aby uniknąć określenia „depresja", które oznacza konkretną jednostkę diagnostyczną.

Ludzie ze zdiagnozowaną depresją, czyli osoby w stanie depresji, zazwyczaj tracą zainteresowanie czynnościami, które kiedyś sprawiały im przyjemność. Objadają się, tracą apetyt lub mają problemy z trawieniem. Zmniejsza się ich zasób energii, stają się bierne, introwertyczne, apatyczne, bezradne i aspołeczne. Mogą się czuć smutne, zaniepokojone, beznadziejne, bezwartościowe, winne, podenerwowane, zawstydzone lub niespokojne. Potrafią popaść w letarg, odczuwać brak energii i niezdolność do działania nakierowanego na konkretny cel.

Mogą mieć problemy z koncentracją, zapamiętywaniem szczegółów lub podejmowaniem decyzji, a często dokuczają im także bóle i fibromialgia. Zastanawiają się nad samobójstwem, podejmują taką próbę, może nawet skuteczną. To wszystko może być objawem aktywności części grzbietowej nerwu błędnego.

Literatura medyczna skupia się przede wszystkim na fizjologii chronicznego stresu. Mniej uwagi poświęca się fizjologicznym podstawom przewlekłej depresji. Kiedy jednak do mojej kliniki przychodzą ludzie z depresją zdiagnozowaną przez psychologa lub psychiatrę albo u których występują zachowania depresyjne, odkrywam zazwyczaj, że ich problemom towarzyszy stan aktywności części grzbietowej nerwu błędnego.

Jeżeli przejście w ten stan obejmowało nagłe pobudzenie aktywności części grzbietowej, sytuację tę można nazwać szokiem lub traumą, a jej skutek – „zamieraniem". Kiedy ktoś znajduje się w niezwykle niebezpiecznej sytuacji lub grozi mu rychła śmierć, naturalna reakcja polega na dysocjacji od własnego ciała, na oddaleniu się od tu i teraz. Dochodzi do fizycznego, emocjonalnego i mentalnego zamierania. Może nawet dojść do omdlenia.

W idealnej sytuacji po ustaniu zagrożenia powinniśmy wyjść z tego stanu i wrócić do zaangażowania społecznego. Powinniśmy „odzyskać zmysły". Wielu ludzi zatrzymuje się jednak na pewnym etapie stanu unieruchomienia ze strachu. W takim przypadku należy przypuszczać, że to chroniczna aktywność części grzbietowej nerwu błędnego.

Przed pojawieniem się teorii poliwagalnej brakowało fizjologicznego modelu depresji i zachowań depresyjnych opracowanego w kontekście układu nerwowego. Nie pasowały one ani do kategorii stresu, ani odprężenia. Być może właśnie dlatego trudno było odkryć bezpieczne, nieuzależniające i skuteczne środki do zwalczania takich schorzeń jak depresja.

Teoria poliwagalna Stephena Porgesa skupia się na powiązaniach między autonomicznym układem nerwowym, emocjami i zachowaniem. Jego praca wzbudziła rosnące zainteresowanie stosowaniem tych obserwacji w pracy psychologów, psychiatrów, a także licznych, bardzo zdolnych i wnikliwych terapeutów. Porges opisuje zjawisko, które nazwał „hamulcem wagalnym" – pobudzenie obwodu zaangażowania społecznego „hamuje" inne obwody i wyzwala nas ze stanu chronicznej aktywności części grzbietowej lub pnia współczulnego.

W normalnych warunkach, gdy coś zagraża naszemu przetrwaniu, pień współczulny lub część grzbietowa nerwu błędnego mogą być pobudzone do stanu czynnej obrony. Kiedy jednak połączymy zaangażowanie społeczne z którymś z tych obwodów, zakres zachowania poszerza się, a dana osoba nie popada w stan obronny. Kiedy zaangażowanie społeczne łączy się z aktywnością pnia współczulnego, hybryda ta umożliwia przyjacielskie gesty – w tym także symboliczną walkę – które leżą u podstaw ludzkiej aktywności zwanej zabawą. Gdy do części grzbietowej nerwu błędnego odpowiadającej za unieruchomienie dołączają się funkcje regulacyjne części brzusznej i innych elementów systemu zaangażowania społecznego, takie jak prozodyczne wokalizacje, może pojawić się spontaniczne poczucie intymności. Ludzie mogą być blisko siebie pod względem fizycznym, dzieląc uczucie miłości.

Dzięki ćwiczeniom zawartym w niniejszej książce powrót do stanu zaangażowania społecznego nie powinien trwać dłużej niż minutę lub dwie.

Objawy działania części grzbietowej nerwu błędnego

Jeżeli nie znajdujemy się w stanie zaangażowania społecznego, niesprzyjające warunki mogą skutkować negatywnymi objawami fizycznymi i emocjonalnymi. Jedna reakcja to stan pobudzenia pnia współczulnego, który charakteryzuje się walką lub ucieczką.

Druga reakcja obejmuje aktywację części grzbietowej nerwu błędnego. Mięśnie i tkanka łączna tracą naturalne napięcie, miękną i rozluźniają się, a ciało staje się ciężkie. Komuś innemu nasze mięśnie wydają się zwiotczałe. Jeżeli chcemy wykonać nawet najprostszą czynność, najmniejszy ruch staje się ogromnym wysiłkiem.

W takim stanie zazwyczaj czujemy się bezradni, obojętni i beznadziejni. Tętno zwalnia, a ciśnienie krwi spada. Krew odpływa z peryferii ciała i gromadzi się w centrum. Spora część krwi pełnej tlenu i substancji odżywczych, która normalnie popłynęłaby do ramion i nóg, aby umożliwić walkę lub ucieczkę w ramach reakcji pnia współczulnego, spływa do klatki piersiowej i brzucha, aby zapewnić minimalny poziom funkcji życiowych. Dlatego właśnie wydaje nam się, że mamy zimne, lepkie dłonie i stopy.

Kiedy znajdujemy się w stanie pobudzenia części grzbietowej nerwu błędnego, często odczuwamy bóle wędrujące po całym ciele. Większość ludzi uważa, że ból wynika ze skurczów mięśni, a terapeuci masują bolący rejon ciała lub obszar z twardymi mięśniami. Często jednak zdarza się, że kiedy masażysta osłabi ból w jednym miejscu, dolegliwość pojawia się w innym punkcie.

Może to być nie do wyjaśnienia dla masażysty, który jest świadom dobrze wykonanej pracy: udało mu się sprawić, że spięte jeszcze przed momentem mięśnie rozluźniły się. Pacjent z kolei nie zdaje sobie sprawy z pozytywnych rezultatów i mówi: „Teraz ból przeniósł się gdzie indziej". Terapeuta musi zatem gonić ból wędrujący z miejsca na miejsce, a pacjent w ogóle nie odczuwa poprawy. W przypadku takich dolegliwości często stawianą diagnozą jest fibromialgia.

Zamiast po prostu masować bolące miejsce, najlepiej w takim przypadku wyprowadzić pacjenta ze stanu aktywności części grzbietowej nerwu błędnego przez aktywowanie części brzusznej na przykład za pomocą Ćwiczenia podstawowego (zob. Część druga).

Kiedy znajdujemy się w stanie szoku lub zamierania, często można zaobserwować również inne oznaki. Twarz traci kolor, wydaje się pozbawiona życia i obojętna. Wyraz twarzy nie zmienia się, a mięśnie twarzowe wiotczeją. Z kolei głos traci prozodię (melodyjną ekspresję) – jest płaski i pozbawiony melodii. Oczy wydają się matowe i bez wyrazu – brakuje jakiejkolwiek iskry. Możemy mieć niskie ciśnienie krwi, co może doprowadzić do zawrotów głowy lub omdlenia wazowagalnego. Zdarza się tak dlatego, że gdy mięśnie wiotczeją, ciśnienie krwi nie musi być wysokie, aby przepompować krew do stawiających mniejszy opór mięśni.

Stan pobudzenia części grzbietowej nerwu brzusznego może być także powiązany z zespołem posturalnej tachykardii ortostatycznej (POTS, ang. *postural orthostatic tachycardia syndrome*). Ludzie zmagający się z tym schorzeniem zazwyczaj mdleją, kiedy wstają, i spada im ciśnienie krwi. Często występują u nich liczne objawy rozregulowania autonomicznego układu nerwowego. Wiele objawów POTS wydaje się powodowanych przez zaburzenie równowagi w kontroli autonomicznego układu nerwowego nad przepływem i ciśnieniem krwi. Autonomiczny układ nerwowy odpowiada za konieczne dostosowanie napięcia naczyń krwionośnych, rytmu serca i ciśnienia krwi po zmianie pozycji na stojącą. W przypadku POTS równowaga tego systemu wydaje się zaburzona i krew nie płynie we właściwe miejsca[18].

Aktywowanie się części grzbietowej nerwu błędnego może także powodować potliwość lub mdłości. W sytuacjach skrajnych, takich jak nagłe, mocne przerażenie, możliwa jest utrata kontroli nad zwieraczami pęcherza i odbytu. Oddech zwalnia, a objętość poszczególnych wdechów jest o wiele mniejsza niż zwykle. Uwaga umysłu kieruje się do wewnątrz, a nawet zupełnie znika w obliczu przytłaczającego zagrożenia, co prowadzi do dysocjacji, wycofania świadomości z ciała. Nie znajdujemy się wtedy tu i teraz i możemy mieć wrażenie, że przebywamy poza ciałem, tak jakby patrząc na bieżące wydarzenia z dużej odległości.

Pobudzenie części grzbietowej nerwu błędnego zmniejsza także dopływ krwi do płatów czołowych mózgu. To tam właśnie znajdują się ośrodki wyższych funkcji. Płaty czołowe uważane są za typowo ludzką część mózgu, powiązaną z takimi funkcjami, jak język i wola. Mówiąc o „woli", mam na myśli pomysł zrobienia czegoś i kontrolowania postępów na drodze do celu.

Często po traumatycznym wydarzeniu mówimy, że nie pamiętamy, co się stało. Mózg jest zupełnie pozbawiony możliwości werbalizacji lub wizualizacji tego, co się wtedy wydarzyło, ponieważ nasza reakcja pochodziła z bardziej prymitywnej części mózgu i układu nerwowego.

Dysocjacja to szeroko rozpowszechniony problem. Można ją określić jako nieustającą aktywność części grzbietowej nerwu błędnego, która utrzymuje nas w nieprzerwanym stanie fizjologicznego strachu. Możemy być obecni w grupie, ale nie uczestniczyć w dyskusji. Jesteśmy ospali i niewyrozumiali dla innych. Możemy wiele gadać, ale nie powiedzieć niczego ważnego o swojej sytuacji lub o sobie. Nie potrafimy obrać celu ani wprowadzić w życie zmian, które mogą nam pomóc. Takie depresyjne nastawienie wynika z chronicznego pobudzenia części grzbietowej nerwu błędnego.

Jeżeli jednak nie znajdujemy się w stanie strachu, aktywność części grzbietowej nerwu błędnego wywołuje zupełnie inny skutek. Stan „pobudzenia bez strachu", wynikający z działania części grzbietowej, w połączeniu z działaniem nerwów czaszkowych odpowiedzialnych za zaangażowanie społeczne dostarcza fizjologicznych podstaw wypoczynku i regeneracji, sprzyja także kontaktom intymnym.

Rezultaty działania części brzusznej nerwu błędnego

Klasa ssaków, do której należą ludzie, znajduje się na szczycie drabiny ewolucyjnej, o krok ponad gadami. Wypracowała sobie ona bardziej zaawansowany układ nerwowy, obejmujący obwody zarówno brzuszny, jak i grzbietowy. (Należy zwrócić uwagę, że ewolucyjnymi przodkami ssaków są pierwotne, dawno wymarłe gady, a nie współczesne gatunki).

W całym królestwie zwierząt tylko ssaki mają obwód brzuszny, który stanowi część brzuszną nerwu błędnego. Aby uruchomić ten obwód, osobnik powinien czuć się bezpieczny zarówno pod względem otoczenia, jak i w kontekście informacji zwrotnej przekazywanej przez proprioreceptory, które monitorują stan ciała.

Brzuszny obwód nerwu błędnego może działać, gdy jesteśmy aktywni fizycznie, ale również kiedy pozostajemy w bezruchu. Wraz z czterema innymi nerwami czaszkowymi (nerwy V, VII, IX i XI) umożliwia przejście w stan zaangażowania społecznego. Stan ten wykracza daleko poza prostą koncepcję „odprężenia" ze starego modelu autonomicznego układu nerwowego, który przeskakiwał między dwoma stanami: stresem i odprężeniem. Aktywność części brzusznej nerwu błędnego pozwala nam odpocząć i zregenerować się. Nie jesteśmy przestraszeni i możemy zdecydować, że pozostaniemy w bezruchu. Możemy siedzieć na fotelu bujanym na werandzie w ciepły letni wieczór w towarzystwie kogoś, kogo lubimy, wspólnie obserwując zachód słońca. Możemy słuchać muzyki. Możemy śnić na jawie lub medytować.

Natomiast kiedy nie znajdujemy się w stanie zaangażowania społecznego, możemy doświadczać wielu negatywnych objawów fizycznych i emocjonalnych, takich jak pobudzenie pnia współczulnego prowadzące do walki lub ucieczki lub unieruchomienie wywołane reakcją części grzbietowej nerwu błędnego (zamieranie mogące łączyć się z zachowaniem depresyjnym).

Nic dziwnego, że Galen i anatomowie idący w jego ślady – mimo bardzo zróżnicowanych funkcji części brzusznej i grzbietowej – nie zdawali sobie sprawy, że obie gałęzie nerwu błędnego to dwie osobne jednostki. Kiedy Galen badał rany gladiatorów albo dokonywał sekcji świń lub makaków berberyjskich, nie pracował w komfortowych warunkach, jakimi dysponujemy obecnie w prosektoriach uniwersyteckich. Nie mógł schładzać ciał ani konserwować ich w formaldehydzie czy też obserwować ich pod mikroskopem.

Biorąc pod uwagę wszystkie te trudności, nie można nie podziwiać Galena za to, że był w stanie odkryć tak wiele szczegółów anatomicznych nerwów błędnych, i to z taką dokładnością. Natomiast jak najbardziej zrozumiały w jego przypadku brak rozróżnienia między dwiema gałęziami nerwu nazwanego „błędnym" wprowadzał w błąd studentów i doświadczonych anatomów, fizjologów, psychologów i lekarzy przez całe tysiąclecia.

Stres a układ współczulny

Podobnie jak popularne i często niedokładnie używane słowo „depresja", również „stres" jest tak powszechny, że jego znaczenie stało się nieprecyzyjne. Ściślej rzecz biorąc, stres to stan fizjologiczny wynikający z aktywacji pnia współczulnego, która prowadzi do reakcji walcz lub uciekaj.

W starym modelu obejmującym dwa stany stres był po prostu uważany za przeciwieństwo odprężenia. Model ten nie wyjaśniał, co dzieje się z narządami wewnętrznymi, kiedy ciało znajduje się w fizjologicznym stanie stresu lub emocjonalnym stanie depresji – obie sytuacje wyrażają unieruchomienie ze strachu. Brakowało także docenienia roli osobnych struktur fizycznych w układzie nerwowym, które odpowiadają z jednej strony za poczucie szoku lub depresji, a z drugiej – za zaangażowanie społeczne.

Według modelu poliwagalnego nerw błędny, bardzo długo wiązany jedynie ze stanem odprężenia, jest obecnie rozumiany jako układ dwóch dróg, które aktywują dwa różne stany niebędące stresem – żaden z nich zresztą nie odpowiada dokładnie odprężeniu ujmowanemu zgodnie ze starym modelem autonomicznego układu nerwowego.

Aby uniknąć nieporozumień związanych ze słowem „stres", wolę za Stephenem Porgesem reakcję „walcz lub uciekaj" nazywać

„mobilizacją ze strachu" i trzymać się biologicznego modelu stresu: reakcja układu współczulnego (mobilizacja ze strachu) wywołana przez zdarzenie zewnętrzne lub stan wewnętrzny, zwiększająca potencjał do walki lub ucieczki. Neurologiczna podstawa tego stanu to silna aktywacja pnia współczulnego. Stanowi ona strategię obronną, wywołuje zatem silną reakcję mięśniową, która maksymalizuje potencjał nadzwyczajnego wysiłku mającego na celu uratowanie życia (sobie lub komuś innemu) w sytuacji zagrożenia.

W idealnej sytuacji aktywacja pnia współczulnego powinna ustąpić po zniknięciu niebezpieczeństwa. Jeżeli nasz układ nerwowy jest odporny i elastyczny, powinien w naturalny sposób powrócić do stanu zaangażowania społecznego. Jeżeli jednak tak się nie dzieje, a aktywacja pnia współczulnego staje się chroniczna, szkodzi to zarówno zdrowiu fizycznemu, jak i psychicznemu, a także relacjom społecznym.

Aktywacja pnia współczulnego nie stanowi jedynie strategii obronnej Gdy jesteśmy bezpieczni, a autonomiczny układ nerwowy działa prawidłowo, podczas każdego wdechu następuje delikatna aktywacja pnia współczulnego, przez co wzrasta ciśnienie krwi, a serce bije trochę szybciej. Puls jest nieco bardziej wyczuwalny. Kiedy wydychamy powietrze i delikatne pobudzenie ustępuje, tętno i ciśnienie krwi spadają. Podczas wydechu serce zwalnia, a puls powinien wydawać się słabszy.

Terapeuci mogą osiągnąć taką wrażliwość palców, że wyczuwają tę naturalną zmianę między delikatnym pobudzeniem pnia współczulnego a aktywacją układu brzusznego. Jeżeli podczas wdechu i wydechu puls się nie zmienia, jest to oznaka dysfunkcji autonomicznego układu nerwowego.

Reakcja „walcz lub uciekaj"

Reakcja „walcz lub uciekaj" wpływa na organizm pod wieloma względami. Jej celem jest umożliwienie przetrwania w stanie stresu, gdy coś nam grozi. Kiedy mięśnie się napinają, wzrasta ich odporność na krążenie krwi. Ciśnienie krwi rośnie, aby pompować krew przez spięte mięśnie.

Przyspiesza także bicie serca, aby pompować więcej krwi. Oskrzela rozszerzają się, co ułatwia oddychanie, a dzięki temu wzrasta ilość tlenu docierającego do płuc, krwi i komórek. Łatwiejsze oddychanie pozwala także wydalać więcej odpadów pozostałych po metabolizmie komórek mięśniowych. Podczas wydechu pozbywamy się dwutlenku węgla. Wątroba wydziela do krwi dodatkową dawkę cukru, co szybko dostarcza energii.

Ryby kostnoszkieletowe to pierwsza klasa kręgowców, u których występuje rdzeniowy układ współczulny odpowiedzialny za wywoływanie stanu nazywanego przez biologów „stresem". Płazy także posiadają rdzeniowy układ współczulny i mogą szybko uciec przed niebezpieczeństwem. Również gady wykorzystują stan pobudzenia układu współczulnego do osiągnięcia nadzwyczajnego poziomu wysiłku fizycznego. Krokodyl w stanie stresu potrafi poruszać się z ogromną prędkością i siłą. Na krótkie dystanse może być półtora raza szybszy niż olimpijscy sprinterzy.

Rdzeniowy układ współczulny umożliwia też ludziom i innym ssakom wykorzystywanie stresu jako strategii obronnej, która ułatwia walkę lub ucieczkę przed zagrożeniem (mobilizacja powiązana ze strachem). Tak jak w przypadku gadów i płazów również u człowieka stan stresu oraz zamierania pozwala osiągnąć ogromną elastyczność reakcji na różne sytuacje.

Układ współczulny wykorzystywany jako strategia obronna pomaga osiągnąć maksymalną zdolność do walki lub ucieczki. U człowieka w stanie zaangażowania społecznego układ współczulny może być aktywowany w sposób pozytywny wraz z obwodami odpowiedzialnymi za zaangażowanie społeczne, co umożliwia interakcje społeczne podczas zabawy, rywalizacji sportowej, a także gry wstępnej.

Walka nie oznacza jedynie fizycznej przemocy, ale obejmuje także wiele innych zachowań zmierzających do wywołania zmiany przy użyciu siły: agresja słowna w formie sarkazmu i obelg, bierna agresja (sprzeciw wyrażany bezczynnością), przypadkowa agresja wobec nieznajomych i nieuzasadnione niszczenie mienia.

Ucieczka również nie oznacza jedynie oddalenia się, ale także aktywne unikanie osób, sytuacji lub miejsc. Może polegać na wycofaniu się z życia społecznego przez oglądanie telewizji czy inne samotne działania wywoływane chociażby przez lęk czy ataki paniki.

Na przykład granie w brutalne gry komputerowe może tymczasowo wywołać w układzie nerwowym stan pobudzenia i gotowości do walki, a uzależnienie od gier i ciągłe granie mogą utrzymywać taki stan bez przerwy. Rodzice powinni mieć to na uwadze i starać się ograniczać czas spędzany przez dzieci przed komputerem.

Może to także oznaczać, że sami rodzice powinni spędzać mniej czasu przed ekranem. Zamiast zostawiać dziecko samo przed telewizorem czy innym urządzeniem elektronicznym, rodzice powinni raczej spędzać czas ze swoimi dziećmi, podejmować rozmowy i interakcje społeczne. Rodzice muszą wziąć na siebie obowiązek inicjowania zabaw i innych zajęć angażujących dzieci oraz pozostałych członków rodziny – co przychodziło im w naturalny sposób przed epoką elektroniki.

Nowa koncepcja stresu

Choć wielu ludzi mówi o byciu zestresowanymi, spory odsetek z nich tak naprawdę nie doświadcza stresu rozumianego jako pobudzenie pnia współczulnego. Z fizjologicznego punktu widzenia niektórzy z nich są w stanie aktywności części grzbietowej nerwu błędnego (zamieranie lub wycofanie). Z emocjonalnego punktu widzenia znajdują się w stanie depresji.

Taka sytuacja może wynikać z jakiegoś traumatycznego wydarzenia w przeszłości. Mogą mieć zdiagnozowany zespół stresu pourazowego, nawet jeśli z fizjologicznego punktu widzenia nie znajdują się tak naprawdę w stanie reakcji stresowej pnia współczulnego. Zgodnie z teorią poliwagalną ich stan należałoby raczej opisać jako aktywację części grzbietowej nerwu błędnego, można też u nich stwierdzić bezwład i bezruch.

Aby wyprowadzić kogoś z obu stanów – stresu, któremu towarzyszą zachowania walki lub ucieczki (mobilizacja powiązana ze strachem), oraz zachowań depresyjnych z zamieraniem (bezruch powiązany ze strachem) – należy aktywować u niego część brzuszną nerwu błędnego.

Trzy obwody autonomicznego układu nerwowego są hierarchiczne i przechodzą z jednego stanu w drugi skokowo, zgodnie z przebiegiem rozwoju ewolucyjnego tego układu u kręgowców. Zaangażowanie społeczne opiera się na wykształconym najpóźniej obwodzie nerwowym obejmującym część brzuszną nerwu błędnego. Znajduje się on na szczycie drabiny i odpowiada za spokojny bezruch i poczucie dobrostanu. O szczebel niżej znajduje się pień współczulny, który uruchamia reakcję „walcz lub uciekaj". Na samym dole jest obwód wagalny grzbietowy, najstarsza ewolucyjnie struktura, która odpowiada za reakcję obronną zwaną bezruchem powiązanym ze strachem.

Aktywność części brzusznej nerwu błędnego hamuje działanie dwóch niższych poziomów. Pobudzenie obwodu wagalnego brzusznego, wspierającego działania pożyteczne pod kątem indywidualnego przetrwania, ale także aktywności społecznej, przenosi nas ponad chroniczną aktywność pnia współczulnego, a także wyrywa nas z grzbietowego stanu zamierania.

Nie jest konieczne pokonywanie po jednym szczeblu na raz: przechodzenie ze stanu zamierania do stresu, a następnie ze stresu do zaangażowania społecznego. Działanie obwodu wagalnego brzusznego przenosi człowieka bezpośrednio z zamierania i depresji emocjonalnej aż do stanu aktywności części brzusznej nerwu błędnego.

Możliwe jest także przejście pośrednie, przez aktywację pnia współczulnego (odpowiedzialnego za stan stresu). Aktywność tego obwodu wpływa hamująco na obwód wagalny grzbietowy. Bieganie, pływanie i inne formy ćwiczeń, które symulują doznania ze stanu „walcz lub uciekaj", często wyzwalają pacjentów z depresji[19].

Wiele leków antydepresyjnych działa na podobnej zasadzie. Wywołując chemicznie stres w organizmie, tymczasowo aktywują pień współczulny. Antydepresanty nie przenoszą aż do najwyższego poziomu, stanu zaangażowania społecznego, a do tego mogą wywoływać niepożądane skutki uboczne. Uważam, że większość osób, które miałyby wybór, wolałyby wyzwolić się od depresji dzięki prostym ćwiczeniom do samodzielnego wykonania, takim jak te opisane w Części drugiej.

Celem mojej terapii jest wyrwanie pacjentów ze stanu stresu lub depresji i doprowadzenie aż do poziomu zaangażowania społecznego. Ćwiczenia i praktyczne elementy terapeutyczne przedstawione w niniejszej książce doskonale nadają się do osiągania stanu zaangażowania społecznego i dobrego samopoczucia.

Istnieje pewien ważny powód, dla którego właściwe funkcjonowanie części brzusznej nerwu błędnego jest tak istotne dla optymalnego zdrowia fizycznego i psychicznego. Stan autonomicznego układu nerwowego wskazuje na ogólny poziom zdrowia fizycznego i dobrostanu emocjonalnego. Kiedy autonomiczny układ nerwowy znajduje się w stanie stresu lub zamierania, często mamy problemy ze zdrowiem, związkami i stanami emocjonalnymi. Jeżeli w trakcie badań w mojej klinice czy gabinecie okazuje się, że część brzuszna nerwu błędnego jest dysfunkcjonalna (zob. Rozdział 4), moim pierwszym celem jest sprawienie, aby nerw ten działał prawidłowo.

Przez wiele lat stosowałem różne techniki, aby pomóc ludziom wyjść ze stanów stresu czy depresji i przywrócić właściwe funkcjonowanie części brzusznej. Od kilku lat okazuje się, że pacjenci mogą sobie wystarczająco pomóc we własnym zakresie dzięki Ćwiczeniu podstawowemu (zob. Część druga).

W niektórych przypadkach (na przykład niemowlęta, małe dzieci, osoby z zaburzeniami ze spektrum autyzmu) komunikacja za pośrednictwem języka może być utrudniona lub wręcz niemożliwa i takim ososbom trudno prawidłowo wykonać ćwiczenie samodzielnie. Stosuję wtedy praktyczne techniki z zakresu biomechanicznej terapii czaszkowo-krzyżowej. Jedna z nich została opisana w rozdziale „Technika rozluźniania nerwowo-powięziowego" (również w Części drugiej).

Po wykonaniu przez pacjenta Ćwiczenia podstawowego lub po zastosowaniu przeze mnie odpowiednich technik ponownie badam funkcjonowanie nerwu błędnego i upewniam się, czy udało się osiągnąć pożądaną zmianę. Gdy część brzuszna nerwu błędnego działa już właściwie, stosuję dodatkowe techniki z zakresu biomechanicznej terapii czaszkowo-krzyżowej. W wielu przypadkach po przywróceniu właściwego funkcjonowania części brzusznej problemy zdrowotne słabną lub zanikają[20].

„Ale przecież nie jest pan lekarzem" – mógłby ktoś powiedzieć. To prawda, nie jestem. W mojej klinice nie stawiam żadnych diagnoz ani nie leczę chorób. Diagnozowanie schorzeń i ich leczenie środkami na receptę należy tylko i wyłącznie do dobrze wyszkolonych lekarzy medycyny. Wszystko, co mogę zrobić dla swoich pacjentów w tym kontekście, to ocenić i poprawić funkcjonowanie części brzusznej nerwu błędnego i pozostałych czterech nerwów czaszkowych niezbędnych do zaangażowania społecznego.

Wiele osób, które do mnie przychodzą, ma już diagnozę postawioną przez lekarza. Zajmuję się takimi osobami przede wszystkim w celu poprawy funkcjonowania ich układu nerwowego. Z mojego doświadczenia wynika, że wprowadzanie ich autonomicznego układu nerwowego w stan zaangażowania społecznego i dążenie do optymalnego stanu zdrowia mają pozytywne skutki i pomagają wielu ludziom w zmaganiach z różnymi dolegliwościami.

Jeżeli w czasie początkowego wywiadu pacjent wspomina o jakimś schorzeniu, zapisuję to – zastanawiam się, czy mogę jakoś powiązać jego problem z możliwą dysfunkcją któregoś z nerwów czaszkowych odpowiedzialnych za stan zaangażowania społecznego. Badam funkcjonowanie jednej części nerwu błędnego. W niektórych przypadkach badam także inne nerwy czaszkowe.

Następnie proszę pacjenta o wykonanie Ćwiczenia podstawowego lub stosuję którąś z technik manualnych opisanych w Części drugiej albo inne techniki z zakresu biomechanicznej terapii czaszkowo-krzyżowej. Następnie powtarzam badanie. Jeżeli udało nam się wywołać pozytywną zmianę w funkcjonowaniu części brzusznej nerwu błędnego, istnieje duża szansa, że organizm ureguluje się sam i problemy zdrowotne pacjenta osłabną lub nawet zupełnie zanikną.

Moje podejście pomogło wielu ludziom z licznymi schorzeniami, takimi jak: stres, depresja psychologiczna, migreny, fibromialgia, trudności z koncentracją, pamięcią lub snem, problemy z trawieniem, sztywnienie szyi, bóle pleców i ramion.

Żyjemy w świecie, w którym wszystko nieustanie się zmienia, zarówno wewnątrz, jak i wokół nas. Nasze przetrwanie, dobre samopoczucie i szczęście zależą od elastyczności autonomicznego układu nerwowego, który reguluje nasze funkcjonowanie i pozwala właściwie reagować na zmiany w naszym otoczeniu i w naszym organizmie.

3

Neurocepcja i błędna neurocepcja

„Neurocepcja" to termin wymyślony przez Stephena Porgesa na określenie sposobu, w jaki obwody nerwowe rozróżniają sytuacje bezpieczne, niebezpieczne i groźne. To stały proces, który pozwala autonomicznemu układowi nerwowemu oceniać docierające do niego ze zmysłów informacje na temat naszego otoczenia i stanu naszego organizmu.

Neurocepcja zachodzi w pierwotnych częściach mózgu, poza naszą świadomością. Można ją porównać do dobrego psa stróżującego, który zawsze jest czujny i pozwala nam skupić się na innych rzeczach niż przetrwanie, umożliwia spokojny sen i pobudza nas tylko wtedy, gdy sytuacja zagraża życiu. Na podstawie sygnałów pochodzących z neurocepcji uruchamiane są określone obwody nerwowe, które odpowiadają za: zaangażowanie społeczne i przyjazne zachowania komunikacyjne, gdy jesteśmy bezpieczni; strategię obronną „walcz lub uciekaj", kiedy coś nam grozi; zamieranie, gdy znajdujemy się w poważnym niebezpieczeństwie[21].

Większość ludzi doświadczyła neurocepcji, kiedy „szóstym zmysłem" wyczuli, że znajdują się w niebezpieczeństwie lub coś im grozi, ale nie mieli świadomości, skąd to wiedzą. Kiedyś podczas zajęć pewna młoda kobieta powiedziała: „Mogę stać tyłem, ale i tak wiem, kiedy jakiś obcy facet się na mnie gapi. Czuję jego wzrok, jeszcze zanim do mnie podejdzie". Choć nie możemy tego wyjaśnić w żaden logiczny sposób i nie znamy odpowiedzialnych za to włókien nerwowych, neurocepcja nie jest niczym rzadkim.

Błędna neurocepcja a przetrwanie

Neurocepcja zapewnia nam dostęp do informacji, których nie odbieramy świadomą częścią umysłu. Gdy funkcjonuje prawidłowo, jest prawdziwym darem i pomaga nam przetrwać. Działa szybciej niż przetwarzanie świadomych obserwacji.

„Wiedziałem, że coś jest nie tak, jeszcze zanim wszedłem do pokoju" – skąd czerpiemy tego rodzaju informacje? Czasami doświadczamy konfliktu między neurocepcją a innymi myślami: „Czułem, że coś jest nie w porządku, ale i tak dałem się przekonać, żeby nie przerywać".

Neurocepcja może być jednak błędna, a kiedy nie działa tak, jak powinna, możemy się znaleźć w poważnych tarapatach. Zamiast wyraźnie postrzegać otoczenie, zniekształcamy obraz sytuacji. Błędna neurocepcja pojawia się wtedy, gdy obwody nerwowe odpowiedzialne za przejście od obserwacji do zachowania nie działają w prawidłowy sposób. Człowiek może wówczas reagować na bezpieczną sytuację tak, jak gdyby znajdował się w obliczu zagrożenia, a w niebezpieczeństwie zachowywać się, jak gdyby wszystko było w porządku.

Błędną neurocepcję może powodować wiele czynników. Nasze postrzeganie może być zaburzone z powodu gniewu, strachu, zazdrości, apatii, możemy być także skupieni na traumatycznym przeżyciu; zafiksowani w stanie szoku; możemy odczuwać głód i mieć niski poziom cukru we krwi; możemy być zmęczeni, odczuwać ból lub cierpieć z powodu choroby.

Możemy czuć się zupełnie normalnie i nagle natknąć się na coś, co przypomina nam traumatyczne wydarzenie z przeszłości, a następnie zareagować tak, jakby działo się to w tej chwili. Nawet jeśli nie znajdujemy się w niebezpieczeństwie i nic nam nie grozi, układ nerwowy może tkwić w przeszłości, gotów do walki lub ucieczki przy najlżejszym sygnale z otoczenia. Świetnym przykładem jest skecz Abbotta i Costellego pod tytułem *Slowly I Turned* („Powoli się odwróciłem") (można go znaleźć w serwisie YouTube).

Błędna neurocepcja może wynikać także z bardzo pozytywnych doświadczeń, takich jak zakochanie i tworzenie więzi z partnerem. Czasami słyszymy, że czyjaś zdolność oceny była ograniczona, bo „zaślepiła go miłość" i nie zdawał sobie sprawy, że znajduje się w potencjalnie niebezpiecznej sytuacji.

Układ nerwowy powinien być elastyczny i umożliwiać całemu organizmowi dostosowywanie się do sytuacji i wspieranie różnych zachowań w zależności od tego, czy jesteśmy bezpieczni, czy też coś nam grozi lub znajdujemy się w niebezpieczeństwie. W przypadku zakłóceń chemicznych (takich jak leki na receptę, narkotyki lub alkohol), informacje z otoczenia trafiają do naszych zmysłów, ale obwody nerwowe nie przetwarzają ich w normalny sposób i organizm nie reaguje właściwie. Na przykład alkohol zmienia nasze uczucia, a co za tym idzie, także postępowanie. Również wiele innych substancji – zarówno leków przepisywanych przez lekarza, jak i nielegalnych czy rekreacyjnych narkotyków – wprawia nas w anormalny stan fizjologiczny i doświadczalny.

Błędną neurocepcję wywołaną oddziaływaniem biochemicznym dobrze ilustruje następująca historia. Trzej przyjaciele, młodzi mężczyźni w wieku około dwudziestu pięciu lat, wybrali się na całodzienną wyprawę na górę St. Helens, aktywny wulkan w parku narodowym położonym w południowo-zachodnim zakątku stanu Waszyngton. Trasa, choć męcząca, jest odpowiednia dla osób w dobrej kondycji fizycznej, którym odpowiada mozolna wspinaczka po stromym i wyboistym zboczu. Większości wspinaczy pokonanie całej trasy zajmuje od siedmiu do dwunastu godzin.

Trzej przyjaciele byli dobrze przygotowani do wyprawy. Każdy miał w plecaku mapę, kompas, zestaw pierwszej pomocy i scyzoryk z kompletem narzędzi. Do tego dobre buty, kask chroniący przed spadającymi kamieniami, lekki sweter, krem z filtrem oraz maska przeciwpyłowa i gogle na wypadek wyrzutu popiołu wulkanicznego. Słońce odbijające się od śniegu i popiołu wulkanicznego może być intensywne, wzięli więc także okulary przeciwsłoneczne z bocznymi osłonami. Nieśli jedzenie i po dwa litry wody.

Wyruszyli wcześnie rano. Prognoza pogody zapowiadała przyjemny, słoneczny, jasny dzień, wspinacze byli więc odpowiednio ubrani. Słońce i wysiłek szybko ich rozgrzały, choć mieli na sobie tylko T-shirty. Spryskali sobie głowy wodą i zdjęli przepocone koszulki.

Temperaturę ciała regulują naturalne mechanizmy informacji zwrotnej, kontrolowane głównie przez podwzgórze, czyli część mózgu odpowiedzialną za przetwarzanie sygnałów z kluczowych receptorów temperatury ciała. Kiedy organizm zaczyna się przegrzewać, zachodzą pewne fizjologiczne zmiany. Gdy temperatura przekracza 37°C, nerwy naczyń krwionośnych znajdujących się pod powierzchnią skóry sprawiają, że naczynia te rozszerzają się i do skóry dopływa więcej krwi. Nazywa się to wazodylatacją i umożliwia krwi dotarcie do naczyń włosowatych skóry. Nawet jedna trzecia krwi może krążyć w skórze, na powierzchni której jest chłodzona przez otaczające powietrze. W chłodzeniu organizmu pomaga także pot, z którego odparowuje wilgoć.

Po kilku godzinach wędrówki pogoda raptownie się zmieniła. Pojawiły się chmury, powietrze się ochłodziło i zaczął sypać śnieg. Wszystkim trzem wędrowcom zrobiło się zimno i założyli swetry. (Nie wkładali z powrotem wilgotnych T-shirtów). Niestety, taka warstwa suchego ubioru nie ogrzała ich dostatecznie w krótkim czasie, a nie mieli żadnych przeciwdeszczowych okryć. W ciągu kilku minut swetry przemokły za sprawą zimnego, mokrego śniegu.

Kiedy temperatura ciała spada, podwzgórze dąży do zachowania ciepłoty ciała: uruchamiane są automatyczne reakcje utrzymujące ciepło oraz mechanizmy wytwarzające dodatkowe ciepło. Normalną reakcją na zimno jest wydzielanie hormonów stresu: adrenaliny (epinefryny), norepinefryny i tyroksyny. Wywołuje to napięcie mięśni i dreszcze. Szybkie skurcze mięśni odpowiedzialnych za dreszcze wytwarzają ciepło.

Podczas reakcji stresowej nerwy powodują także kurczenie się ścian mięśniowych naczyń krwionośnych, tak zwaną wazokonstrykcję. Utrata ciepłoty ciała ograniczana jest dzięki zmniejszeniu objętości krwi płynącej z centrum ciała do skóry, zwłaszcza do dłoni i stóp.

Jeden z młodych wspinaczy zażył wcześniej tego dnia przepisany przez lekarza środek łagodzący przewlekły stres. Skutkiem działania tego leku było między innymi obniżenie poziomu hormonów stresu we krwi. W rezultacie organizm chłopaka nie mógł normalnie zareagować na zmianę pogody i zimno. Nie trząsł się, jego naczynia krwionośne nie skurczyły się, a jego tętnice i naczynia włosowate pozostały rozszerzone – dopływ krwi do skóry nie został ograniczony w celu zmniejszenia utraty ciepła.

Z powodu leku nie był w stanie dostosować się do otoczenia i ulegał coraz głębszemu wyziębieniu. W przypadku skrajnej hipotermii może dojść do zatrzymania akcji serca i tak też w końcu się stało w tej sytuacji. Młody wspinacz nie przeżył, ponieważ jego organizm nie mógł w normalny sposób zareagować na zmianę pogody.

Historia ta przestrzega przed tym, że substancje chemiczne mogą w sytuacji zagrożenia zakłócać normalne reakcje i uniemożliwiać organizmowi właściwe działania obronne.

Inne przypadki błędnej neurocepcji

Opisałem wcześniej wartość, jaką w kontekście przetrwania ma stan zamierania. Kiedy lew zaciska paszczę na gardle antylopy lub innej ofiary, jej autonomiczny układ nerwowy w sytuacji zagrożenia życia i niezdolności do dalszej walki lub ucieczki popada w stan zamierania. W niektórych przypadkach drapieżnik traci zainteresowanie, co ratuje życie niedoszłej ofiary.

Z kolei problemy osobiste w naszym skomplikowanym, współczesnym, cywilizowanym ludzkim życiu nie są zazwyczaj tak dramatyczne i trwają zwykle dłużej niż kilka sekund. Być może nic nam nie grozi z fizycznego punktu widzenia, ale mierzymy się z wyzwaniami emocjonalnymi lub umysłowymi. Może musimy dokończyć projekt w terminie, pokonać trudności w relacjach z otaczającymi nas ludźmi, rozwiązać problem ekonomiczny lub zająć się członkiem rodziny umierającym na raka. Musimy działać – coś robić lub mówić – aby przywrócić swój świat do stanu tymczasowej równowagi. Nie da się ciągle siedzieć na plaży i napawać się widokami w stanie pełnego odprężenia.

Co więcej, w przeciwieństwie do wielu dzikich zwierząt ludzie zazwyczaj nie otrząsają się z urazów tuż po tym, jak znika zagrożenie. W idealnej sytuacji powinniśmy mieć czas, żeby „zresetować" układ nerwowy i zacząć wszystko od nowa. Wielokrotnie jednak odczuwamy skutki traumatycznych przeżyć jeszcze długo po pierwotnym szoku. Świadome i nieświadome wspomnienia mogą się utrzymywać w układzie nerwowym miesiącami, latami lub nawet do końca życia. Jeżeli się nie otrząśniemy, możemy się zmagać z powracającymi niewłaściwymi zachowaniami oraz przewlekłymi fizjologicznymi objawami stresu i zamierania.

Na niektóre bodźce możemy reagować w anormalny sposób, ponieważ towarzyszyły one traumatycznemu wydarzeniu, które kiedyś przeżyliśmy. Czynnik psychologiczny wyzwalający reakcję w postaci stresu lub zamierania może być bardzo szczegółowy. Wspomnienie takiego wydarzenia tkwi w pamięci jak mina, która tylko czeka, aż nadepnie na nią metaforyczny żołnierz, choć może to być także niczego niespodziewające się dziecko całe lata później. Dochodzi do reakcji, ponieważ – świadomie lub nie – odnotowaliśmy coś, co przypomniało nam o przeżytej niegdyś traumie.

Historia Antajosa

Walka Antajosa z Heraklesem była ulubionym motywem rzeźbiarzy starożytnych i renesansowych.

Antajos był synem Posejdona, boga morza, i Gai, bogini Ziemi. Grecy wierzyli, że mieszkał na skraju pustyni na ziemiach współczesnej Libii. Antajos wyzywał wszystkich przechodniów do zmierzenia się z nim w zapasach, a następnie zabijał ich i wykorzystywał ich czaszki w świątyni, którą budował dla swojego ojca. Do czasu walki z Heraklesem zawsze zwyciężał.

Za każdym razem, kiedy Herakles przeważał, Antajos podnosił się i podejmował walkę jeszcze silniejszy. Herakles szybko zdał sobie sprawę, że nie pokona przeciwnika przez powalenie go na ziemię. Odkrył sekret siły Antajosa: gdy ten stykał się z Ziemią – swoją matką – wzmacniał się i odzyskiwał siły.

Kiedy Herakles zdał sobie z tego sprawę, złapał Antajosa w pasie i podniósł go, zrywając w ten sposób jego kontakt z ziemią. Dzięki swojej ogromnej sile zgniótł go w żelaznym uścisku.

Historia Antajosa to symbol zagrożeń, które czyhają na nas, kiedy nie jesteśmy „uziemieni". Herakles jest obrazem siły psychicznej i duchowej, której nam przybywa, gdy znów stajemy pewnie na nogach po tym, jak nieco się „unieśliśmy".

Poczucie własnego ciała

W 1957 roku, kiedy miałem szesnaście lat i zaczynałem naukę gry w golfa, kupiłem książkę Bena Hogana, jednego z największych wczesnych zawodowych mistrzów Ameryki. Było to *Five Lessons: The Modern Fundamentals of Golf*[22]. Hogan pisał: „Jeśli jesteś praworęczny i chcesz wykonać dobry drive, podczas zamachu skoncentruj się na małym palcu lewej dłoni".

Zanim to przeczytałem, starałem się uderzyć piłkę najmocniej, jak potrafiłem, albo machnąć kijem najszybciej, jak umiałem. Nie zrozumiałem tego, co napisał Hogan, ale spróbowałem tak zrobić. Za każdym razem, kiedy pamiętałem, że mam się skupić na małym palcu, wykonywałem coraz dalsze uderzenia. Do tego piłka prawie zawsze leciała prosto, w kierunku greena. Było to moje pierwsze doświadczenie siły, jaką daje poczucie własnego ciała.

Obecnie istnieje wiele technik, które pomagają ludziom na nowo poczuć swoje ciało, między innymi pilates, joga, sztuki walki lub medytacje i uważność. Jeżeli moi pacjenci znają jakiś sposób wczuwania się w ciało, zachęcam ich do jego stosowania. Jeżeli nie – uczę ich pewnego podejścia, które w tym pomaga.

Skórę twarzy unerwia nerw czaszkowy V, a mięśnie twarzowe – nerw VII. Delikatne gładzenie twarzy często pomaga nam się uspokoić i wyjść ze stanu stresu. Ludzie często robią to nieświadomie.

Jeżeli wykonuję masaż, mogę poprosić pacjentów o zwracanie uwagi na to, gdzie moje dłonie stykają się z ich ciałem. To szczególnie ważne w przypadku osób w stanie wycofania lub dysocjacji – moim priorytetem jest przywrócenie im poczucia własnego ciała. W zasadzie nawet nie muszę niczego robić. W chwili, gdy ich dotykam, nie próbuję niczego naprawiać ani zmieniać struktury mięśniowo-szkieletowej. Nie rozluźniam żadnych mięśni, nie zwiększam zakresu ruchu stawów, nie reguluję kręgosłupa ani nie zmniejszam napięcia w tkance łącznej. Trzymam dłonie cały czas w tym samym miejscu.

Wystarczy, że jako terapeuta po prostu kładę dłonie na ciele pacjenta i delikatnie dotykam jego skóry. Następnie proszę go, by „skierował na nie swoją uwagę". Na początku pacjenci potrzebują nieco czasu, aby dostatecznie oczyścić umysł z mentalnych lub emocjonalnych zatorów i po prostu poczuć, gdzie znajduje się ich ciało i co się w nim dzieje. W takim przypadku powtarzam cały proces kilka razy. To prosty sposób na to, aby pomóc pacjentom wykorzystać ich własne zmysły do odnowienia kontaktu ze swoim ciałem.

Gdy proszę ich o wczucie się w ciało, mogę skorzystać z okazji i samemu wczuć się we własny organizm. Lubię się otwierać i skupiać na swoich stopach czy dłoniach, dzięki temu jeszcze bardziej „uziemiam się" w ciele.

Poczucie własnego ciała i stałe „uziemienie" pomagają nam pozostać w stanie aktywności części brzusznej nerwu błędnego. Świadomość ciała umożliwia unikanie sytuacji, w których dajemy się ponieść emocjom zdolnym wywołać błędną neurocepcję.

4

Badanie części brzusznej nerwu błędnego

Prosta ocena na podstawie obserwacji twarzy

Według Stephena Porgesa zaangażowanie społeczne wymaga zdolności patrzenia i słuchania. Kiedy z kimś rozmawiasz, możesz wyczuć, czy jest zaangażowany społecznie, na podstawie tego, ile na ciebie patrzy, jak dokładnie cię słucha i jak dobrze rozumie to, co mówisz. Do stwierdzenia, czy dana osoba patrzy i słyszy, wystarczy obserwować jej mięśnie twarzy. Czy rozmówca patrzy na twoją twarz i utrzymuje kontakt wzrokowy przynajmniej przez część rozmowy? Czy ma otwarte oczy? Czy słyszy i rozumie to, co mówisz?

Mięśnie twarzy są ułożone wokół otworów na oczy, nozdrza i usta. (Zob. „Mięśnie twarzy" w Dodatku). Kiedy te płaskie okrągłe mięśnie się kurczą, napinają skórę wokół otworów. Z kolei płaskie prostokątne mięśnie przyczepione do tych okrągłych mogą je bardziej otwierać, dzięki czemu do oczu dociera więcej światła, do nosa trafia więcej zapachów, a do ust – więcej powietrza. Kiedy reagujemy pod wpływem emocji, wyraz twarzy zmienia się w zależności od tego, czy otwieramy albo zamykamy te otwory.

Czy rozmówca ma delikatnie uniesione brwi, a oczy są odprężone i otwarte? Płaski okrągły mięsień otaczający oko nazywa się *orbicularis oculi*. (*Orbicularis* oznacza mięsień otaczający otwór twarzowy, *oculi* oznacza powiązanie z oczami). Kiedy napinamy ten mięsień, zamykamy otwór otaczający oko i odcinamy dopływ światła w taki sam sposób, jak migawka starej lustrzanki ogranicza ilość światła padającą przez soczewkę na film.

Napinamy ten mięsień, aby zmrużyć oczy przed jasnym światłem, gdy chcemy ograniczyć docierające do nas sygnały wzrokowe, kiedy pojawia się coś, na co nie chcemy patrzeć z powodu emocji albo chcemy wycofać się z zewnętrznych bodźców zmysłowych i skupić się na własnych myślach. Napinając ten mięsień, oddalamy się od bieżących bodźców wzrokowych, oddalamy się od tu i teraz. Możemy wspominać wydarzenia z przeszłości, wyobrażać sobie przyszłe możliwości lub przechodzić w stan medytacji.

Kiedy napinają się płaskie prostokątne mięśnie pod i nad mięśniem okrężnym oka, otwiera się on szerzej i dopuszcza o wiele więcej światła. Mięśnie te napinają się, gdy natrafimy na coś, co „otwiera nam oczy". Fizyczne napięcie tych płaskich prostokątnych mięśni to nieodłączny element emocjonalnej reakcji na zaskoczenie. Pozwala to zwiększyć liczbę docierających do nas bodźców zmysłowych i świadomość tego, co dzieje się wokół nas.

To bardzo dziwne, ale kiedy szerzej otwieramy oczy, lepiej słyszymy. Między nerwami uczestniczącymi w widzeniu i słyszeniu istnieje neurologiczne połączenie. Na wykładzie niektórzy studenci szerzej otwierają oczy, żeby lepiej słyszeć słowa prelegenta.

Kiedy nawiązujesz z kimś kontakt wzrokowy, wypatruj spontanicznych reakcji mimicznych w środkowej jednej trzeciej twarzy (między dolną krawędzią oczu a górną wargą). Drobne ruchy w tym rejonie pokazują stan zaangażowania społecznego (lub jego brak) i są wskaźnikiem elastyczności reakcji emocjonalnych.

Istnieją dwa rodzaje wyrazów twarzy: ten który, przyjmujemy, żeby pokazać komuś innemu, co czujemy, i ten pojawiający się, choć nie „robimy miny" świadomie. Drugi rodzaj można podzielić na trzy typy w zależności od tego, jak długo się utrzymuje.

Pierwszy typ nieświadomych wyrazów twarzy to wzór stałego napięcia, który jest mniej lub bardziej trwały – wyryty na twarzy głębokimi zmarszczkami wskazującymi charakterystyczny stan emocjonalny.

Drugi typ to mniej trwałe napięcie emocjonalne, które wyraża nasz aktualny nastrój. Ten wzorzec napięcia mięśni twarzowych trwa przez krótki czas – tak długo, jak utrzymuje się dany nastrój, co pozwala innym ludziom zrozumieć, jak się czujemy.

W trzecim rodzaju mimiki emocjonalnej mięśnie twarzowe znajdujące się w pasie między oczami a ustami kurczą się bardzo szybko, nawet do kilku razy na sekundę. Te spontaniczne drobne zmiany możemy zazwyczaj obserwować u niemowląt lub dzieci. U dorosłych ruch ten jest widoczny o wiele rzadziej, ponieważ ograniczają go poprzednie dwa typy: stałe napięcie i konkretne nastroje. Kiedy zachodzą tego typu zmiany, są one zbyt szybkie, abyśmy mogli je kognitywnie odczytać i definitywnie stwierdzić, że wyrażają jakieś uczucie, ale samo występowanie takich spontanicznych ruchów daje nam poczucie, że rozmówca jest otwarty, nie boi się.

Możemy zaobserwować te szybkie zmiany wyrazu twarzy wtedy, gdy dwie czujące się bezpiecznie osoby nawiązują kontakt wzrokowy, patrzą na siebie i pozwalają uczuciom rozwijać się bez cenzury czy prób kontroli. To odbicie idealnego stanu otwartości, w którym nasze emocjonalne wyrazy twarzy zmieniają się równie szybko, jak nasze myśli. Sytuacja taka diametralnie różni się od sztucznego uśmiechu pojawiającego się przy pozowaniu do zdjęć, kiedy na twarzy maluje się niemal grymas, którym próbujemy wyrazić pozytywne uczucia.

Czy dostrzegasz na twarzy drugiej osoby przepływ emocji – delikatne i szybkie zmiany, żywą mimikę, która świadczy o szczęściu, satysfakcji, złości, irytacji, strachu, niepokoju, smutku lub przygnębieniu? Czy też jej twarz pozostaje nieruchoma, bez wyrazu, wyraża ciągle to samo? Czy podczas rozmowy ton jej głosu zmienia się w melodyjny sposób (prozodia)? Czy też pozostaje płaski, a słowa wypowiadane są monotonnie?

Mamy tendencję do myślenia, że inni ludzie są niezmiennymi jednostkami. Na ich interakcje ma jednak wpływ ich nastrój, który z kolei jest kształtowany przez aktualny stan autonomicznego układu nerwowego.

Ludzie w stanie stresu mogą patrzeć na innych spode łba i odnosić się do nich agresywnie. Mogą nie słuchać tego, co mówią inni. Reagują na pojedyncze słowa, tracą nad sobą panowanie i przerywają mówiącemu w pół słowa. Często trzeba ich poprawiać: „Ale ja wcale tak nie mówiłem!".

W strachu unikają kontaktu wzrokowego lub spoglądają innym w oczy zaledwie przez ułamek sekundy, po czym znów odwracają wzrok. Ich oddech może być płytki i poruszać tylko żebra w górnej części klatki piersiowej; po wdechu mogą zatrzymywać powietrze.

Ludzie w stanie depresji pochylają głowę do przodu lub pozwalają jej zwisać, a ich twarz pozostaje bez wyrazu. Ich powolne ruchy wskazują na deficyt energii. Brakuje im entuzjazmu i niechętnie angażują się w rozmowę. Osoba w stanie depresji czasem wzdycha lub wydycha powietrze, zanim coś zrobi.

Inne sposoby badania funkcjowania nerwu błędnego

W mojej klinice oprócz obserwacji wspomnianych aspektów na początku terapii lubię także przeprowadzić badanie funkcjonowania części brzusznej nerwu błędnego. Jeżeli u pacjenta występują niektóre spośród objawów nazwanych przeze mnie „głowami Hydry" (zob. lista na początku Części pierwszej) i testy wykazują dysfunkcję części brzusznej, często udaje mi się poprawić stan takiej osoby dzięki ćwiczeniom i technikom opisanym w Części drugiej.

Następnie, po Ćwiczeniu podstawowym wykonanym przez pacjenta lub przeze mnie, ponownie badam funkcjonowanie części brzusznej, aby mieć pewność, że osiągnęliśmy pożądany skutek. Informacja ta bardzo przydaje się w kontekście klinicznym. Procedura opisana w dalszej części rozdziału, umożliwiająca samodzielną ocenę funkcjonowania własnego nerwu błędnego, jest równie przydatna w ramach autodiagnozy czy autoleczenia, jak i w pomocy innym.

Oprócz patrzenia na tył gardła pacjenta, którego proszę o powiedzenie „a-a-a" – piszę o tym poniżej – stosuję czasem inny test przydatny do badania małych dzieci, osób z autyzmem lub innych pacjentów w specjalnych okolicznościach. Jeżeli na przykład prowadzę zajęcia w drugiej klasie szkoły podstawowej, wszyscy mogą zacząć się śmiać, gdy przyświecając sobie małą latarką, zaglądam do gardła ich koleżance, którą poprosiłem o powiedzenie „a-a-a".

To drugie badanie opiera się na obserwacjach dokonanych pod koniec XIX wieku przez Mayera, Traubego i Heringa. Odkryli oni, że puls i ciśnienie krwi są odpowiednio szybsze i wyższe podczas wdechu niż podczas wydechu (przy prawidłowym funkcjonowaniu części brzusznej nerwu błędnego). Kiedy leczysz tak wielu ludzi, dzięki zdobytemu doświadczeniu możesz wyczuć, że u jednej osoby różnica jest większa niż u innej. Możesz także zauważyć, że różnica jest większa po wykonaniu Ćwiczenia podstawowego niż przed nim.

Z mojego doświadczenia wynika, że ludzie o większej różnicy między pulsem podczas wdechu i wydechu zwykle są zdrowsi i bardziej odporni zarówno fizycznie, jak i psychicznie.

Testy, które wykorzystuję w klinice, mają jednak pewne ograniczenia, jeśli chodzi o badania naukowe. Opierają się na moich osobistych, subiektywnych obserwacjach dotyczących tego, czy część brzuszna nerwu błędnego działa lub nie. Nie mierzą poziomu funkcjonowania części brzusznej, który u jednej osoby może być wyższy niż u innej. Pozostałe możliwości badania funkcjonowania części brzusznej są opisane poniżej.

Obiektywna ocena funkcjonowania nerwu błędnego na podstawie zmienności rytmu zatokowego

W badaniach naukowych poświęconych autonomicznemu układowi nerwowemu w coraz większym stopniu uwzględniana jest zmienność rytmu zatokowego, która może stanowić inny sposób oceny funkcjonowania nerwu błędnego.

Jeśli układ nerwowy działa w optymalny sposób i jesteśmy w stanie zaangażowania społecznego, kolejne uderzenia serca następują w różnych odstępach czasu. Wynika to z naturalnego przyspieszania i zwalniania serca reagującego na oddech, ciśnienie krwi, hormony i emocje. Do pomiaru tych różnic służy zmienność rytmu zatokowego (HRV, ang. *heart rate variability*). Im większe różnice w interwałach czasowych, tym wyższa zmienność.

Zmienność rytmu zatokowego może być wskaźnikiem ogólnego stanu zdrowia[23]. Stanowi ona jedno z najbardziej obiecujących narzędzi do pomiaru aktywności autonomicznego układu nerwowego[24]. Kiedy część brzuszna nerwu błędnego działa prawidłowo, zmienność rytmu zatokowego jest wysoka. Pojawia się coraz więcej badań, w których wskazuje się na korelację między HRV a zdrowiem i długowiecznością[25].

Z kolei przy obniżonym poziomie aktywności części brzusznej nerwu błędnego autonomiczny układ nerwowy przechodzi albo w stan stresu, albo w stan pobudzenia części grzbietowej nerwu błędnego, opisane w poprzednim rozdziale. W takim przypadku różnice interwałów między uderzeniami serca są mniejsze lub w ogóle nie występują, co skutkuje niską zmiennością rytmu zatokowego. Coraz więcej badań naukowych wskazuje na korelację między niską zmiennością rytmu zatokowego a różnymi problemami psychologicznymi lub psychiatrycznymi.

HRV jest powiązana ze stanem emocjonalnym i wykazano na przykład, że zmniejsza się w warunkach silnej presji czasu, stresu pourazowego, napięcia emocjonalnego czy silnego niepokoju[26]. U osób, które w ciągu dnia martwią się częściej i dłużej, zmienność rytmu zatokowego jest mniejsza[27,28].

Niska zmienność rytmu zatokowego najwyraźniej jest także powiązana z brakiem zdolności do koncentracji i hamowaniem reakcji motorycznych, czyli objawami powszechnie występującymi u dzieci z ADHD[29]. Istnieje także związek między niską zmiennością rytmu zatokowego a zespołem stresu pourazowego[30].

Jeśli chodzi o zdrowie fizyczne, istnieje hipoteza, że niska zmienność rytmu zatokowego wskazuje na ogólnie gorszy stan zdrowia[31]. Można z nią powiązać szereg niepożądanych stanów: otyłość, neuropatię diabetyczną, aktywność części grzbietowej nerwu błędnego, podatność na zespół nagłej śmierci niemowląt i wyższą śmiertelność dzieci przed okresem dojrzewania.

Osoby zmagające się z otyłością zazwyczaj mają niższą zmienność rytmu zatokowego[32]. Można założyć, że osoby z nadwagą za dużo jedzą, za mało ćwiczą i brakuje im motywacji, żeby zmienić zachowanie, ale niektóre z nich przechodzą na dietę i głodzą się, a ich waga nie ulega zmianie. Część odchudzających się osób pracuje z psychologiem lub hipnoterapeutą, żeby zmienić własny obraz siebie. Nie mogę się powstrzymać przed spekulowaniem: Co by było, gdyby ich praca nad utratą wagi obejmowała także pomiar zmienności rytmu zatokowego oraz poprawę funkcjonowania układu zaangażowania społecznego dzięki Ćwiczeniu podstawowemu?

Wiele osób z dysfunkcjami seksualnymi szuka pomocy u lekarza lub korzysta z porad psychiatry albo psychologa. Przeprowadzone niedawno badanie dotyczące dysfunkcji seksualnych kobiet wskazuje na możliwość istnienia ścisłego związku między zaburzeniami a zmiennością rytmu zatokowego[33]. Pojawiają się także badania, których autorzy dochodzą do podobnych wniosków odnośnie do zaburzeń erekcji u mężczyzn. Badacze zauważają, że „ogólne zaburzenie równowagi autonomicznego układu nerwowego jest jedną z przyczyn zaburzeń erekcji"[34].

Badania zmienności rytmu zatokowego wykazały, że u osób z wadami serca HRV jest niska[35] i wiąże się ze zwiększonym ryzykiem choroby wieńcowej[36]. Obniżona HRV wydaje się także wskazywać na wyższą śmiertelność w następstwie ataku serca[37].

Występuje korelacja między niską zmiennością rytmu zatokowego a przedwczesnym zgonem spowodowanym przyczynami powiązanymi z chorobami serca, na przykład przewlekłą obturacyjną chorobą płuc. W 2014 roku w Stanach Zjednoczonych przewlekła obturacyjna choroba płuc była trzecią najczęstszą przyczyną zgonów po zawale serca i raku[38]. Wzorce oddychania odmienne od normalnego oddechu przeponowego wskazują na obniżony poziom zdrowia fizycznego i psychicznego, istnieje także związek między oddechem przeponowym i wyższą zmiennością rytmu zatokowego[39]. W mojej klinice odkryłem, że pacjenci ze zdiagnozowaną przewlekłą obturacyjną chorobą płuc mają bardzo ograniczony zakres ruchu przepony, a w badaniach nie wykazują aktywności części brzusznej nerwu błędnego.

Wydaje się, że badanie zmienności rytmu zatokowego może dostarczać informacji wartościowych z diagnostycznego punktu widzenia, a także stanowić narzędzie do szybkiej oceny zaburzeń funkcjonowania autonomicznego układu nerwowego.

Jeżeli badania naukowe potwierdzą, że stan autonomicznego układu nerwowego ma wpływ na zaburzenia psychiczne, niezwykle interesujące będzie sprawdzenie możliwości podwyższenia zmienności rytmu zatokowego i poprawy funkcjonowania części brzusznej nerwu błędnego w ramach wstępu do leczenia zaburzeń psychicznych bez uciekania się od razu do tradycyjnych terapii psychologicznych czy leków na receptę. (Więcej na ten temat w Rozdziale 6).

Badanie funkcjonowania nerwu błędnego: pierwsze doświadczenia

Pozwólcie, że przywołam początkowy okres mojej praktyki, żeby podkreślić, jak istotne są badania. Kiedy rozpoczynałem naukę terapii czaszkowo-krzyżowej, prowadzący kurs powiedział, że jeśli wykonam pokazaną przez niego ustaloną sekwencję technik, będę mógł pomóc pacjentom przez zmniejszenie ich stresu. Nigdy jednak nie nauczył nas, jak badać stan fizjologiczny organizmu, zastanawiałem się więc, skąd miał pewność, że techniki te rzeczywiście działają – być może dowiedział się tego od swojego nauczyciela i w to wierzył.

Było to niemal trzydzieści lat temu, zanim jeszcze podjąłem naukę u Alaina Gehina i na długo przedtem, nim usłyszałem o teorii poliwagalnej. Jedyny model stresu, jakim dysponowaliśmy w tamtych czasach, sprowadzał się do starej wizji autonomicznego układu nerwowego, który mógł być albo w stanie stresu, albo w stanie odprężenia.

Każdy wiedział, że przewlekły stres jest niezdrowy, a wszystkie książki i kursy poświęcone zarządzaniu tym stanem obiecywały pozytywne rezultaty i wolność od stresu. Żadna z nich nie wskazywała jednak sposobu fizjologicznego pomiaru stresu. Dziś badam każdego pacjenta przed sesją i po niej. Nie wierzę ślepo w to, co ktoś mi kiedyś powiedział o oczekiwanym rezultacie stosowanej przeze mnie terapii.

Podczas sesji opartych na tamtym pierwszym kursie wykonywałem standardową sekwencję technik i uznawałem pracę za zakończoną. Pacjent nie powinien już odczuwać stresu, ma być odprężony i może iść do domu. Zauważyłem jednak, że pacjentom czasem trudno było dojść do siebie po terapii i pytali, czy mogą jeszcze przez kilka minut poleżeć na stole do masażu. Niekiedy po dziesięciu czy piętnastu minutach nadal nie chcieli wstawać i musiałem im wyjaśniać, że muszę zająć się następną osobą. Wykazywali zrozumienie dla moich potrzeb, wstawali więc niechętnie i wkładali buty. Pamiętam, że niektórzy pytali mnie, czy – według mojego przekonania – mogą prowadzić samochód. Zapewniałem ich, że nie ma żadnych przeszkód.

Kiedy przychodzili na następną sesję, opowiadali mi czasem, że z powodu odczuwanego po poprzednim spotkaniu odprężenia musieli zatrzymać się na skraju drogi i uciąć sobie kilkuminutową drzemkę. Niektórzy stawali nawet dwa lub trzy razy. Z wielkim entuzjazmem opowiadali, że czuli się wspaniale, bo byli „tacy odprężeni". Często nawet następnego dnia nie mieli ochoty wstawać z łóżka i iść do pracy.

Kiedy dziś się nad tym zastanawiam, dochodzę do wniosku, że po moich sesjach znajdowali się w stanie aktywności części grzbietowej nerwu błędnego. Nie byli odprężeni, ale odczuwali dysocjację i wykazywali zachowania depresyjne. Obecnie podczas sesji zwracam ogromną uwagę na aktywność części brzusznej nerwu błędnego, badam ją także na zakończenie spotkania, aby upewnić się, że pacjenci po wyjściu będą w stanie zaangażowania społecznego. Sprawdzam, czy wychodzą z gabinetu spokojni, ale jednocześnie gotowi do podejmowania działań, czyli ani w stanie stresu, ani w stanie aktywności części grzbietowej nerwu błędnego. Badanie stanu autonomicznego układu nerwowego przed sesją i po niej dostarcza szerszej perspektywy zarówno terapeucie ciała, jaki i psychologowi czy każdemu innemu specjaliście.

Opracowanie teorii poliwagalnej

Na początku lat osiemdziesiątych XX wieku zacząłem dostrzegać u wielu pacjentów z astmą dysfunkcję części brzusznej nerwu błędnego. Gdy pomagałem im poprawić działanie części brzusznej, objawy astmy słabły lub zupełnie ustępowały.

Wydawało mi się to bardzo interesujące. Być może osobom z astmą można pomóc dzięki terapii manualnej, która wpływa na poprawę funkcjonowania części brzusznej nerwu błędnego, a nie stosowaniem leków na receptę, drogich i często wywołujących szkodliwe skutki uboczne. Mam nadzieję, że kiedyś uda mi się przygotować pracę naukową opartą na tych doświadczeniach.

Do badania funkcjonowania części brzusznej nerwu błędnego wykorzystywałem metodę, której podstawą były pierwsze koncepcje zmienności rytmu zatokowego. Mierzyłem puls i ciśnienie krwi pacjenta, a następnie korelowałem je z jego oddechem. Metody tej nauczyli mnie w latach 1982–1983 moi instruktorzy rolfingu, Michael Salveson i Gael Ohlgren. Oni z kolei poznali ją dzięki Peterowi Levine'owi[40], czołowemu instruktorowi i autorowi wielu pozycji w dziedzinie leczenia traumy. Inspiracją dla niego był natomiast Stephen Porges. Peter i Stephen przyjaźnią się od kilkudziesięciu lat. Michael i Peter wchodzili także w skład niewielkiej grupy badawczej rolferów i innych terapeutów ciała działającej na początku lat osiemdziesiątych w Berkeley w Kalifornii. Jej członkowie koncentrowali się na funkcjonowaniu autonomicznego układu nerwowego.

Stosowana przeze mnie metoda obejmowała obserwację oddechu i tętna. Jeżeli puls przyspiesza podczas wdechu i zwalnia podczas wydechu, jest to oznaka właściwego funkcjonowania części brzusznej nerwu błędnego. Im większa różnica, tym lepszy stan części brzusznej. Aby dokonać pomiaru, przykładałem palec do tętnicy na nadgarstku pacjenta i jednocześnie obserwowałem jego oddech. Koncepcja, na której opiera się ta metoda, pochodzi z badań dotyczących autonomicznego układu nerwowego prowadzonych w latach dziewięćdziesiątych XIX wieku. Odkrytą wtedy zmienność ciśnienia krwi nazwano falami Traubego-Heringa-Mayera.

Choć metoda ta sprawdzała się podczas obserwacji prowadzonych przeze mnie na własne potrzeby w klinice, pozostawiała wiele do życzenia, jeśli chodzi o badania naukowe. Nie uzyskiwałem obiektywnego pomiaru funkcjonowania części brzusznej nerwu błędnego, a jedynie odnotowywałem subiektywne wrażenie wynikające z tego, co widziałem i czułem pod palcami. Do celów naukowych konieczne jest oczywiście dokonywanie dokładniejszych pomiarów. Obecnie istnieje wiele narzędzi do mierzenia aktywności części brzusznej nerwu błędnego[41].

W 2002 roku chciałem poprosić Stephena Porgesa (którego jeszcze nie miałem okazji poznać osobiście) o pomoc w opracowaniu projektu badawczego, który pozwoliłby przeanalizować stosowaną przeze mnie w przypadku astmy skuteczną terapię manualną. Przyszło do mnie kilkoro pacjentów ze zdiagnozowaną astmą i problemami z oddychaniem. Kiedy zbadałem ich przed pierwszą sesją (z wykorzystaniem metody sprawdzania funkcjonowania nerwu błędnego, której nauczyłem się na kursie rolfingu), zauważyłem, że u wszystkich występowały dysfunkcje tego nerwu. Po zastosowaniu moich technik manualnych wyniki pod tym względem były pozytywne. Jednocześnie ustąpiły także objawy astmy, a oddech wrócił do normy. Miałem nadzieję, że Stephen mógłby mi pomóc w opracowaniu wiarygodnej naukowo metody pomiaru.

Zapytałem znajomego naukowca, Jima Oschmana[42], czy zna Stephena i mógłby mi go przedstawić. Szczęśliwym zbiegiem okoliczności podczas mojej następnej podróży do Stanów Zjednoczonych, gdy odwiedzałem rodzinę w Filadelfii, Stephen Porges wygłaszał w Baltimore wykład dla Amerykańskiego Stowarzyszenia Psychoterapii Ciała. Jim przebywał wtedy w Waszyngtonie, wszyscy trzej spotkaliśmy się zatem podczas konferencji w Baltimore i zjedliśmy razem obiad.

Opowiedziałem Stephenowi o mojej koncepcji projektu badawczego dotyczącego leczenia astmy i poprosiłem go o pomoc w pomiarze funkcjonowania autonomicznego układu nerwowego przed terapią i po niej. Zamiast przekazać mi informacje o dostępnym sprzęcie i oprogramowaniu, czego się spodziewałem, Stephen zmienił temat i zaczął mówić o teorii poliwagalnej. Była ona dla mnie nowością, ale wyglądała interesująco. Następnego dnia zjedliśmy we trzech śniadanie, a Stephen przybliżył nam bardziej swoją teorię.

Nieco później tamtego ranka wygłosił przemówienie podczas konferencji. Mówił o teorii poliwagalnej, tym razem ze slajdami. Po tym jak trzeci raz w ciągu dwudziestu czterech godzin usłyszałem jej opis, naprawdę zaczynałem rozumieć, o co w tym chodzi.

Stephen pokazał nam film dokumentalny, przedstawiający niektóre postępy w komunikacji i zachowaniu dzieci z autyzmem, które uczestniczyły w badaniach nazywanych przez niego „Protokołem słuchania terapeutycznego"[43] (szerzej omawiam ten temat w Rozdziale 7). Przez pięć dni dzieci uczestniczyły pięć razy dziennie w czterdziestopięciominutowych sesjach polegających na słuchaniu przez specjalne słuchawki zniekształconej w niepowtarzalny sposób przez komputer muzyki. W rezultacie ponad połowa uczestników nie uskarżała się już na nadwrażliwość słuchową, a wielu z nich zaczęło spontanicznie nawiązywać dwukierunkową komunikację, stali się też bardziej otwarci społecznie.

Film prezentował interakcję dzieci z dorosłym, który starał się zainteresować je zabawą odpowiednią do ich przedziału wiekowego – terapeuta puszczał bańki mydlane. Przed sesjami z muzyką jedno z dzieci było nadpobudliwe, nie mogło usiedzieć spokojnie, biegało dookoła i nie wykazywało żadnego zainteresowania dorosłym ani bańkami. Drugie dziecko – dziewczynka – siedziało biernie z brodą opuszczoną na piersi. Wydawała się załamana, jakby przebywała we własnym świecie, najwyraźniej nie zauważała ani baniek, ani dorosłego.

Po piątej sesji słuchania dzieci wyglądały na zainteresowane i zachowywały się bardziej naturalnie. Dziecko, które wcześniej było nadpobudliwe, stało przed dorosłym, utrzymywało z nim kontakt wzrokowy i bawiło się bańkami mydlanymi. Dziecko, które siedziało zgaszone, wyszło się z otępiania i podejmowało zabawę z dorosłym, zajmując się bańkami. Dzieci uśmiechały się, śmiały, miały błysk w oku, znajdowały się w nastroju do zabawy, były odprężone i otwarte.

Było to niesamowite osiągnięcie, jako że nigdy wcześniej nikomu nie udało się opracować zweryfikowanej naukowo procedury umożliwiającej osobom z autyzmem rozwinięcie umiejętności komunikacyjnych i bardziej społecznego nastawienia. Protokół słuchania terapeutycznego wykazuje potencjał w zakresie skutecznego radzenia sobie z tymi objawami autyzmu.

Nie tylko ja byłem pod wrażeniem. W sali znajdowało się stu pięćdziesięciu terapeutów. Po tym, jak zobaczyliśmy wpływ terapii na tę dwójkę dzieci, wszystkich ogarnęło wzruszenie.

Nie miałem wtedy żadnego doświadczenia w pracy z dziećmi z zaburzeniami ze spektrum autyzmu. Myślałem o pacjentach, których leczyłem przez te wszystkie lata. Wielu z nich przychodziło do kliniki w stanie stresu lub wycofania związanego z aktywnością części grzbietowej nerwu błędnego, a wychodzili z uśmiechem, błyskiem w oku i najwyraźniej pogodzeni z sobą samym. Dzięki temu widziałem, że sesja odniosła pożądany skutek.

Uważałem, że mam do dyspozycji środki umożliwiające osiągniecie podobnych zmian u pacjentów autystycznych dzięki zestawowi technik z zakresu biomechanicznej terapii czaszkowo-krzyżowej. Mimo to przed wysłuchaniem wykładu Stephena Porgesa nie miałem żadnego psychofizjologicznego modelu, który wyjaśniałby te zmiany. Zdałem sobie także sprawę, że model autonomicznego układu nerwowego, jakim wcześniej się posługiwałem, ograniczał się do dwóch stanów: stresu i odprężenia. Nie uwzględniał koncepcji „zamierania" ani żadnego stanu odznaczającego się aktywnością części grzbietowej nerwu błędnego. Nie rozróżniałem nawet obu części nerwu błędnego.

Po wykładzie Stephena przepełniała mnie inspiracja. Nie interesowało mnie już prowadzenie badań na temat leczenia astmy terapią czaszkowo-krzyżową, ale możliwość leczenia dzieci z zaburzeniami ze spektrum autyzmu.

Inaczej patrzyłem też na funkcjonowanie autonomicznego układu nerwowego. Nie chodziło już tylko o poprawę funkcjonowania nerwu błędnego, ale o pracę nad pozostałymi czterema nerwami czaszkowymi niezbędnymi do zaangażowania społecznego. Czas, który upłynął od tamtej konferencji, poświęciłem na zgłębianie teorii poliwagalnej i stosowanie jej w praktyce klinicznej oraz nauczaniu.

Po powrocie do Danii nie mogłem uruchomić laboratorium do takich testów, jakie prowadził Porges, nie miałem także dostępu do jego procesu badawczego ani systemu stymulacji dźwiękowej. Postanowiłem jednak podjąć pracę z niektórymi pacjentami z zaburzeniami ze spektrum autyzmu z wykorzystaniem zdobytej wiedzy o teorii poliwagalnej i technikach manualnych z zakresu biomechanicznej terapii czaszkowo-krzyżowej, która obejmuje także techniki poprawiające funkcjonowanie pięciu nerwów czaszkowych odpowiedzialnych za zaangażowanie społeczne.

Miałem nadzieję, że zastosowanie tych technik do pracy z nerwami czaszkowymi pozwoli mi pomóc niektórym z tych pacjentów w pracy nad zdolnością komunikacji, dzięki czemu będą mogli w pełniejszy sposób podejmować zachowania społeczne.

Większość pacjentów autystycznych po mojej terapii odczuło poprawę. Stali się bardziej komunikatywni i ze stanu izolacji przeszli do większej reaktywności społecznej. Choć moje podejście różniło się od metod terapeutycznych Stephena Porgesa, opierało się ono na jego teorii poliwagalnej.

Chociaż poznałem już tę teorię, dopiero po kilku latach zrozumiałem, jak ważne jest badanie każdego pacjenta. Początkowo sprawdzałem funkcjonowanie nerwu błędnego tylko wtedy, gdy miałem do czynienia z trudnym pacjentem, a brak pozytywnych rezultatów wywoływał we mnie frustrację. Bardzo powoli wdrażałem pomiary w pracy ze wszystkimi pacjentami.

Kiedy stosowałem terapię rozluźnienia powięzi, ale nie osiągałem oczekiwanych skutków, stawałem w miejscu – te techniki zawsze działały, więc dlaczego tym razem są nieskuteczne? Pracowałem więc jeszcze ciężej, powtarzałem te same zabiegi raz za razem i przeznaczałem dodatkowy czas na spotkania z pacjentami. Moje wysiłki nadal jednak nie przynosiły pożądanych wyników, więc po zakończeniu sesji nie czułem żadnej satysfakcji, jedynie narastała we mnie frustracja.

Dzięki badaniu funkcjonowania nerwu błędnego zdałem sobie sprawę, że porażka nie wynikała z niewłaściwego wyboru technik czy ich nieumiejętnego stosowania, ale raczej z braku receptywności układu nerwowego pacjenta. W takich przypadkach informacja o stanie autonomicznego układu nerwowego pomagała mi zrozumieć, dlaczego nie udało mi się osiągnąć takich rezultatów, jak u większości pacjentów z właściwie funkcjonującym autonomicznym układem nerwowym.

Dzięki temu, gdy trafiałem na trudny przypadek, nie kwestionowałem już własnych kompetencji terapeuty. Wiedziałem, że brak postępów nie wynika z moich niedostatków lub wadliwej techniki, ale ze stanu autonomicznego układu nerwowego pacjenta. Co by było, gdybym dysponował informacją o problemach z autonomicznym układem nerwowym od początku sesji i zajął się najpierw właśnie nimi? Zacząłem tak robić.

Na podstawie osiągniętych dzięki temu sukcesów w pracy klinicznej jestem zdania, że nie można przecenić tego, jak ważne jest badanie funkcjonowania części brzusznej nerwu błędnego. Jako że moim nadrzędnym celem jest poprawa funkcjonowania części brzusznej nerwu błędnego pacjenta – niezależnie od tego, czy przychodzi on na sesję rolfingu, żeby ulżyć mu w bólu pleców albo pomóc odzyskać sprawność w nieruchomym ramieniu, czy też zmaga się z którymś z problemów nazywanych przeze mnie „głowami Hydry" – zaczynam od zbadania stanu części brzusznej nerwu błędnego. Stosuję test gałęzi gardłowej nerwu błędnego opisany poniżej.

Jeżeli wykrywam jakąś dysfunkcję części brzusznej, która wskazuje na stan stresu albo wycofania, proszę pacjenta o wykonanie Ćwiczenia podstawowego (zob. Część druga). Następnie powtarzam badanie. Zazwyczaj nerw błędny reaguje we właściwy sposób po wykonaniu ćwiczenia po raz pierwszy lub drugi. Potem przystępuję do odpowiednich zabiegów, które dopełniają terapii.

Nauczyłem się, że jeżeli część brzuszna nie funkcjonuje prawidłowo, szansa na trwałą poprawę w wyniku zastosowanej terapii jest mniejsza. Gdy jednak przywrócone zostaje właściwe funkcjonowanie, pacjenci często odczuwają poprawę także w innych aspektach życia: nie tylko w związku z problemem, z którym do mnie przyszli, lecz także w pracy, w domu i w relacjach z innymi.

Badanie zaangażowania społecznego drugiej osoby może być przydatne w pracy nauczyciela, terapeuty ciała, psychologa, psychiatry lub coacha. Jeżeli jesteś rodzicem, który ma wysłać dziecko do college'u, warto się upewnić, czy jego autonomiczny układ nerwowy działa prawidłowo. W przypadku problemów dobrym pomysłem byłoby przywrócenie właściwego funkcjonowania, aby czas i zasoby, które wraz z dzieckiem przeznaczycie na edukację, przyniosły pozytywne rezultaty. Jeśli odkryjesz, że dziecko znajduje się w stanie stresu lub wycofania, warto zastosować ćwiczenia i techniki opisane w niniejszej książce, żeby zapewnić mu jak największą szansę na odniesienie sukcesu.

Badanie funkcjonowania nerwu błędnego: Cottingham, Porges i Lyon

Jeżeli jesteś terapeutą ciała lub w jakikolwiek inny sposób pomagasz ludziom pod kątem zdrowia, samopoczucia, osiągnięć lub interakcji z innymi, możesz dojść do wniosku, że stan ich autonomicznego układu nerwowego pozwala przewidzieć efektywność twoich działań.

Stephen Porges wraz z Johnem Cottinghamem i Toddem Lyonem, rolferami, opublikował w czasopiśmie „Physical Therapy" wyniki badania z 1988 roku[44]. Autorzy wykazali, że ocena autonomicznego układu nerwowego pozwala dokładnie przewidzieć, jak efektywne będą sesje terapii manualnej. W ciągu lat doszedłem do konkluzji, że wnioski płynące z tego badania sięgają daleko poza terapię ciała i mają wpływ na wszystkie interakcje.

Cottingham, Porges i Lyon przeprowadzili eksperyment naukowy z udziałem grupy mężczyzn, u których zbadali stan autonomicznego układu nerwowego i jego powiązanie z poziomem pozytywnego wpływu technik masażu powięziowego wykorzystywanych w rolfingu.

John Cottingham stosował u każdego z uczestników badania technikę nazywaną *pelvic lift*. Wykorzystuje się ją na koniec sesji rolfingu do przywrócenia równowagi kości krzyżowej. Manipulacja ta uwzględnia i balansuje wszystkie zmiany w tkance łącznej wynikające z różnych rozluźnień osiągniętych podczas zabiegu.

W trakcie manipulacji pacjent leży na plecach na stole do masażu. Rolfer wkłada rękę pod kość krzyżową pacjenta i dotyka jej. Masa ciała klienta opiera się na dłoni rolfera, który wywołuje lekkie, delikatne, stałe tarcie w kierunku stóp pacjenta. Kiedy technika ta przynosi pożądany skutek, mięśnie pleców rozluźniają się, kręgosłup się wydłuża, a linia kręgów poprawia się. Po zabiegu pacjent powinien zachowywać lepszą postawę, odczuwać większą elastyczność kręgosłupa lędźwiowego i cieszyć się poprawionym samopoczuciem.

Na potrzeby omawianego badania, w którym konieczne było stosowanie techniki w możliwie jak najbardziej powtarzalny sposób, zabieg wykonywał u wszystkich uczestników jedynie John Cottingham. Mierzył on skutki swoich działań przez badanie elastyczności kręgosłupa przed zastosowaniem techniki i po nim. Uczestnicy stawali najpierw w rozluźnionej pozie, a następnie wykonywali skłon w przód. John mierzył odległość od czubków palców do podłogi przed zabiegiem i po nim, aby stwierdzić, czy uczestnik wykazywał się większą, taką samą lub mniejszą elastycznością. Cottingham pytał mężczyzn, jak się czuli i jakich doświadczali wpływów techniki *pelvic lift*. Choć u wszystkich tę samą technikę stosował ten sam terapeuta, zakres reakcji był bardzo szeroki.

Na pierwszy rzut oka wyniki badań świadczyły o tym, że młodsi mężczyźni na ogół odnosili większe korzyści z zabiegu niż starsi uczestnicy i przy drugim skłonie wykazywali się większym zakresem ruchu. Opisywali *pelvic lift* jako przyjemne doświadczenie i po interwencji byli w lepszym humorze.

W starszej grupie wiekowej wyniki okazały się zupełnie inne. Mimo poziomu wyszkolenia i umiejętności Johna, niezależnie od jego dobrych intencji, zabiegi nie były zbyt efektywne u wielu starszych uczestników. Usztywniali się, a ich zakres ruchów się zmniejszał. Kiedy wykonywali skłon i próbowali dotknąć palców stóp, ich dłonie zatrzymywały się dalej od podłogi niż za pierwszym razem. Wielu z nich stwierdzało, że nie czują się zbyt dobrze po zabiegu, a ich nastrój się pogorszył. Kilku z nich stało się wyraźnie bardziej zrzędliwymi i rozdrażnionymi.

Łatwo byłoby dojść do wniosku, że rolfing przynosi u młodszych mężczyzn lepsze rezultaty niż u starszych. Autorom doświadczenia zależało jednak na zbadaniu skutków zabiegu w powiązaniu z innym czynnikiem niż wiek. Odkryli, że stan autonomicznego układu nerwowego pozwalał w sposób wiarygodny przewidzieć, jak skuteczna okaże się interwencja.

Przed zabiegami wykonywanymi w ramach eksperymentu John mierzył zmienność rytmu zatokowego uczestników. Przytwierdzał im czujniki do skóry i podpinał przewody do umieszczonego w innym pokoju miernika napięcia nerwu błędnego. W takiej konfiguracji mógł dokładnie zapisać zmiany rytmu serca i powiązać je z poszczególnymi oddechami.

John nie miał podglądu pomiarów HRV podczas wykonywania zabiegów. Nie wiedział, u których uczestników występowała wysoka zmienność, a u których – niska. Informacje te nie mogły zatem mieć wpływu na sposób przeprowadzania interwencji. U większości młodych uczestników oraz u kilku starszych mężczyzn wykryto dość wysoką zmienność rytmu zatokowego. Natomiast u sporego odsetka starszych mężczyzn i u niewielkiego młodych występowała niska zmienność rytmu zatokowego.

Kiedy Cottingham, Porges i Lyon zapoznali się z danymi, odkryli większą korelację między wysoką zmiennością rytmu zatokowego a pożądanymi rezultatami zabiegu niż między wiekiem a skutkami. Innymi słowy, powodzenie interwencji najwyraźniej było mocniej powiązane ze stanem autonomicznego układu nerwowego niż z wiekiem. To kluczowy wniosek, którzy szerzej omawiam poniżej.

Pomiar zmienności rytmu zatokowego za pomocą miernika napięcia nerwu błędnego może się przydać w badaniach naukowych wymagających wymiernych danych. W warunkach klinicznych można jednak ocenić funkcjonowanie nerwu błędnego szybciej i bez specjalnego sprzętu. Przez wiele lat wykorzystywałem inne metody i doszedłem do wniosku, że są one wystarczające na potrzeby mojej kliniki.

Prosty test części gardłowej nerwu błędnego

Część brzuszna nerwu błędnego obejmuje kilka gałęzi. Poniżej opisuję test funkcjonowania jednej z nich, nazywanej gałęzią gardłową. Unerwia ona części gardła położone tuż za jamą nosową i ustami, nad przełykiem i krtanią. Włókna nerwowe gałęzi gardłowej nerwu błędnego docierają do podniebienia miękkiego i gardła. Nerw ten bierze udział w przełykaniu i wytwarzaniu dźwięków mowy.

Pierwszym autorem opisującym gałąź gardłową nerwu błędnego był grecki lekarz Klaudiusz Galen, który zauważył, że odpowiada ona za impulsy motoryczne docierające do mięśni krtani wytwarzających dźwięk. Dowiedział się tego podczas badania gladiatora, który wskutek rany szyi stracił głos. Galen odkrył, że z jednej strony gałąź gardłowa jego nerwu błędnego została przecięta. Aby sprawdzić, czy obserwacja ta jest trafna, przeprowadził doświadczenia na świniach, których anatomia jest podobna do organizmu ludzkiego. Stwierdził, że przecięcie nerwu gardłowego u świń sprawia, że przestają kwiczeć.

Po wypróbowaniu kilku sposobów badania stanu części brzusznej nerwu błędnego w końcu wybrałem metodę skupiającą się na gałęzi gardłowej. Opisują ją niektóre ze starszych podręczników anatomii i fizjologii, a w Danii nadal jest pokazywana w szkołach medycznych. Metody polegającej na ocenianiu funkcjonowania nerwu błędnego przez obserwację tylnej ściany gardła uczył także Alain Gehin. Okazała się ona niezwykle wartościowa podczas pracy z wykorzystaniem terapii czaszkowo-krzyżowej.

Test ten pozwala ocenić ruchy jednego z mięśni unerwionych przez gałąź gardłową, nazywanego mięśniem dźwigaczem podniebienia miękkiego. Z mojego doświadczenia wynika, że kondycja tej gałęzi jest dobrym wskaźnikiem stanu pozostałych gałęzi części brzusznej nerwu błędnego.

Poprawa funkcjonowania tej gałęzi umożliwia lepsze działanie przepony. Kiedy badanie wykazuje dysfunkcje dźwigacza podniebienia miękkiego, mogę u pacjenta zaobserwować także nieregularny oddech – lekko przyspieszony i niezbyt głęboki. Po wykonaniu przez pacjenta Ćwiczenia podstawowego, gdy gałąź gardłowa znów funkcjonuje poprawnie, oddech również staje się zauważalnie lepszy, głębszy i wolniejszy.

Wyjaśniam pacjentom, jak ważne jest właściwe działanie części brzusznej nerwu błędnego. Pokazuję im rysunki i tłumaczę, czego szukam, kiedy przyglądam się ruchom ich podniebienia miękkiego z tyłu gardła. Większości moich pacjentów podoba się koncepcja, zgodnie z którą najpierw przeprowadzam badanie funkcjonowania nerwu błędnego, następnie wykonuję zabieg, a potem powtarzam test. Satysfakcjonuje ich także to, że daje się ocenić stan autonomicznego układu nerwowego i w razie stwierdzenia dysfunkcji części brzusznej nerwu błędnego można następnie wykazać powrót do prawidłowego stanu.

Jak zbadać funkcjonowanie części gardłowej brzusznej nerwu błędnego

Poproś pacjenta, żeby usiadł wygodnie na krześle. Następnie stań na wprost niego i poproś o otwarcie ust, tak żebyś widział tylną ścianę gardła. Powinieneś obserwować języczek (małą strukturę w kształcie żarówki zwisającą w tylnej części gardła) i łuki z miękkiej tkanki po jego obu stronach. Czasami wystarczy do tego normalne światło, w przeciwnym wypadku możesz potrzebować małej latarki. (Idealnie nadaje się do tego aplikacja z latarką dostępna w iPhonie).

Jeżeli język pacjenta przesłania widok, poproś go o umieszczenie palca z tyłu języka i dociśnięcie go do dolnej części jamy ustnej. Powinno to ułatwić obserwację podniebienia miękkiego. (Lekarze używają do tego szpatułek, ale u niektórych pacjentów powoduje to krztuszenie, natomiast jeszcze nigdy nie widziałem takiej reakcji u pacjenta wykorzystującego swój palec).

W Dodatku można znaleźć serię rysunków przedstawiających języczek. Na rysunku „Języczek 2" łuki podniebienia miękkiego unoszą się po obu stronach za sprawą funkcjonującego prawidłowo dźwigacza podniebienia miękkiego. Na rysunku „Języczek 3" tylko jeden łuk jest uniesiony. Wskazuje to na dysfunkcję części brzusznej nerwu błędnego po tej stronie, po której łuk się nie unosi.

Na ilustracjach widać mięśnie dźwigacze podniebienia miękkiego zagłębione w tkance miękkiej, po jednym z każdej strony języczka. Mięśnie te są unerwione przez włókna ruchowe gałęzi gardłowej nerwu błędnego. Podczas skurczu unoszą łuki podniebienia miękkiego. Przyczepione są także do łączącej gardło z uszami trąbki Eustachiusza, za którą ciągną podczas przełykania. Właśnie dlatego czasami podczas przełykania słychać „strzelanie" w uszach, powietrze wpada wtedy do jamy ucha środkowego i następuje wyrównanie ciśnienia.

Gdy przełykamy, dźwigacze powinny się kurczyć, podnosząc podniebienie miękkie i umożliwiając pokarmowi trafienie do przełyku w drodze do żołądka, a jednocześnie powstrzymując go od trafienia do krtani i płuc. Mięśnie te powinny się także kurczyć podczas wydawania dźwięku „a". Dobrze wyszkolony śpiewak wykorzystuje je do uniesienia tylnej ściany gardła przed wykonaniem pierwszej nuty nowej frazy,

Aby zbadać funkcjonowanie nerwu błędnego, proszę pacjenta o powiedzenie „a–a–a–a–a", a sam w tym czasie obserwuję łuki po obu stronach języczka. Głoski te powinny być wypowiedziane perkusyjnie, *staccato* – krótkie, wyraźne dźwięki następujące po sobie dość szybko, a nie długie, przeciągnięte „aaaaaaaa", które nie daje pożądanego obrazu. Jeżeli gałąź gardłowa części brzusznej nerwu błędnego funkcjonuje prawidłowo zarówno z lewej, jak i z prawej strony, dźwigacze kurczą się symetrycznie w wyraźnym rytmie podczas wypowiadania dźwięków „a–a–a–a–a" i podnoszą łuki podniebienia miękkiego równomiernie po obu stronach.

Jeżeli natomiast występuje dysfunkcja gałęzi gardłowej części brzusznej nerwu błędnego z jednej strony, impulsy nerwowe nie unerwiają dźwigacza podniebienia miękkiego po tej stronie, a odpowiedni łuk podniebienia miękkiego nie podnosi się podczas wypowiadania „a".

Badanie to ma daleko idące konsekwencje. Jak wspomniałem, jeżeli znajdujemy się w stanie lęku, aktywowany jest jeden z dwóch pozostałych obwodów autonomicznego układu nerwowego i możemy zmagać się z dolegliwościami, które nazywam „głowami Hydry". Stephen Porges stworzył koncepcję „hamulca wagalnego" – hamującego wpływu aktywności części brzusznej nerwu błędnego na pień współczulny i część grzbietową.

A gdybyśmy wtedy poczuli się bezpieczni? Co by było, gdybyśmy przywrócili stan aktywności obwodu wagalnego brzusznego zamiast pnia współczulnego lub części grzbietowej?

Ćwiczenia i techniki opisane w niniejszej książce mogą pomóc w przejściu ze stanu stresu lub zamierania do stanu aktywności części brzusznej nerwu błędnego. Ponowne badanie po ćwiczeniach do samodzielnego wykonania lub technikach manualnych do zastosowania przez terapeutę powinno wykazać poprawę – podniebienie miękkie i języczek powinny unosić się symetrycznie po obu stronach.

Inną stosowaną przeze mnie metodą badania funkcjonowania części brzusznej nerwu błędnego jest „test ściskania mięśnia czworobocznego". Procedura ta i płynące z niej wnioski są opisane w Rozdziale 5. Idealnie nadaje się ona do stosowania u dzieci i osób z zaburzeniami ze spektrum autyzmu, które mogą mieć trudności z wykonywaniem poleceń badającego.

Terapeuci mogą badać funkcjonowanie nerwu błędnego bez dotykania

W styczniu 2008 roku w Santa Fe w stanie Nowy Meksyk współprowadziłem wraz ze Stephenem Porgesem seminarium dla sporej grupy psychologów i terapeutów ciała. Najpierw występował Stephen, a przedstawiona przez niego teoria poliwagalna wywarła na wszystkich duże wrażenie. Słuchacze dostrzegli możliwości wynikające z takiego rozumienia różnicy między normalnym i anormalnym zachowaniem człowieka.

Psychologowie wchodzą w interakcje werbalne z pacjentami i podlegają przepisom określającym profesjonalne zachowanie. W Stanach Zjednoczonych, w większości stanów, nie mają prawa dotykać pacjentów. Złamanie tego zakazu skutkuje utratą licencji. Z kolei moja praca z pacjentami opiera się przede wszystkim na dotyku i jest odpowiednia dla terapeutów ciała, którzy chcą nauczyć się leczenia pacjentów za pomocą dłoni.

Wieczorem przed moim wystąpieniem dla uczestników seminarium zastanawiałem się: „Psychologom nie wolno dotykać pacjentów. Jak mógłbym im dać coś, co wyniosą z tego spotkania i wykorzystają w praktyce klinicznej?". Przespałem się z tym pytaniem, a kiedy obudziłem się następnego ranka, miałem gotową odpowiedź: mogli diagnozować stan autonomicznego układu nerwowego pacjenta przez obserwację tylnej ściany gardła, kiedy pacjent wypowiada dźwięk „a–a–a–a–a" (w sposób opisany powyżej).

Rozdałem uczestnikom seminarium małe latarki, które pozwalały obserwować tylną ścianę gardła pacjenta. Podczas sesji praktycznej w ramach seminarium ćwiczyli badanie na innych słuchaczach. Chodziło o to, żeby nauczyli się oceniać, czy ich pacjenci są zaangażowani społecznie, czy nie, zarówno przed interwencją werbalną, jak i po niej. Takie badanie mogło pomóc im lepiej zrozumieć zachowanie i stan emocjonalny pacjenta w kontekście teorii poliwagalnej. Mogli też stwierdzić, czy pacjent wymaga pracy nad poprawą funkcjonowania autonomicznego układu nerwowego, a także – co nie mniej ważne – czy z perspektywy teorii poliwagalnej ich interwencja okazała się skuteczna. Możliwość badania przeprowadzanego przed sesją oraz po niej zwróciła uwagę słuchaczy.

Opowiedziałem im o swojej pracy z terapią ciała, a także o badaniach prowadzonych przez Porgesa, Cottinghama i Lyona, które opisałem wyżej. Zwróciłem uwagę na to, że pacjent może użyć własnych rąk do zastosowania techniki ułatwiającej zmianę stanu autonomicznego układu nerwowego i umożliwiającej powrót ze stanu chronicznego pobudzenia pnia współczulnego lub części grzbietowej nerwu błędnego do stanu zaangażowania społecznego.

Jeżeli można tu wykorzystać hamulec wagalny Stephena Porgesa – jeżeli psychologowie mogą przywrócić właściwe funkcjonowanie części brzusznej nerwu błędnego pacjenta, „hamując" aktywność pnia współczulnego lub części grzbietowej i ich szkodliwe konsekwencje – jaki miałoby to wpływ na zachowanie, emocje i myśli pacjenta? Część brzuszna nerwu błędnego hamuje działanie części grzbietowej i pnia współczulnego, jej pobudzenie może być zatem skutecznym sposobem na problemy diagnozowane często jako stres lub depresja.

Chociaż w klinice do wprowadzenia pacjentów w stan zaangażowania społecznego wykorzystuję techniki manualne, doszedłem do wniosku, że psycholog, który zrozumiał teorię poliwagalną, może zastosować jej założenia i uczyć pacjentów dochodzenia do podobnych rezultatów za pomocą ich własnych dłoni. W dodatku takie podejście da pacjentom możliwość podobnego działania w przyszłości, już po sesji, kiedy odczują potrzebę uregulowania pracy autonomicznego układu nerwowego.

Tak powstało Ćwiczenie podstawowe. (Instrukcja wykonania tego prostego ćwiczenia znajduje się w Części drugiej).

Wtedy właśnie po raz pierwszy nauczyłem kogoś tego ćwiczenia i byłem oczywiście bardzo ciekaw, czy to w ogóle zadziała. Grupa składała się z około sześćdziesięciu psychologów, a badanie przed ćwiczeniem wykazało dysfunkcję części brzusznej nerwu błędnego u połowy z nich. (Podczas sesji praktycznej w parach uczestnicy się nie dotykali). Po zastosowaniu techniki z wykorzystaniem własnych rąk wszyscy powrócili do stanu aktywności części brzusznej. Osiągnięcie zmiany w funkcjonowaniu autonomicznego układu nerwowego zajęło im zaledwie kilka minut.

Po seminarium otrzymałem e-mail od jednej z uczestniczek, która napisała mi, że od tamtej pory badała na początku sesji każdego pacjenta. Jeżeli test wykazywał dysfunkcję nerwu błędnego, psycholog uczyła ich, jak wykonać ćwiczenie. Kiedy badała ich ponownie, nerw błędny funkcjonował prawidłowo. Najwyraźniej ćwiczenie skutecznie wprowadzało pacjentów w stan zaangażowania społecznego. Następnie autorka e-maila przechodziła do typowej psychologicznej interwencji werbalnej. Napisała mi, że jest bardzo podekscytowana lepszymi wynikami, jakie osiąga obecnie w pracy z pacjentami.

Gdy wróciłem do pracy w swojej klinice, zacząłem pytać pacjentów, czy zmagają się z dolegliwościami natury fizycznej lub psychicznej. Sprawdzałem, czy ich nerw błędny funkcjonuje prawidłowo. Następnie uczyłem ich Ćwiczenia podstawowego. Po pierwszym wykonaniu ćwiczenia ponownie przyglądałem się tylnej ścianie ich gardła – u każdego z nich część brzuszna nerwu błędnego działała teraz właściwie.

Byłbym zadowolony, gdyby okazało się, że pomagam powrócić połowie pacjentów do stanu aktywności części brzusznej. Odkryłem natomiast, że mogę pomóc im wszystkim. U osiemdziesięciu pięciu pacjentów z osiemdziesięciu pięciu, których badałem, osiągnąłem dobre rezultaty. Wyniki były na tyle pomyślne, że zacząłem polegać na Ćwiczeniu podstawowym. W dodatku pacjenci przekazywali mi pozytywne informacje zwrotne nie tylko pod koniec sesji, lecz także podczas ponownego spotkania kilka tygodni później.

5

Teoria poliwagalna – nowy paradygmat opieki zdrowotnej?

Ogólnie rzecz biorąc, nasze zachodnie podejście do leczenia jest biochemiczne lub chirurgiczne. Jeżeli idziemy do lekarza z jakąś dolegliwością, wysłuchuje on naszego opisu problemu. Po badaniu lub testach laboratoryjnych lekarz zazwyczaj stawia diagnozę, wypisuje recepty na odpowiednie leki, a czasami sugeruje zabieg chirurgiczny.

Jeżeli mamy astmę, lekarze przepisują leki na astmę. Jeżeli mamy migrenę, lekarze przepisują leki na migrenę. Jeżeli mamy problemy z trawieniem, lekarze przepisują konkretne leki działające na daną część przewodu pokarmowego. Istnieje osobny lek na każdą nazwaną chorobę. Dobrze zaopatrzona apteka dysponuje tysiącami lekarstw.

Być może jednak w ramach tego konwencjonalnego podejścia lekarze czegoś nie dostrzegają. Na przykład w przypadku autyzmu, migren, przewlekłej obturacyjnej choroby płuc i wielu innych schorzeń wspólnym mianownikiem może być dysfunkcja autonomicznego układu nerwowego.

W miejscu koncentracji na jednej diagnozie czy pojedynczym schorzeniu leczonym przez jeden lek pojawia się rosnąca świadomość współwystępowania. Termin ten oznacza występowanie jednego lub więcej zaburzeń lub schorzeń jednocześnie z główną chorobą. Mogą to być także zaburzenia behawioralne lub psychiczne.

Autonomiczny układ nerwowy nadzoruje i reguluje funkcjonowanie narządów wewnętrznych i jest ważnym czynnikiem determinującym nasz stan emocjonalny. Zazwyczaj lekarze nie badają jednak jego działania. Nie uważają go za czynnik potencjalnie przyczyniający się do powstawania zaburzeń, nie są także szkoleni pod kątem możliwości poprawy jego funkcjonowania bez stosowania leków na receptę.

W swojej praktyce nieustannie dostrzegam, że przywrócenie właściwego funkcjonowania części brzusznej nerwu błędnego często osłabia objawy problemów zdrowotnych lub całkowicie je eliminuje, co sprawia, że leki stają się niepotrzebne.

Uważam, że u podstaw wielu schorzeń fizjologicznych i behawioralnych utrudniających właściwe funkcjonowanie leży dysfunkcja nerwu błędnego. Zachęcam do dokładniejszego zapoznania się z tym tematem po lekturze niniejszej książki. Ufam, że niezależnie od tego, czy jesteś laikiem, terapeutą ciała czy kimś zawodowo związanym ze zdrowiem, uznasz wszystkie te koncepcje i techniki za równie skuteczne, jak okazały się podczas pracy w mojej klinice.

Kondycja fizyczna i psychiczna w kontekście teorii poliwagalnej

Wiele osób koncentruje się na negatywnych skutkach stresu i raczej nie zdaje sobie sprawy, jakie problemy wynikają z przewlekłej aktywności części grzbietowej nerwu błędnego. Stan ten cechuje brak energii fizycznej, niskie ciśnienie krwi, omdlenia, trudności z oddychaniem związane ze skurczem dróg oddechowych w przypadku przewlekłej obturacyjnej choroby płuc, a także przewlekły ból mięśni i stawów, często diagnozowany jako fibromialgia[45,46].

Jak wspomniano w Rozdziale 2, przewlekła aktywność części grzbietowej nerwu błędnego jest również czynnikiem powiązanym z zachowaniem depresyjnym, izolacją społeczną, poczuciem bezradności i beznadziei, apatią, brakiem empatii, smutkiem i rozpaczą, a także niektórymi przypadkami zespołu stresu pourazowego i wieloma przypadkami lęków.

Przed stworzeniem teorii poliwagalnej nie dysponowaliśmy odpowiednim modelem fizjologicznym, który pozwoliłby nam zrozumieć naturę tych powszechnych problemów. Nowe spojrzenie na autonomiczny układ nerwowy zaproponowane w tej teorii stanowi taki właśnie fizjologiczny model uwzględniający czynniki neurologiczne, które leżą u podstaw tych dysfunkcji. Poprawa funkcjonowania części brzusznej nerwu błędnego daje nowe możliwości w leczeniu niezliczonych problemów zdrowotnych wynikających z przewlekłego pobudzenia pnia współczulnego lub dysfunkcji części grzbietowej.

Stephen Porges wyjaśnił nam, w jaki sposób autonomiczny układ nerwowy wpływa na nas umysłowo, fizycznie i emocjonalnie. Stwierdził, że czynniki fizjologiczne, takie jak autonomiczny układ nerwowy i poziom hormonów, odgrywają ważną rolę w determinowaniu naszego stanu fizjologicznego, a co za tym idzie także zachowania. Jeżeli chcemy przekształcić swój stan fizjologiczny i wzory zachowań albo pomóc osiągnąć to innym, rozwiązaniem może być wywołanie zmiany stanu autonomicznego układu nerwowego.

Konsekwencje teorii Stephena Porgesa mogą również wpłynąć na tworzenie i wdrażanie wielu nowych sposobów leczenia. Być może nie będziemy musieli w tak dużym stopniu polegać na antydepresantach ani innych substancjach poprawiających nastrój, które są drogie, często nie działają tak, jak byśmy chcieli, a w niektórych przypadkach mają poważne skutki uboczne[47].

Opierając się na sukcesie Stephena Porgesa

Kiedy poznałem Stephena Porgesa, już od piętnastu lat zajmowałem się biomechaniczną terapią czaszkowo-krzyżową, formą bezpośrednich manipulacji mających na celu poprawę funkcjonowania nerwów czaszkowych[48]. Biomechaniczne podejście do terapii czaszkowo-krzyżowej obejmuje badanie działania nerwów czaszkowych oraz techniki usuwania ograniczeń w szwach (miejscach połączenia) kości czaszki w celu poprawy funkcjonowania tych nerwów.

Po tym, jak w 2002 roku spotkałem Stephena, wypracowałem protokół terapii czaszkowo-krzyżowej, wybierając kilka technik Alaina Gehina. Ich zastosowanie zazwyczaj przywraca prawidłową funkcję części brzusznej nerwu błędnego i pozostałych czterech nerwów czaszkowych niezbędnych do stanu zaangażowania społecznego. Wyszkoliłem ponad pięciuset duńskich oraz norweskich terapeutów czaszkowo-krzyżowych i w pracy z pacjentami protokół ten okazał się skuteczną metodą regulacji działania autonomicznego układu nerwowego. W wielu przypadkach pozytywne rezultaty były zdumiewające, a nie pojawiły się żadne negatywne skutki uboczne.

Nie pragnę niczego więcej niż podzielić się tą wiedzą ze wszystkimi zainteresowanymi terapeutami. Tego rodzaju techniki przekazuje się jednak w bezpośredniej relacji między nauczycielem a małą grupą uczniów. Adepci potrzebują wiele czasu, żeby poznać i opanować nowe umiejętności.

Kiedy zacząłem pisać niniejszą książkę, moja pierwotna koncepcja była następująca: najpierw przedstawię teorię poliwagalną, a potem opiszę, jak należy wykonywać te zabiegi. Nauka tak zaawansowanych technik za pośrednictwem książki natrafia jednak na poważne przeszkody, zwłaszcza w przypadku czytelników, którzy nigdy wcześniej nie stosowali terapii czaszkowo-krzyżowej lub wręcz o niej nie słyszeli.

Wypracowałem więc w to miejsce nowe ćwiczenia i techniki manualne, które pozwalają osiągnąć takie same rezultaty. Ćwiczenia i techniki, które wybrałem, musiały spełniać następujące kryteria: skutecznie poprawiały funkcjonowanie układu zaangażowania społecznego u większości pacjentów, były łatwe do opanowania i proste do stosowania.

Koncepcja ta okazała się trafna. Ćwiczenia i techniki manualne, które prezentuję, naprawdę pozwalają przejść większości ludzi w stan zaangażowania społecznego, a przeważająca część czytelników jest w stanie nauczyć się ich z książki.

Ćwiczenia mogą przynieść korzyści niemal każdemu

Niniejszą książkę napisałem przede wszystkim dla zwykłych ludzi – nie tylko dla osób zawodowo zajmujących się leczeniem – i dla każdego, komu wśród istniejących metod leczenia nie udało się znaleźć rozwiązań zaspokajających jego potrzeby związane ze zdrowiem. Książka ta może być też źródłem informacji dla psychologów, psychiatrów, terapeutów ciała, lekarzy i innych praktyków w ramach opieki zdrowotnej, którzy poszukują nowych sposobów poprawy jakości życia pacjentów. Podejście, które proponuję, może być alternatywą dla terapii innego rodzaju lub ich uzupełnieniem.

Wielu z nas zmaga się z rosnącymi kosztami leczenia lub pragnie uniknąć niepożądanych skutków ubocznych działania leków. Techniki i ćwiczenia opisane w niniejszej książce stanowią bezpieczną i niedrogą formę samopomocy. Jeżeli już kupiłeś książkę, terapia jest za darmo!

Uwaga: Jeżeli zażywasz leki na receptę i chciałbyś zmniejszyć dawkę lub w ogóle z nich zrezygnować, podejmij w tym względzie współpracę ze swoim lekarzem. Nie zmieniaj dawki ani nie odstawiaj leków bez konsultacji ze specjalistą.

Opisane tutaj ćwiczenia absolutnie nie zastępują opieki lekarza, ale mam nadzieję, że pomogą ci stać się zdrowszym.

Uzdrawiająca moc teorii poliwagalnej

Dysfunkcje nerwu błędnego do pewnego stopnia odpowiadają za wiele różnych problemów zdrowotnych. Poniżej opisuję przypadki pacjentów, którym moja terapia skutecznie pomogła zwalczyć konkretne dolegliwości, takie jak trudności z oddychaniem (na przykład przewlekła obturacyjna choroba płuc), migreny i zaburzenia ze spektrum autyzmu.

Historie te przedstawiają namiastkę możliwości, jakie teoria poliwagalna otwiera przed specjalistami zajmującymi się zdrowiem. Nieco dalej opiszę także przypadki dotyczące szerszej grupy bardziej ogólnych dolegliwości fizycznych i psychicznych, takich jak stres, depresja i różne psychiatryczne jednostki diagnostyczne. Przywoływane sytuacje, w których kierowałem się swoim rozumieniem teorii poliwagalnej, obejmowały techniki manualne wykorzystywane do przywracania stanu aktywności części brzusznej nerwu błędnego.

Zamiast nakłaniać czytelników do polegania wyłącznie na terapii prowadzonej przez terapeutę, opracowałem na potrzeby tej książki niezwykle proste ćwiczenia do samodzielnego zastosowania, które pozwalają osiągnąć takie same rezultaty. Czytelnik bez specjalistycznego przygotowania jest w stanie nauczyć się większości lub nawet wszystkich ćwiczeń w wyniku dokładnej lektury. Metody te są zarazem skuteczne i bezpieczne. Możesz wykonywać te ćwiczenia i stosować te techniki w celu osiągnięcia pozytywnych skutków zarówno u siebie, jak i u innych.

Jeżeli jesteś terapeutą pracującym w warunkach klinicznych, powinieneś najpierw zbadać autonomiczny układ nerwowy pacjenta, a następnie zademonstrować mu ćwiczenia do samodzielnego stosowania. Po sesji powinieneś ponownie przeprowadzić badanie, aby upewnić się, że osiągnąłeś pożądane rezultaty. Możesz zasugerować pacjentowi, że w razie potrzeby w przyszłości może samodzielnie wykonywać nowe ćwiczenia.

Łagodzenie objawów POChP i przepukliny rozworu przełykowego

Choć wiele osób dopiero niedawno usłyszało o POChP (przewlekłej obturacyjnej chorobie płuc), jest to jedna z najpowszechniejszych na świecie chorób niezakaźnych. POChP to stan chorobowy cechujący się przewlekle osłabionym przepływem powietrza w drogach oddechowych, krótkim oddechem i kaszlem. Osoby z tym schorzeniem nie mogą podejmować wysiłku fizycznego i odczuwają narastające trudności z oddychaniem.

Obecnie uważa się, że POChP jest powodowane przez wiele czynników, między innymi palenie tytoniu i kontakt z toksynami środowiskowymi, które wywołują w organizmie reakcję polegającą na nadmiernym wytwarzaniu włókien tkanki łącznej (włóknieniu) utrudniających przepływ powietrza w oskrzelach i płucach. Blokada dróg oddechowych z kolei uznawana jest za przyczynę trudności z oddychaniem występujących u danego pacjenta.

Osoby z POChP często mają problem z utrzymaniem aktywności zawodowej i wcześniejszego stylu życia, z czego mogą wynikać trudności w długoterminowym planowaniu wydatków. Oprócz tego trudno jest im także pozostać równie aktywnymi poza pracą, jakość ich życia pogarsza się zatem[49].

Choć sterydy i inhalatory pozwalają tymczasowo zwiększyć możliwości oddechowe, problemy mogą powrócić natychmiast po ustaniu działania leku. Tego rodzaju środki przy długim stosowaniu mają negatywne skutki uboczne, zalecane jest więc stosowanie ich jedynie przez krótki czas. Co więcej, na całym świecie większości osób z POChP nie stać na inhalatory i sterydy, leki te są więc dla nich niedostępne. Podsumowując, nie istnieje żadna skuteczna terapia, która umożliwia wyleczenie; dolegliwości stają się coraz poważniejsze i prowadzą do przedwczesnego zgonu chorego.

POChP zazwyczaj nasila się z czasem aż do momentu, gdy oddychanie jest tak utrudnione, że nie wystarczy już do podtrzymywania życia. Osoby z POChP mają zatem odpowiednio krótszą oczekiwaną dalszą długość życia. Na całym świecie na POChP cierpi 329 milionów ludzi, czyli prawie 5 procent populacji, choć rzeczywista częstość występowania może być wyższa z uwagi na liczbę przypadków niezdiagnozowanych. W 2012 roku POChP została sklasyfikowana jako trzecia najczęstsza przyczyna zgonu (po chorobach serca i raku), była powodem śmierci trzech milionów ludzi[50].

Jak to możliwe, że mimo bilionów dolarów wydawanych corocznie na badania naukowe w dziedzinie medycyny nadal nie jesteśmy w stanie skutecznie leczyć tak powszechnej choroby? Może szukamy odpowiedzi w niewłaściwych miejscach? Z tego, co wiem, jak na razie nie jest znana żadna skuteczna kuracja przeciwko POChP.

Być może istnieją rozwiązania, które nie opierają się na lekach ani zabiegach. Na podstawie sukcesu odniesionego między innymi w niżej opisanym przypadku doszedłem do przekonania, że wiele problemów leżących u podstaw POChP wynika z dysfunkcji autonomicznego układu nerwowego, a sama przewlekła obturacyjna choroba płuc jest przykładem schorzenia, którym można się skutecznie zająć na podstawie obserwacji wynikających z teorii poliwagalnej.

Lekarze i szpitale oferują droższe i bardziej zaawansowane badania niż kiedykolwiek wcześniej, ale zazwyczaj pomijają sprawdzanie funkcjonowania autonomicznego układu nerwowego. To godne pożałowania, ponieważ badanie pacjentów pod kątem działania części brzusznej nerwu błędnego jest szybkie i tanie, a aspekt ten ma przecież wpływ na wiele innych funkcji organizmu.

Przywrócenie prawidłowego funkcjonowania nerwu błędnego to podstawowy element mojej skutecznej terapii przewlekłej obturacyjnej choroby płuc. W klinice udało mi się pomóc większości pacjentów ze zdiagnozowaną POChP w osłabieniu trudności oddechowych mimo powszechnie panującego w środowisku medycznym przekonania, że żadna terapia nie może skutecznie wpłynąć na poprawę mechanicznych aspektów oddychania.

Poprawa stanu autonomicznego układu nerwowego pozwoliła mi pomóc osobom z licznymi przewlekłymi schorzeniami, na które nie działały żadne inne metody leczenia, zarówno alopatyczne, jak i alternatywne. Choć zajmowałem się wieloma różnymi problemami zdrowotnymi, szczególną przyjemność sprawił mi sukces w pracy z pacjentami ze zdiagnozowaną POChP, którym pomagałem w poprawie wydolności oddechowej. Dzięki kombinacji stosowanych przeze mnie technik manualnych i wykonywanych przez pacjentów ćwiczeń ich wydolność oddechowa poprawiła się, a przez to zwiększyła się także ilość tlenu przekazywana do krwi.

Łagodzenie objawów POChP i przepukliny rozworu przełykowego: studium przypadku

Chociaż w swojej klinice nie mam możliwości dokładnego zmierzenia pojemności życiowej, u jednego z pacjentów ze zdiagnozowaną przewlekłą obturacyjną chorobą płuc wykonano taki pomiar w szpitalu przed rozpoczęciem pracy ze mną oraz ponownie po kilku sesjach. Jego pojemność życiowa (test działania płuc) wzrosła z 70 do 102 procent. (Pojemność życiowa mierzona jest w stosunku do średniej u pacjentów w danej grupie wiekowej, wynik jest obliczany z uwzględnieniem masy ciała. Istnieje możliwość, że dany pacjent osiągnie wynik powyżej średniej dla swojej grupy wiekowej z uwzględnieniem masy ciała. Wynik pomiaru pojemności życiowej może zatem wynosić ponad 100 procent).

W przypadku tego pacjenta na pierwotnych skanach płuc i oskrzeli znajdowały się białe obszary. Zdaniem lekarzy były one skupiskami dodatkowych włókien, które miały częściowo odpowiadać za niedostateczną ilość tlenu dostarczanego do organizmu. Uważałem, że jeżeli poprawimy ruchy płuc przy oddychaniu, z czasem dodatkowe włókna mogą zaniknąć. Niedawno ponownie widziałem się z tym pacjentem, ilość pobieranego tlenu poprawiła się o 15 procent.

Moja klinika mieści się w urokliwej starej dzielnicy Kopenhagi. W budynku nie ma windy, a gabinet znajduje się na pierwszym piętrze. Pewnego dnia czekałem na nowego pacjenta, czterdziestoczteroletniego mężczyznę, który miał trudności z oddychaniem. Podczas wcześniejszej rozmowy telefonicznej powiedział mi, że zdiagnozowano u niego przewlekłą obturacyjną chorobę płuc.

Gdy usłyszałem pukanie do drzwi, otworzyłem je i na końcu schodów ujrzałem nowego pacjenta: jedną ręką kurczowo trzymał się poręczy, gwałtownie dyszał i walczył o każdy kolejny oddech. Powiedział, że po drodze do góry musiał się dwa razy zatrzymać, żeby złapać oddech.

Przed pojawieniem się choroby pacjent był w doskonałej kondycji fizycznej. Aktywnie uprawiał różne sporty, jego szczególną pasją było narciarstwo biegowe. Właśnie wrócił z narciarskiego wyjazdu w Alpy Szwajcarskie, gdzie wybrał się z dwojgiem dzieci, ale tym razem nawet nie przypiął nart. Owinięty w koc siedział na tarasie restauracji i przyglądał się, jak jego pociechy szusują po stoku bez niego.

Opowiedział mi o widocznych na skanie płuc białych obszarach wskazujących na pojawienie się nadmiernego włóknienia, które – jak stwierdzili lekarze – jest powodem odczuwanych przez niego trudności z oddychaniem. Nie mogłem zaprzeczyć, że na skanie widoczne były białe plamy, ale nie przekonywało mnie wyjaśnienie, że włóknienie to jedyna przyczyna dolegliwości. Postrzegałem to schorzenie raczej jako problem mięśniowo-szkieletowy: gdybym sprawił, żeby żebra i przepona pacjenta poruszały się w bardziej normalny sposób, na pewno poprawiłaby się jego wydolność oddechowa, nawet jeśli skany i prześwietlenia nadal pokazywały dodatkowe zwłóknienie.

Wieloletnie doświadczenie kliniczne kazało mi przypuszczać, że za dysfunkcję któregoś narządu wewnętrznego – w tym przypadku płuc – mogą być do pewnego stopnia odpowiedzialne zaburzenia funkcjonowania autonomicznego układu nerwowego i włókien nerwowych unerwiających dany organ. Serce i płuca unerwione są przez części brzuszną i grzbietową nerwu błędnego oraz układ współczulny. Część grzbietowa obejmuje także główne drogi nerwowe prowadzące do nerwu błędnego podprzeponowego, który dociera do narządów wewnętrznych znajdujących się poniżej przepony.

Część grzbietowa nerwu błędnego kurczy oskrzela i ogranicza przepływ powietrza. Układ współczulny (powiązany ze stresem) przyczynia się do rozszerzenia oskrzeli i zwiększenia przepływu powietrza do maksimum. Kiedy część brzuszna nerwu błędnego działa prawidłowo, oskrzela rozluźniają się i umożliwiają przeciętny przepływ powietrza do i z płuc.

Nim rozpocząłem pracę z narciarzem biegowym z zadyszką, zapytałem go, czy przy oddychaniu odczuwa jakiś ruch. Odpowiedział, że górna część jego klatki piersiowej podnosiła się podczas wdechu i opadała podczas wydechu. Widziałem to, co opisywał – niemal dyszał, a jego oddech był płytki, szybki i odbywał się wysoko w klatce piersiowej.

Wspomniany przez mojego pacjenta ruch nie wynikał jednak z podnoszenia się przepony. Powodowały go raczej mięśnie szyi i ramion, które napinały się, żeby unieść górne żebra. Z czasem napięcie to sprawiło, że jego głowa wychyliła się do przodu (temat szerzej omówiony poniżej), a to jeszcze bardziej ograniczyło jego wydolność oddechową.

Stanąłem za nim i delikatnie ułożyłem dłonie po obu stronach dolnej części jego klatki piersiowej, żeby sprawdzić, czy mogę wyczuć jakikolwiek ruch najniższych żeber. Kiedy przepona działa prawidłowo, napina się podczas wdechu i naciska w kierunku dolnym, rozpychając dwa dolne żebra na boki. U mojego pacjenta zaobserwowałem jedynie delikatne poruszenie żeber po prawej stronie. Po lewej stronie nie mogłem wyczuć żadnego ruchu na zewnątrz.

Lubię angażować pacjentów w ocenianie ich własnego oddechu przez obserwowanie części klatki piersiowej i brzucha, które poruszają się podczas oddychania. Mogą potem ocenić, czy w rezultacie zastosowanej przeze mnie terapii doszło do jakiejś poprawy. Pokazałem opisywanemu pacjentowi, w których punktach klatki piersiowej powinien wyczuwać ruch podczas wdechu. Zapytałem go, czy w ogóle czuje ruch żeber na boki. Odpowiedział, że absolutnie nie.

Zbadałem funkcjonowanie części brzusznej jego nerwu błędnego. (Opis badania znajduje się w Rozdziale 4). W niecałe trzydzieści sekund udało mi się stwierdzić, że nie działa ona prawidłowo. Czy oddech pacjenta poprawi się po przywróceniu właściwego stanu części brzusznej dzięki Ćwiczeniu podstawowemu?

Poprosiłem pacjenta, żeby położył się na plecach na stole do masażu i nauczyłem go Ćwiczenia podstawowego. (Instrukcje dotyczące tego i innych ćwiczeń znajdują się Części drugiej). U mojego narciarza nastąpiła natychmiastowa poprawa wydolności oddechowej. Oddychał wolniej, głębiej i bez napięcia. Podczas wdechu żebra rozsuwały się na boki – nawet on sam to wyczuwał. Dla kogoś zmagającego się z przewlekłą obturacyjną chorobą płuc i trudnościami z oddychaniem była to naprawdę duża poprawa. Ponownie zbadałem funkcjonowanie części brzusznej nerwu błędnego, która teraz działała już prawidłowo.

Lekarze i naukowcy często do badania pojemności płuc wykorzystują spirometr. Ludzie mają jednak tendencję do stresowania się myślą, że podlegają badaniu, przez co spinają się i ograniczają swobodę oddechu. Preferuję funkcjonalne badanie oddechu. Zacząłem od stwierdzania, że wejście po schodach na pierwsze piętro było dla mojego pacjenta sporym wyzwaniem, co wskazywało na zaburzenia oddechowe, skoro musiał się tak wysilać w zwykłej, codziennej sytuacji.

Po terapii pacjent wydawał się o wiele bardziej odprężony. Kiedy wstał, zauważyłem, że oddychał głębiej i wolniej, a jego twarz nabrała zdrowszej barwy. Powiedział, że czuje się o wiele lepiej. Nieźle jak na sześć minut – badanie, jedno ćwiczenie i ponowne badanie.

Kolejnym celem było dla mnie osiągnięcie większej sprawności jego przepony. Zakres ruchu bocznego żeber po prawej stronie zwiększył się, ale z lewej nadal nie było żadnego wyczuwalnego poruszenia. Porównując jego prawą i lewą stronę, nie miałem wątpliwości, że coś po lewej zakłóca ruch przepony pacjenta. Pracowałem z wieloma ludźmi i z mojego doświadczenia wynikało, że przyczyną takiej sytuacji może być przepuklina rozworu przełykowego.

Co to jest przepuklina rozworu przełykowego? Żołądek znajduje się po lewej stronie brzucha, w normalnej sytuacji poniżej przepony. Przełyk – elastyczny przewód mięśniowy łączący tylną część ust z górną częścią żołądka – przechodzi przez okrągły otwór w przeponie (rozwór przełykowy). Część brzuszna nerwu błędnego unerwia górną jedną trzecią przełyku i pozwala jego włóknom mięśniowym zmieniać długość i podnosić lub opuszczać żołądek; typowe medyczne rozumienie przepukliny rozworu przełykowego nie uwzględnia jednak roli nerwu błędnego.

Jeżeli działa on właściwie, przełyk może się rozluźnić i wydłużyć, co z kolei umożliwia żołądkowi delikatne przemieszczanie się w dół brzucha, kiedy przepona napina się podczas wdechu. W idealnej sytuacji, gdy przepona swobodnie porusza się w górę i w dół wzdłuż przełyku, zawartość klatki piersiowej pozostaje w klatce piersiowej (powyżej przepony), a zawartość brzucha – w brzuchu (poniżej przepony). Kiedy jednak nerw błędny nie działa prawidłowo, górna jedna trzecia przełyku napina się i skraca, ciągnąc w górę żołądek, który naciska na dolną stronę przepony. (Zob. „Żołądek 2" w Dodatku).

W skrajnych przypadkach przełyk może być tak krótki i napięty, że podnoszony przez niego żołądek mocno napiera na przeponę i w rezultacie otwór poszerza się, a część żołądka zostaje przeciągnięta do klatki piersiowej. To właśnie nazywamy przepukliną rozworu przełykowego. (Słowo „rozwór" oznacza otwór lub przerwę, a „przepuklina" to uwypuklenie zawartości jamy ciała przez otwór w tkance).

Oprócz poważnych trudności z oddychaniem u osób z przepukliną rozworu przełykowego często występuje refluks. Kiedy kwas żołądkowy dostaje się do przełyku, podrażnia go i powoduje chorobę refluksową przełyku, w skrócie GERD (ang. *gastroesophageal reflux disease*), czyli zgagę. Inne objawy to na przykład uczucie pełności po jedzeniu czy skłonność do spożywania w ciągu dnia wielu niedużych posiłków zamiast trzech normalnej wielkości.

Podczas prawidłowego oddychania przepona powinna podnosić się i opadać (zob. „Oddychanie przeponą" na stronie 136). Odkryłem, że w przypadku trudności z oddychaniem, takich jak astma czy POChP, to skrócony przełyk jest czynnikiem zaburzającym normalny oddech – uważam zresztą, że to podstawowa przyczyna wielu chorób związanych z oddychaniem. Kiedy żołądek napiera na przeponę, niemożliwe jest jej swobodne opadanie podczas wdechu.

Gdy leczę nerw błędny Ćwiczeniem podstawowym, a następnie stosuję odpowiednio dostosowaną technikę osteopatyczną, żeby rozluźnić i wydłużyć przełyk, trudności z oddychaniem znikają niemal natychmiast, a pacjent oddycha głęboko bez żadnego problemu. Często wystarczy tylko tyle!

Leczenie przepukliny rozworu przełykowego

Poniżej opisuję osteopatyczną technikę masażu wisceralnego wykorzystywaną do leczenia przepukliny rozworu przełykowego. Sprawdza się ona także jako proste ćwiczenie do samodzielnego wykonania.

Najpierw pokazuję pacjentom, jak wykonać Ćwiczenie podstawowe (zob. Część druga). Następnie stosuję technikę osteopatyczną, aby przesunąć żołądek w dół oraz rozciągnąć (wydłużyć) i rozluźnić przełyk. Zazwyczaj pokazuję pacjentom, jak mogą to zrobić samodzielnie. Dzięki temu protokołowi pomogłem wielu pacjentom zmagającym się z takimi schorzeniami, jak astma, włóknienie płuc czy krótki oddech. Żołądek znajduje się po lewej stronie brzucha, tuż pod żebrami. Dotknij opuszkami palców jednej dłoni górnej części obszaru, w którym według ciebie może być żołądek.

Jest on miękki, ale da się go wyczuć. Powinno ci się to udać, jeśli powoli i delikatnie będziesz naciskać palcami na mięśnie brzucha. Wystarczy, że wyczujesz zewnętrzną powłokę żołądka. Działanie to absolutnie nie powinno wywoływać bólu. Jeżeli pacjent czuje ból, należy natychmiast przerwać zabieg. Delikatnie pociągnij żołądek w dół w kierunku stóp aż do momentu, gdy wyczujesz pierwszy opór – zazwyczaj już po przesunięciu o dwa lub trzy centymetry (Rysunek 1). Przytrzymaj go w tej pozycji aż do rozluźnienia przełyku. Choć możesz mieć ochotę przeciągnąć żołądek dalej w dół, żeby rozciągnąć przełyk, nie trzeba do tego stosować siły. Jeżeli czubkami palców dotykasz górnej części żołądka, nerwy przełyku otrzymają sygnał, żeby go wydłużyć, dzięki czemu żołądek przesunie się w dół, a przepona będzie miała miejsce do opadania podczas wdechu.

W momencie rozluźnienia pacjent zazwyczaj wzdycha lub przełyka ślinę. Wydaje się wtedy, że stawiany przez mięśnie opór przy przesuwaniu żołądka w dół zanika. Pacjent od razu może oddychać głębiej i z większą łatwością.

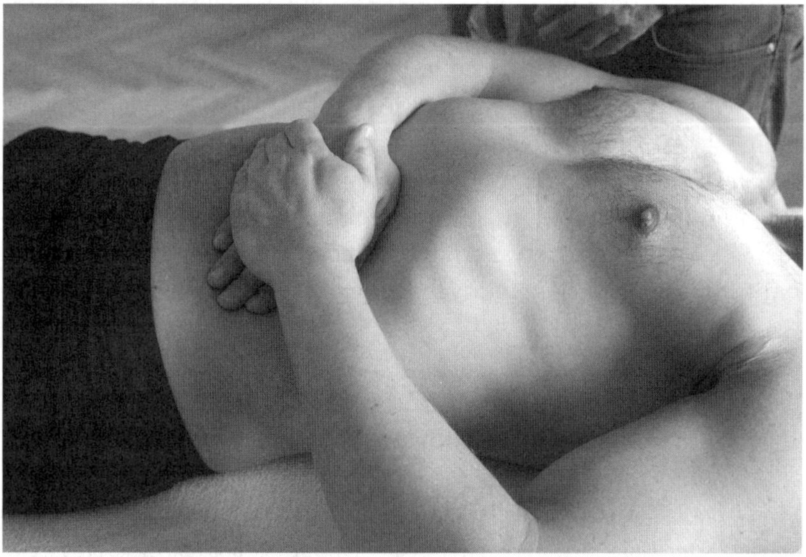

Rysunek 1. Leczenie przepukliny rozworu przełykowego

Ten konkretny pacjent, któremu pomagałem w samodzielnym zastosowaniu techniki, delikatnie przesunął żołądek w dół, dzięki czemu jego przełyk rozciągnął się i ułatwiło mu to oddychanie. Przy rozluźnionym przełyku żołądek mógł swobodnie przyjąć lepszą, niższą pozycję w jamie brzusznej, kilka centymetrów poniżej przepony.

Mogła ona wtedy bez zakłóceń poruszać się w górę i w dół, przesuwając się w prawidłowy sposób po przełyku, ponieważ miała dość miejsca, żeby opadać podczas wdechu. Również dolne żebra mogły bez zakłóceń poruszać się na boki po obu stronach. Oddech stał się głębszy i zauważalnie wolniejszy. Przy każdym oddechu pacjenta dochodziło do wymiany większej objętości powietrza.

Nadeszła pora na badanie funkcjonalne. Podest przed drzwiami mojego gabinetu znajduje się na pierwszym piętrze. Poprosiłem pacjenta, żeby wszedł na sam szczyt schodów – cztery piętra w górę – a potem zszedł z powrotem. Kiedy wrócił, ciężko oddychał, ale oddech był głębszy. Z uśmiechem powiedział: „Przebiegłem całą drogę w górę i w dół. W ogóle nie musiałem się zatrzymywać". Mówił to człowiek, który przed naszą sesją nie był w stanie bez odpoczynku wejść na pierwsze piętro.

Pacjent ten nadal od czasu do czasu zgłasza się do mnie na kolejne sesje. Oprócz wyleczenia przepukliny rozworu przełykowego zajęliśmy się także napięciem w innych narządach wewnętrznych, które utrudniało oddychanie. Pacjent wykonywał Ćwiczenie podstawowe, technikę stosowaną w przypadku przepukliny rozworu przełykowego i inne techniki masażu wisceralnego. Wykonałem z nim także kilka ćwiczeń ruchowych. Po dwunastu tygodniach mógł wybrać się na kilkugodzinną wycieczkę rowerową z bratem, mistrzem Danii w triathlonie. Gdy ostatnio z nim rozmawiałem, jego wydolność oddechowa nadal się poprawiała i planował wraz z bratem wyjazd do Szwajcarii na wyprawę rowerową. Było to zaledwie sześć miesięcy po tym, jak przyszedł do mnie na pierwszą sesję.

Pacjent ponownie został przebadany przez lekarzy, a na skanie widoczne były białe obszary w płucach świadczące o istniejących tam nadal włóknach. Najwyraźniej jednak nie ograniczały już jego wydolności oddechowej. Włókna zmniejszają efektywność absorpcji powietrza przez tkankę płuc. Ale dzięki większej wydolności płuc pacjent mógł osiągać lepsze rezultaty niż niejeden sportowiec.

Jestem przekonany, że większość prób wyleczenia przewlekłej obturacyjnej choroby płuc opierała się na błędnych przesłankach, jako że nie brano pod uwagę aspektu powiązanego z dysfunkcjami nerwu błędnego. Uważam, że przyczyny POChP obejmują często brak aktywności części brzusznej nerwu błędnego – w takiej sytuacji nic nie hamuje działania części grzbietowej.

Odpowiada ona za kurczenie się oskrzeli. Utrudnia to dostarczenie do płuc odpowiedniej ilości powietrza. Kurczenie się oskrzeli jest typowe dla bezruchu w stanie zamierania, na przykład u krokodyla, który pożarł sporą ofiarę i musi leżeć nieruchomo, aby ją strawić. Jeżeli jednak nic nie kontroluje tego zjawiska, staje się ono problemem dla osób próbujących normalnie funkcjonować w codziennym życiu. Wykonanie Ćwiczenia podstawowego, które aktywuje część brzuszną nerwu błędnego, pozwala wyjść z wywoływanego przez część grzbietową stanu zamierania, dzięki czemu oskrzela już się nie kurczą.

Ćwiczenie podstawowe w połączeniu z rozciąganiem przełyku zajmuje tylko kilka minut. Nie ma potrzeby stosowania leków na receptę, a terapia działa od razu i nie powoduje żadnych szkodliwych skutków ubocznych. W mojej opinii jest to wystarczający dowód na to, że powszechnie akceptowane wyjaśnienie przyczyn POChP nie jest pełne. Mężczyzna, którego leczyłem, przyniósł mi zdjęcia rentgenowskie i skany, na których widać było białe obszary w jego płucach. Lekarze mówili mu, że są to skupiska włókien powodujących trudności w oddychaniu. Jeżeli już po dziesięciu minutach pracy ze mną był w stanie oddychać bardziej normalnie, teza, że oddech był ograniczany przez włókna, nie może być prawdziwa – albo przynajmniej możemy stwierdzić, że to nie jest jedyne wyjaśnienie.

Dla tego człowieka zmagającego się z POChP poprawa funkcjonowania części brzusznej nerwu błędnego, przywrócenie właściwej pozycji głowy pochylonej wcześniej do przodu oraz ułatwienie pracy przepony przyczyniły się do powiększenia jego pojemności życiowej. Potwierdziły to badania szpitalne.

Oddychanie przeponą

Właściwe oddychanie przeponą to ważny element zaangażowania społecznego. Wszyscy pacjenci w stanie stresu lub aktywności części grzbietowej, których obserwowałem w klinice, mieli zaburzony wzór oddychania.

Prawidłowy oddech powinien uruchamiać także przeponę, która przesuwa się w górę i w dół. Aby sprawdzić, czy tak się działo, delikatnie przykładałem dłonie do boków pacjenta na wysokości dwóch ostatnich żeber. Jeżeli pacjent oddychał przeponą, wyczuwałem ruch żeber na boki po obu stronach. W przypadku przepukliny rozworu przełykowego występował ruch po prawej stronie, ale po lewej był niemal niezauważalny.

Gdy podczas wdechu nie obniżamy przepony, znajdujemy inne sposoby, aby zrobić miejsce zwiększającym objętość płucom. Bardzo powszechne jest podnoszenie barków i górnych żeber. To tak zwane oddychanie piersiowe. Wzorzec ten jest powiązany z emocjami takimi jak strach, lęk lub panika.

Inny powszechny sposób oddychania pomijający przeponę to wdychanie powietrza z wykorzystaniem mięśni brzucha. Czasami, zwłaszcza kiedy często brakuje nam tchu, brzuch jest rozciągnięty, miękki i obwisły. Mięśnie brzucha są zbyt miękkie i gdy się rozluźniają, jelita opadają, ciągnąc w dół również płuca. Niekiedy ludzie nazywają to oddychaniem brzusznym i uważają za dobry znak, ponieważ widzą, że oddech dociera aż do jamy brzusznej. Nie uwzględnia on jednak aktywnego kurczenia przepony. Osoby, które oddychają w ten sposób, często mocno napinają mięśnie żołądka podczas wdechu. Mięśnie brzucha stają się twarde. Ten wzorzec oddechu powiązany jest z gniewem.

W idealnej sytuacji brzuch i klatka piersiowa jednocześnie rozszerzają się i kurczą, zachowując ten sam rytm. Dwa dolne żebra (jedenaste i dwunaste) rozsuwają się w dół, do tyłu i na boki. Pięć kolejnych żeber (od szóstego do dziesiątego) obraca się na zewnątrz – poruszają się podobnie do uchwytu wiadra. Najwyższe żebra (od piątego do pierwszego) podnoszą się wraz z mostkiem, a ich ruch przypomina rączkę pompy.

Jeżeli tracimy optymalne napięcie przepony, zanika ono także w całym układzie mięśniowo-szkieletowym. Pojawia się wtedy tendencja do zapadania się we własnym ciele i oddychania w sposób typowy dla zachowań depresyjnych i stanu zamierania. Jeżeli natomiast napinamy przeponę i pchamy ją w dół, w kierunku jelit, osiągamy postawę i oddech kogoś rozgniewanego.

Zarówno włókna czuciowe, jak i ruchowe nerwu błędnego mają wpływ na ruch pojawiający się podczas oddychania, ale i on wywiera na nie wpływ. Gałąź oddechowa nerwu błędnego obejmuje cztery razy więcej włókien czuciowych (aferentnych, czyli przekazujących sygnały do mózgu) niż ruchowych (eferentnych, czyli przekazujących sygnały pochodzące z mózgu), które nieustannie kontrolują funkcjonowanie przepony.

Prawidłowe działanie włókien ruchowych części brzusznej nerwu błędnego umożliwia wydajne i rozluźnione oddychanie. Kiedy przepona nie funkcjonuje właściwie i nie obniża się podczas wdechu, używamy mięśni aktywowanych przez pień współczulny lub część grzbietową nerwu błędnego, a wzorzec oddychania, w którym nie bierze udziału przepona, przekazuje przez włókna czuciowe sygnał, że jesteśmy w niebezpieczeństwie. To tylko jeden przykład pochodzącej z włókien czuciowych nerwów czaszkowych informacji zwrotnej, która ma wpływ na stan całego autonomicznego układu nerwowego.

Ból barków, szyi i głowy. Nerw czaszkowy XI. Mięsień czworoboczny i mięsień mostkowo-obojczykowo-sutkowy

Nerw czaszkowy XI („nerw dodatkowy"), oprócz tego, że jest jednym z pięciu „nerwów zaangażowania społecznego", pełni także wyjątkową funkcję związaną z mięśniami. Unerwia mięsień czworoboczny oraz mięsień mostkowo-obojczykowo-sutkowy (MOS), dwa duże mięśnie szyi i barków. (Zob. „Mięsień czworoboczny" i „Mięsień mostkowo-obojczykowo-sutkowy" w Dodatku). To jedyne mięśnie szkieletowe poniżej twarzy i głowy, których nie unerwiają nerwy rdzeniowe. Jeżeli któryś z tych dwóch mięśni jest chronicznie napięty lub rozluźniony, będzie reagował zupełnie inaczej niż wszystkie inne mięśnie na masaż lub terapię ruchową.

Dolegliwości barków to jedne z najpowszechniejszych problemów mięśniowo-szkieletowych. Dysfunkcje nerwu XI często prowadzą do bólu oraz sztywnienia szyi i barków, a czasami samo poprawienie działania nerwów X i XI za pomocą Ćwiczenia podstawowego wystarczy do eliminacji bólu i poprawy zakresu ruchu tej strefy. Po wykonaniu ćwiczenia możemy spróbować także pozostałych metod radzenia sobie z dolegliwościami związanymi z tymi mięśniami, na przykład techniki leczenia migrenowych bólów głowy opisanej w Części drugiej. Wydaje się, że ćwiczenie podstawowe jednocześnie poprawia funkcjonowanie wszystkich pięciu nerwów związanych ze stanem zaangażowania społecznego u większości ludzi.

Wróćmy jednak do mięśni czworobocznego i mostkowo-obojczykowo-sutkowego. Należy zauważyć, że dysfunkcje nerwu XI lub brak właściwego napięcia tych mięśni wywołują nie tylko ból oraz sztywnienie szyi i barków, lecz także wiele innych problemów zdrowotnych. To między innymi migreny, wysunięcie głowy do przodu, trudności z oddychaniem, chroniczne pobudzenie pnia współczulnego, chroniczny stan aktywności części grzbietowej nerwu błędnego i skrócona oczekiwana dalsza długość życia.

Mięsień czworoboczny i mięsień mostkowo-obojczykowo-sutkowy determinują także kondycję i zdrowie kręgosłupa. Co więcej, utrzymujące się napięcie mięśnia mostkowo-obojczykowo-sutkowego po jednej stronie może nawet wpłynąć na kształt tyłu głowy i spłaszczyć ją po tej stronie przez stałe oddziaływanie na kości skroniowe (obszar czaszki za uszami). Takie zniekształcenie kształtu tyłu głowy zaobserwowałem u wszystkich dzieci z zaburzeniami ze spektrum autyzmu, które leczyłem[51]. (Zob. Technika zaokrąglania płaskiej głowy w Części drugiej).

Obracanie głowy w dowolną stronę powinno być równomiernym, dobrze skoordynowanym ruchem bez zatrzymań i przeskoków, przebiegającym po gładkim łuku. Głowa powinna obracać się o dziewięćdziesiąt stopni lub nieco więcej.

Przy kręceniu głową ludzie często narzekają na ograniczony zakres ruchu, sztywność lub ból szyi i barków. Jeżeli ból lub sztywność barków odczuwalne są po stronie przeciwnej do kierunku, w którym dana osoba zwraca głowę, winne są prawdopodobnie mięsień czworoboczny lub mięsień mostkowo-obojczykowo-sutkowy z tej właśnie strony, w którą obraca się głowa. Jeżeli ból jest odczuwany po tej samej stronie, problem nie dotyczy nerwu XI ani żadnego z tych dwóch mięśni, ale prawdopodobnie mięśnia dźwigacza łopatki. W Części drugiej znajduje się zestaw ćwiczeń nazwanych „Ćwiczeniami salamandry", które poprawiają zakres ruchów bocznych szyi. Ćwiczenia te mogą być początkowo trochę bolesne, ale przez regularne ich wykonywanie możemy zwiększyć zakres ruchu i dopływ krwi do nerwu XI oraz poprawić funkcjonowanie mięśnia czworobocznego i mostkowo-obojczykowo-sutkowego.

Mięsień dźwigacz łopatki

Funkcjonowanie nerwów czaszkowych i zakres ruchu głowy w prawo i w lewo możemy poprawić dzięki Ćwiczeniu podstawowemu i Ćwiczeniom salamandry. Mogą one jednak nie wystarczyć do osiągnięcia pełnej swobody skrętów głowy, w których uczestniczy także wiele innych mięśni szyi, a napięcie w którymkolwiek z nich może ograniczać zakres obrotów.

Jeżeli odczuwamy ból szyi po tej stronie, w którą skręcamy głowę, dolegliwość nie jest związana z nerwem czaszkowym XI, mięśniem czworobocznym ani mostkowo-obojczykowo-sutkowym. Najprawdopodobniej powoduje ją inny mięsień, dźwigacz łopatki. W takim przypadku praca nad nerwem XI ani oboma wyżej wspomnianymi mięśniami nie wyeliminuje w pełni bólu i sztywnienia.

Janet Travell, David Simons i Lois Simons w swojej książce *Myofascial Pain and Dysfunction: The Trigger Point Manual* nazwali mięsień dźwigacz łopatki mięśniem

„sztywnej szyi"[52]. Ten podwójny mięsień biegnie po obu stronach szyi od najwyższego kręgu do łopatki.

Odkryłem, że bezpośredni masaż dźwigacza łopatki przynosi ulgę, ale jedynie tymczasową – dysfunkcje mięśnia szybko powracają. Problemem jest prawdopodobnie jego niedostateczne napięcie. Jeżeli zatem chcesz osiągnąć trwałe rezultaty, Tom Myers doradza poprawę napięcia dźwigacza łopatki przez masaż mięśnia nadgrzebieniowego (biegnącego wzdłuż górnej krawędzi łopatki). (Zob. „Mięsień nadgrzebieniowy" w Dodatku).

Benjamin Shield sugerował inne podejście. Zauważył, że przechylając na boki górne kręgi szyjne, można poszerzyć przestrzenie między kręgami pierwszym i trzecim. Dzięki temu zmniejsza się nacisk na nerwy rdzeniowe biegnące do dźwigacza łopatki. Możesz wypróbować górną część (Poziom 1) Ćwiczeń salamandry, przechylając głowę na bok, żeby otworzyć przestrzenie między pierwszym i trzecim kręgiem szyjnym.

Mięsień czworoboczny i mięsień mostkowo-obojczykowo-sutkowy

Problemy związane z mięśniami czworobocznym i mostkowo-obojczykowo-sutkowym są o wiele poważniejsze niż dyskomfort wynikający z bólu, sztywności lub migreny. Zazwyczaj osoby, u których występują dysfunkcje tych mięśni, nie angażują się społecznie i są podatne na wszystkie dolegliwości, które wcześniej nazwałem „głowami Hydry" (zob. początek Części pierwszej). Poprawa funkcjonowania tych dwóch mięśni zazwyczaj skutkuje także lepszym działaniem nerwu XI i pozwala przywrócić stan zaangażowania społecznego.

Mięśnie te są unerwione przez nerw czaszkowy, różnią się więc od pozostałych sześciuset sześćdziesięciu mięśni szkieletowych w organizmie, unerwianych przez nerwy rdzeniowe. Napięcie w którymś z tych licznych mięśni może skutkować bólem, ograniczeniem zakresu ruchu lub sztywnieniem. Z kolei dysfunkcje mięśni czworobocznego i mostkowo-obojczykowo-sutkowego wiążą się z wieloma poważnymi schorzeniami, których zwykle nie kojarzymy z dolegliwościami mięśniowymi.

Mięsień czworoboczny to para cienkich, płaskich mięśni powierzchownych w kształcie trapezów. Zakrywają one duży obszar karku, barków i torsu. Biegną od kości potylicznej u podstawy tyłu czaszki i są przyczepione do wyrostków skrzydłowo-kolcowych łopatki oraz wyrostków skrzydłowo-kolcowych wszystkich kręgów szyjnych i piersiowych. Mięśnie mostkowo-obojczykowo-sutkowe są przyczepione do wyrostka sutkowego kości skroniowej po obu stronach czaszki tuż za uszami. Następnie mięśnie te rozdzielają się na dwie „głowy", które skręcają się ukośnie do przodu i w dół. Jedna z nich przyczepia się do szczytu mostka, a druga – do części środkowej obojczyka. Jako że obie głowy są zaczepione w nieco innych punktach czaszki, obracają one głowę pod nieco innymi kątami. Oprócz tego głowy mostkowa i obojczykowa mięśni przyczepiają się w różnych punktach torsu, biorą więc udział w ruchach obrotowych głowy.

Mięśnie mostkowo-obojczykowo-sutkowe po obu stronach można porównać do wodzy, za pomocą których jeździec kieruje ruchami głowy wierzchowca. Ściąga je z jednej strony, a z drugiej zostawia luźne. Jeżeli mięśnie mostkowo-obojczykowo-sutkowe nie są chronicznie napięte po żadnej ze stron, głowa będzie utrzymywała się w stanie doskonałej równowagi i swobodnie skręcała się zarówno w prawo, jak i w lewo, bez ograniczeń i bólu. Będzie też powracała do naturalnej pozycji spoczynkowej, gdy jest skierowana do przodu.

Często jednak w jednej z głów mięśnia mostkowo-obojczykowo-sutkowego po jednej stronie występuje napięcie, którego skutkiem jest sztywność szyi. W tej sytuacji skręcenie głowy w jedną stronę jest łatwe, ale w przeciwną już nie. Mięsień mostkowo-obojczykowo-sutkowy jest unerwiony przez nerw XI, powodem sztywności jest zatem często dysfunkcja tego nerwu, a niemal zawsze współwystępuje wraz z zaburzeniami funkcjonowania nerwu błędnego.

Jeżeli głowy mięśnia mostkowo-obojczykowo-sutkowego przyczepione do mostka kurczą się symetrycznie, skracają szyję, przez co staje się ona grubsza, i skutkują wysunięciem głowy do przodu. Pozycję taką nazywa się „byczym karkiem". Jeżeli głowy mięśnia mostkowo-obojczykowo-sutkowego przyczepione do obojczyka kurczą się równomiernie, ciągną głowę do tyłu, przez co szyja staje się węższa i dłuższa („łabędzia szyja").

Pionierka terapii ciała, dr Ida Rolf, w swojej książce *Rolfing*[53] zwraca uwagę na to, że mięsień czworoboczny oraz mięśnie mostkowo-obojczykowo-sutkowe składają się na zewnętrzny krąg mięśni szyjnych. Wewnątrz tego pierścienia istnieje wiele innych mniejszych mięśni, które umożliwiają nam dokładniejsze ruchy głowy, podnoszenie górnych żeber podczas oddechu i przełykanie.

Skomplikowana koordynacja napięcia i rozluźniania mięśni poruszających głową wymaga precyzyjnej kontroli. Jest ona zaprogramowana w naszym układzie nerwowym w taki sposób, że nie musimy myśleć o tych mechanizmach. Kiedy coś przyciąga naszą uwagę, automatycznie skupiamy na tym wzrok. Głowa kieruje się w tę samą stronę co oczy, a następnie całe ciało porusza się w tę stronę, co głowa. Oczy skupiają się na obiekcie zainteresowania i sytuują go w centrum pola widzenia. Następnie nerw czaszkowy XI kieruje impuls do włókien mięśnia czworobocznego i mięśnia mostkowo-obojczykowo-sutkowego, żeby zwrócić głowę w tym kierunku.

Umiejętność koordynacji ruchu oczu, głowy i ciała jest wrodzona. Gdy dziecko leży na brzuchu, a jakiś obiekt na wprost niego nagle się poruszy lub zmieni szybkość, dziecko skupia na nim wzrok i podąża za nim najpierw wzrokiem, a następnie całą głową. W ten sam sposób reagujemy na dźwięk. Jeżeli jakiś odgłos zwróci naszą uwagę, poruszamy głową, aby dobiegał równomiernie do obojga uszu. Wszystko to wymaga skomplikowanej koordynacji mięśni czworobocznego i mostkowo-obojczykowo-sutkowego i wielu innych.

Mięsień czworoboczny i mięśnie mostkowo-obojczykowo-sutkowe w akcji na Równinie Serengeti

Gepard to najszybszy ssak na Ziemi. Może biec z prędkością sięgającą niemal stu kilometrów na godzinę. Poruszając się z taką niewiarygodną prędkością, drapieżnik cały czas skupia wzrok na ściganej ofierze. Jedenasty nerw czaszkowy umożliwia odpowiedni ruch głowy, a w ślad za nią odpowiednio kieruje się całe ciało.

Antylopa uciekająca przed gepardem szuka wolnej przestrzeni, przez którą może przebiec bez obijania się o żadne przeszkody. Kiedy oczy znajdują taką przestrzeń, w tym samym kierunku zwraca się głowa, a następnie całe ciało.

Antylopa nie jest tak szybka jak gepard, ale ma nad nim pewną przewagę: jeżeli biegnie w linii prostej, drapieżnikowi łatwo ją dopaść, ale przy tak lekkim ciele i cienkich nogach antylopa jest w stanie szybciej skręcać. Dlatego podczas ucieczki przed gepardem biegnie zygzakiem. Drapieżnik nie nadąża ze zmianami kierunku. Dzięki swojej zręczności dorosła zdrowa antylopa zwykle uchodzi pościgowi geparda. Co więcej, jest także bardziej wytrzymała i może utrzymywać wysokie tempo biegu przez dłuższy czas niż goniący ją gepard.

Kiedy gepard, lew czy tygrys ścigają ofiarę, ale nie udaje im się od razu jej dogonić, intensywność wysiłku sprawia, że drapieżnicy są wyczerpani. Odzyskanie energii koniecznej do kolejnego polowania zajmuje kilka godzin. Dlatego właśnie przed podjęciem kosztownej próby gepard przez pewien czas przygląda się stadu antylop, żeby wybrać jednego starego lub chorego osobnika albo młode, kryjące się w wysokiej trawie u boku matki. Połowa młodych antylop pada ofiarą drapieżników przed osiągnięciem samodzielności.

W przypadku zarówno myśliwego, jak i ofiary przetrwanie do pewnego stopnia zależy od umiejętności poruszania głową bez wysiłku, a to zadanie głównie mięśnia czworobocznego i mostkowo-obojczykowo-sutkowego, unerwianych przez nerw czaszkowy XI. Kręcenie głową to sprawa życia i śmierci, nic zatem dziwnego, że struktura tego nerwu jest mocno rozwinięta i skomplikowana, aby do włókien mięśniowych docierały precyzyjne impulsy.

Wykorzystywanie mięśnia czworobocznego podczas raczkowania

Mięsień czworoboczny to jeden z pierwszych mięśni, których my, ludzie, używamy jako dzieci. Kiedy dziecko leży na brzuchu, jego najwcześniejszy ruch to wygięcie pleców w łuk i podniesienie głowy przy użyciu tego właśnie mięśnia. Następnie, gdy głowa jest już w górze, dziecko może nią poruszać i rozglądać się dookoła dzięki mięśniom mostkowo-obojczykowo-sutkowym. (Zob. „Dziecko na brzuchu" w Dodatku).

Kolejny etap w rozwoju dziecka to podniesienie głowy na tyle wysoko, że ramiona przesuwają się pod barki, żeby podtrzymać ciężar górnej połowy ciała. Dzięki temu dziecko wkrótce będzie mogło chodzić na czworakach. W takiej pozycji napięcie włókien górnej części mięśnia czworobocznego rozciąga szyję i wygina ją w łuk, podnosząc głowę, dzięki czemu twarz jest skierowana na wprost. (Zob. „Dziecko na czworakach" w Dodatku). Żeby to osiągnąć, dziecko napina w mniej więcej równym stopniu wszystkie włókna trzech części mięśnia czworobocznego. Wygina dolną część pleców w łuk dzięki dolnej części mięśnia czworobocznego, przyciąga ramiona ku sobie dzięki środkowej części i podnosi głowę, kierując jej czubek do tyłu, dzięki górnej części. Głowa jest utrzymywana w górze i równoważona przez mięsień czworoboczny oraz kręgi szyjne częściowo także wskutek działania mięśnia półkolcowego głowy, największego mięśnia karku. Dzięki temu mięsień mostkowo-obojczykowo-sutkowy może z łatwością kręcić głową.

Na tym etapie rozwoju dziecko utrzymuje swój ciężar na rękach i kolanach. Porusza się podobnie jak inne czworonożne ssaki. Wkrótce dziecko może próbować raczkować do przodu przez poruszanie jednego ramienia wprzód, a drugiego w tył. Taki asymetryczny ruch ramion podczas raczkowania wymaga asymetrycznego użycia mięśnia czworobocznego.

Gdy ciało opiera się na wszystkich czterech kończynach, ramiona i uda znajdują się pod kątem prostym do tułowia. Dziecko naciska w dół ramionami, a wtedy dokładnie taka sama siła wciska ramiona do panewki stawowej stawu barkowego. Znajdujące się tam proprioreceptory sygnalizują wtedy mózgowi, że ramiona i barki działają prawidłowo i znajdują się w stanie równowagi.

Zmiany funkcjonowania mięśnia czworobocznego – od raczkowania do pozycji stojącej

Podczas raczkowania dzieci opierają ciężar ciała na wszystkich czterech kończynach. Jeśli weźmiemy pod uwagę mięśnie, kości i nerwy uczestniczące w takim ruchu, ludzie mają taką samą strukturę fizyczną jak zwierzęta czworonożne.

Żyjemy w warunkach ciążenia, a grawitacja zawsze ciągnie nas w dół. Gdy pełzaliśmy, ciężar ciała rozkładał się mniej więcej po równo na wszystkie cztery kończyny, które podtrzymywały ciało, „pchając" je w górę. To stabilna konstrukcja.

Kiedy wstaliśmy, żeby utrzymywać równowagę na tylnych kończynach, musieliśmy użyć mięśni i kości w zupełnie nowy sposób. W kwestii równoważenia się napięć w układach kostnym i mięśniowym zmieniło się wszystko. Zamiast obserwować mniej lub bardziej równomierne napięcie włókien mięśniowych widzimy, że niektóre mięśnie są chronicznie spięte, a inne – rozluźnione. Zamiast rozkładać ciężar ciała na cztery podpory, w postawie stojącej utrzymujemy ciężką, górną połowę ciała jedynie na dwóch stawach kulistych łączących nogi i biodra, co w porównaniu z pozycją na czworakach jest o wiele mniej stabilną opcją. (Zob. „Dziecko w postawie stojącej" w Dodatku).

W miarę upływu kilkudziesięciu lat wyprostowana postawa oparta na dwóch tylnych kończynach może wywoływać problemy, z którymi nie muszą zmagać się czworonożne zwierzęta. U większości ludzi powszechne jest powiększanie się z wiekiem wysunięcia głowy do przodu. (Zob. następna część na temat wysunięcia głowy do przodu i powiązanych z nim problemów zdrowotnych).

Gdy zaczęliśmy pełzać na czworakach, mięsień czworoboczny utrzymywał głowę wysoko w górze. Jego trzy części funkcjonowały jak jeden mięsień, w którym wszystkie włókna miały zbliżony poziom napięcia. Niektóre z nich ściągały barki ku sobie i do tyłu, żeby wesprzeć górną część kręgosłupa, z kolei włókna działające w innych kierunkach unosiły głowę w górę i do tyłu.

Kiedy przeszliśmy do postawy stojącej, części mięśnia czworobocznego utraciły jednolitość. Nie musiały już ściągać barków w tyle ani podnosić głowy do góry, tak jak to miało miejsce wcześniej. Włókna nie działały już jako jeden mięsień, ale podzieliły się na trzy jednostki funkcjonalne – obecnie traktowane jako górny, środkowy i dolny mięsień czworoboczny – i te trzy grupy włókien zaczęły pracować osobno. Jedna z części musi zatem być nadmiernie napięta, podczas gdy w innej napięcie jest za słabe. Odbija się to nie tylko na ustawieniu kości barków, lecz także całego kręgosłupa. (Zob. „Mięsień czworoboczny" w Dodatku).

Ludzki kręgosłup ma zupełnie inną formę niż kręgosłup konia, kozy czy żyrafy. Zwierzęta czworonożne opierają część ciężaru ciała na przednich nogach, inaczej niż człowiek, którego ramiona zwisają swobodnie i żadna siła nie wpycha ich już w stawy barkowe.

Jeżeli bolą nas barki, często zadajemy sobie pytanie, jakie działanie z naszej strony spowodowało ból – pewnie podnieśliśmy coś ciężkiego albo czymś rzuciliśmy, na przykład piłką baseballową, a nie byliśmy do tego przyzwyczajeni. Niedocenianym czynnikiem wpływającym na powstawanie zaburzeń wywołujących bóle barków mogą być jednak zmiany, które zachodzą właśnie dlatego, że stoimy wyprostowani i opieramy ciężar na samych nogach. Trudno przewidzieć, co ze strukturą mięśniowo-szkieletową człowieka robi utrzymujący się całe życie nawyk nieruchomego siedzenia na krześle. Nic zatem dziwnego, że wielu fizjoterapeutów jako najpowszechniejsze problemy, z którymi się spotykają, wskazuje właśnie bóle barków.

Kręgosłup człowieka ma pewne słabości, które prowadzą do sztywnienia szyi, bólu pleców czy problemów z barkami. Kiedy stoimy, relacja między głową a kręgosłupem jest inna niż w postawie na czworakach. (Zob. „Dziecko w postawie stojącej" w Dodatku). Możemy utrzymać równowagę, stojąc na nogach, dzięki temu, że górna część mięśnia czworobocznego nie ustawia się już w sposób pozwalający na utrzymywanie głowy w górze i ściąganiu jej do tyłu, przez co ma ona tendencję do opadania w przód.

Środkowa część mięśnia czworobocznego nie ściąga już barków razem w kierunku kręgosłupa, aby stworzyć stabilną podstawę. U większości z nas natomiast łopatki przesuwają się w dół pleców, do przodu i na boki. W porównaniu z beczkowatą klatką piersiową czworonożnych zwierząt nasza klatka piersiowa jest zapadnięta, a brzuch zwisa na zewnątrz. Taką postawę przyjmuje aktor, żeby odegrać postać, która utraciła poczucie własnej wartości.

Kiedy dolna część mięśnia czworobocznego nie funkcjonuje tak jak podczas poruszania się na czworakach, kręgosłup skraca się, a głowa wychyla się w przód. Zmiany te nie są skutkiem zwiększonego napięcia mięśniowego, ale raczej ogólnej utraty równowagi napięcia trzech części mięśnia czworobocznego, który utrzymywał głowę w górze wbrew stale ciągnącej ją w dół grawitacji.

W celu poprawy funkcjonowania mięśnia czworobocznego musimy zatem zwiększyć napięcie włókien mięśniowych w jego wszystkich trzech częściach przez stymulację docierających do nich nerwów. Możemy to osiągnąć dzięki prostemu ruchowi, który nazywam „Ćwiczeniem obrotowym" (zob. Część druga). W przeciwieństwie do wielu innych ćwiczeń nie rozciąga ono ani nie wzmacnia mięśnia. Dzięki kurczeniu i rozluźnianiu napięcia w mięśniu prowadzi ono do pobudzenia nerwów unerwiających mięsień czworoboczny. Nadmiernie napięte strefy mięśnia mogą się rozluźnić, podczas gdy tam, gdzie to konieczne, napięcie w mięśniu rośnie.

Asymetryczne napięcie mięśnia czworobocznego

Między grupami włókien tworzących górny, środkowy i dolny mięsień czworoboczny zawsze istnieją różnice w stopniu napięcia. Inne jest także napięcie po prawej i lewej stronie. Asymetria poszczególnych części może zakłócić równowagę obu barków.

Mięsień czworoboczny jest przyczepiony do kręgosłupa szyjnego i piersiowego, niezrównoważone napięcie lewej i prawej strony zwiększa zatem obracanie, rozciąganie zginanie i przechylanie się kręgosłupa piersiowego. Zmieniają one przestrzeń wewnątrz klatki piersiowej, która z kolei wpływa na funkcjonowanie serca i płuc.

W niektórych przypadkach asymetria ta może także prowadzić do ucisku nerwów rdzeniowych wychodzących z tych segmentów i zakłócać działanie unerwianych przez nie narządów. Niektóre nerwy rdzeniowe (Th1–Th4) docierają do serca, inne (Th5–Th8) do płuc. Pozostałe (Th9 i niższe) łączą się z różnymi narządami wewnętrznymi.

Asymetryczne napięcie mięśnia mostkowo-obojczykowo-sutkowego

Mięśnie mostkowo-obojczykowo-sutkowe po obu stronach to główne mięśnie odpowiadające za obracanie głowy w lewo i prawo, a ich chroniczne napięcie prowadzi do sztywnienia szyi. Dziecko, u którego występuje ten problem, gdy leży na plecach, zazwyczaj zwraca głowę w jedną stronę. Z czasem schorzenie to może zostać zdiagnozowane u dziecka jako kręcz szyi.

Jeżeli u kogoś ze sztywniejącą szyją zbadasz tył głowy, możesz zauważyć, że jest ona płaska po jednej stronie. W takim przypadku „Technika zaokrąglania płaskiej głowy" opisana na stronie 214 może nie tylko rozluźnić spięty mięsień mostkowo-obojczykowo-sutkowy, lecz także do pewnego stopnia zainicjować zaokrąglanie się tyłu głowy nawet u dorosłego.

Sztywniejąca szyja zwykle współwystępuje ze skrętem pierwszego kręgu szyjnego zwanego atlasem (zob. „Atlas" w Dodatku), co zmniejsza dopływ krwi do rdzenia przedłużonego. U dorosłych sztywna szyja może wskazywać na dysfunkcję nerwu XI, który – jak już wcześniej zaznaczyliśmy – jest jednym z pięciu nerwów czaszkowych koniecznych do wejścia w stan zaangażowania społecznego.

Rozluźnienie mięśnia mostkowo-obojczykowo-sutkowego ułatwia zatem zachowanie związane z zaangażowaniem społecznym.

Obserwacje związane z tym tematem nie są niczym nowym. Informacje o tego rodzaju spostrzeżeniach pochodzą sprzed tysięcy lat. Zaskakująco dużo wzmianek o ludziach o „twardym karku" znajduje się w Biblii. Na przykład werset 17 w dziewiątym rozdziale księgi Nehemiasza brzmi: „I uchylali się od posłuszeństwa i nie pamiętali o cudach, któreś dla nich uczynił. Byli twardego karku i uwzięli się, by wrócić do niewoli swej w Egipcie"[54].

Nowy obraz nerwu XI

Kręcenie głową jest jednym z najważniejszych i najbardziej skomplikowanych ruchów ciała. To jedna z pierwszych akcji, które wykonuje dziecko, a jesteśmy do niej tak przyzwyczajeni, że zwykle nawet o niej nie myślimy. Kontrola mięśnia czworobocznego i mostkowo-obojczykowo-sutkowego wymaga skomplikowanego kurczenia i rozluźniania wielu pojedynczych włókien nerwowych, działanie to zaś jest uzależnione od właściwego funkcjonowania nerwu XI.

Na większości ilustracji anatomicznych próbuje się przedstawić nerw XI ze wszystkimi gałęziami na jednym rysunku, ale osobiście uważam te grafiki za zagmatwane. Aby umożliwić czytelnikom lepsze zrozumienie tej skomplikowanej struktury, poprosiłem ilustratora o przygotowanie kilku nowy kolorowych grafik, które przedstawiają trzy części tego jakże ważnego nerwu. (Zob. cykl „Nerw XI" w Dodatku). Jedna z gałęzi nerwu XI bierze swój początek w rdzeniu przedłużonym i nazywana była dawniej „częścią czaszkową". Obecnie uważa się ją za część nerwu błędnego – gałąź, która unerwia mięśnie gardłowe omawiane w Rozdziale 4. Kolejna gałąź, nazywana „rdzeniowym nerwem dodatkowym", oddziela się od rdzenia kręgowego tuż poniżej czaszki, następnie biegnie bezpośrednio do włókien mięśnia czworobocznego i mostkowo-obojczykowo-sutkowego. Istnieje jeszcze jedna gałąź rdzeniowego nerwu dodatkowego, składająca się z włókien nerwowych, które opuszczają rdzeń kręgowy i splatają się ze sobą, a następnie wchodzą do czaszki przez otwór wielki i biegną po dnie czaszki aż do otworu szyjnego w podstawie czaszki, przez który ją opuszczają.

Mimo tak zróżnicowanego przebiegu dróg nerwowych wszystkie gałęzie nerwu XI działają razem w skoordynowany sposób, unerwiając różne części mięśnia czworobocznego i mostkowo-obojczykowo-sutkowego.

Nerw XI i część brzuszna nerwu błędnego (nerw X) są ściśle powiązane nie tylko pod względem funkcjonalnym – jako dwa z pięciu nerwów czaszkowych koniecznych do osiągnięcia stanu zaangażowania społecznego – lecz także strukturalnym. Na dwóch schematach nerwu XI zamieszczonych w Dodatku widać wyraźne połączenie między gałęziami nerwu XI i częścią brzuszną nerwu błędnego tuż za otworem szyjnym. Włókna nerwu dodatkowego splatają się z włóknami nerwu błędnego na odcinku kilku milimetrów poza czaszką. Oprócz tego oba nerwy biorą swój początek w jądrze dwuznacznym, paśmie włókien nerwowych w rdzeniu przedłużonym.

Nic zatem dziwnego, że prawidłowe lub nieprawidłowe funkcjonowanie nerwu błędnego znajduje bezpośrednie odzwierciedlenie w funkcjonowaniu nerwu XI. Badanie jego stanu pod kątem wskazywania na istnienie dysfunkcji daje takie same wyniki, jak test części brzusznej nerwu błędnego.

Nerw XI i część brzuszna nerwu błędnego

Test ściskania mięśnia czworobocznego wskazuje nie tylko na prawidłowe lub nieprawidłowe funkcjonowanie nerwu XI, lecz także wszystkich pozostałych nerwów koniecznych do osiągnięcia stanu zaangażowania społecznego. Wszystkie pięć nerwów współpracuje ze sobą. Jeżeli działanie jednego z nich jest zaburzone, w pozostałych także pojawią się dysfunkcje. Jeśli poprawimy działanie jednego, tym samym poprawi się stan pozostałych czterech.

Gdy zacząłem stosować test ściskania mięśnia czworobocznego do badania nerwu XI i części brzusznej nerwu błędnego, podczas którego prosiłem pacjentów o otwarcie ust i powtarzanie „a–a–a", zauważyłem, że jeśli napięcie mięśnia czworobocznego po obu stronach było inne, test na unoszenie języczka wykazywał dysfunkcję części brzusznej nerwu błędnego. Postanowiłem przeprowadzić w klinice nieformalne badanie.

Przebadałem kolejnych osiemdziesięciu pacjentów, którzy zgłosili się do mnie na terapię: sprawdzałem część brzuszną nerwu błędnego (za pomocą testu na unoszenie języczka, analizującego funkcjonowanie gałęzi gardłowej, omówionego w Rozdziale 4), a następnie działanie nerwu XI (za pomocą testu ściskania mięśnia czworobocznego). Wykazałem istnienie stuprocentowej korelacji między wynikami obu testów. Na tej podstawie postawiłem bezpieczny wniosek, że badanie mięśnia czworobocznego jest miarodajnym wskaźnikiem prawidłowego lub nieprawidłowego funkcjonowania części brzusznej nerwu błędnego.

Po wykonaniu przez pacjentów Ćwiczenia podstawowego ponownie przeprowadzałem oba badania, które wykazywały poprawę stanu zarówno nerwu XI, jak i części brzusznej nerwu błędnego. Pacjenci zgadzali się ze mną: „Teraz, kiedy pan ściska, uczucie po obu stronach jest podobne". Prosiłem ich o pokręcenie głową i zbadanie wrażeń dotyczących głowy, szyi i barków. W prawie wszystkich przypadkach zwiększyła się swoboda ruchu i pacjenci mogli poruszać głową w większym zakresie, a ból wywoływany przez ruch osłabł lub zupełnie zniknął.

Test ściskania mięśnia czworobocznego a problemy z barkami i szyją

Niektóre z powszechnie powtarzanych skarg pacjentów korzystających z fizjoterapii i terapii ciała to sztywnienie szyi i ból barków. Jak wspomniałem wyżej, problemy te zazwyczaj wynikają z braku prawidłowego napięcia mięśni czworobocznego lub mostkowo-obojczykowo-sutkowego, które mogą być chronicznie spięte lub rozluźnione.

Większość fizjoterapeutów, masażystów i terapeutów ciała zaczyna terapię od pracy bezpośrednio z napiętymi mięśniami barków, a nie zastanawia się nad stanem autonomicznego układu nerwowego pacjenta. Kiedy w moim gabinecie zjawiają się pacjenci skarżący się na bóle barków, stosuję podejście oparte na wnioskach z badań Cottinghama, Porgesa i Lyona[55].

Ich praca wykazała, że do osiągnięcia pozytywnych rezultatów masażu powięziowego, mięśniowo-powięziowego lub szerzej pojętych technik rozluźniania mięśni konieczne jest właściwe funkcjonowanie części brzusznej nerwu błędnego przed podjęciem interwencji. Dlatego najpierw badam część brzuszną nerwu błędnego albo wykonuję opisany poniżej test nerwu XI. Często jest on szybszy i mniej inwazyjny niż badanie części brzusznej, podczas którego pacjenci muszą otworzyć usta i powtarzać „a–a–a", a ja przyświecam sobie latarką i obserwuję ruchy języczka.

W tym badaniu trzeba tylko ścisnąć mięśnie górnej części barku. Test ściskania mięśnia czworobocznego zajmuje zaledwie kilka sekund i świetnie nadaje się do stosowania u dzieci i osób z zaburzeniami ze spektrum autyzmu, w przypadku których możemy napotkać trudności w nawiązywaniu współpracy koniecznej przy klasycznej technice.

Przed przeprowadzeniem takiego badania należy najpierw poćwiczyć na kilku osobach, aby wypracować niezbędne umiejętności kinestetyczne. To normalne, że przy pierwszych kilku próbach badania mięśnia czworobocznego pojawi się uczucie niepewności. Po kilku podejściach powinno się jednak okazać, że nabierasz wyczucia.

Nerw XI można zbadać przez przesuwanie, podnoszenie i rolowanie szczytu mięśnia czworobocznego (w górnej części barków, w połowie drogi między szyją a krawędzią barku) oraz porównanie jego lewej i prawej strony. Choć mięsień czworoboczny pokrywa spory obszar, jest bardzo cienki.

1. Złap go po obu stronach i ściśnij lekko kciukiem i palcem wskazującym (Rysunek 2). Początkujący zazwyczaj po prostu łapią mięsień, natomiast im lżej go ściśniesz, tym lepiej.
2. Jeżeli ściśniesz mięsień lekko i powoli, będziesz w stanie go delikatnie unieść nad mięśnie znajdujące się pod nim.

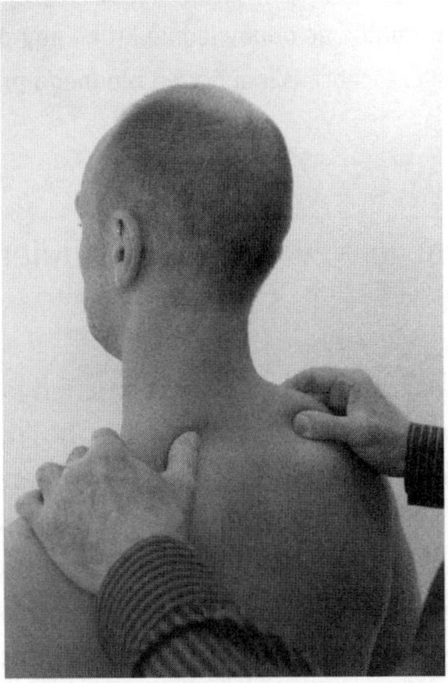

Rysunek 2. Test ściskania mięśnia czworobocznego

3. Porównaj napięcie mięśnia czworobocznego po jednej stronie z napięciem po drugiej. Obie strony wydają ci się takie same czy jedna z nich jest twardsza? W idealnej sytuacji obie strony powinny być miękkie i elastyczne. Często natomiast tak jest po jednej stronie, ale po drugiej już nie. Jeżeli ściśniesz je powoli, lekko naciskając, poczujesz, że mięsień po jednej stronie pozostaje rozluźniony, miękki, ugina się pod mocniejszym naciskiem, podczas gdy po drugiej stronie reakcja na twój dotyk to napięcie i stwardnienie, nawet przy naciskaniu z bardzo małą siłą.
4. Ludziom, których badam, zadaję pytanie: „Gdy naciskam, obie strony wydają ci się takie same czy czymś się różnią?". Jeżeli pacjent odpowiada, że jest różnica, pytam: „Która strona jest bardziej napięta?". W tym momencie bardzo często zdarza się coś, czego nie rozumiem: w ponad połowie przypadków, kiedy stosuję ten test, nie zgadzam się z badaną osobą co do tego, która strona jest bardziej napięta czy też „twarda". Nie wiem, dlaczego tak jest. Doszedłem jednak do wniosku, że nie ma to wpływu na skuteczność terapii. Chodzi jedynie o to, że zgadzamy się z pacjentem co do tego, że między obiema stronami występuje różnica.
5. Jeżeli istotnie się zgadzamy, że jest jakaś różnica, wskazuje to na dysfunkcję nerwu XI i pozwala stwierdzić, że autonomiczny układ nerwowy pacjenta nie znajduje się w stanie zaangażowania społecznego, lecz w stanie stresu lub wycofania związanego z aktywnością części grzbietowej nerwu błędnego. Możemy zatem podjąć odpowiednie kroki, aby przywrócić prawidłowe funkcjonowanie części brzusznej nerwu błędnego przed podjęciem dalszej terapii.

Problemy ze zdrowiem związane z wysunięciem głowy do przodu

Wysunięcie głowy do przodu jest powiązane z dysfunkcjami mięśnia czworobocznego oraz mięśni mostkowo-obojczykowo-sutkowych (Rysunek 3) i może powodować poważne problemy zdrowotne. Wysunięcie głowy do przodu to jeden ze skutków ogólnej złej postawy.

Wielu z nas traci z wiekiem właściwą postawę, którą mieliśmy jako dzieci. Mogą pojawiać się coraz większe problemy z oddychaniem oraz sporadyczne zawroty głowy. Problemy te zwykle nie są uważane za zaburzenia chorobowe. Lekarze uznają je raczej za element normalnego procesu starzenia, z którym nic nie da się zrobić.

Nie istnieje żaden lek ani zabieg, który pozwalałby przeciwdziałać tym objawom jako takim.

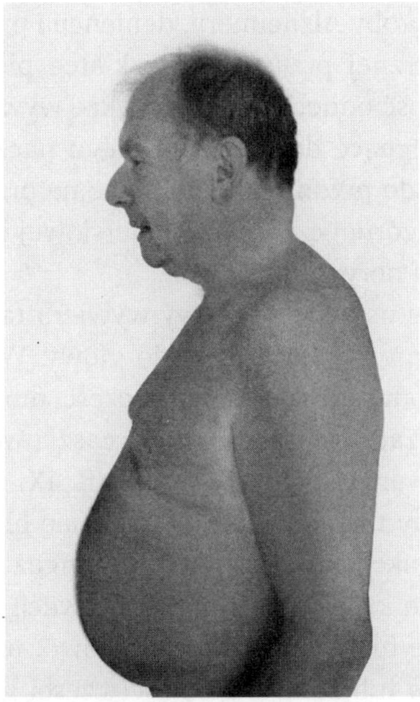

Rysunek 3. Wysunięcie głowy do przodu

W przypadku problemów z wysunięciem głowy do przodu szyja może stać się obwisła, przez co głowa jeszcze bardziej przesuwa się do przodu. Górna część klatki piersiowej zapada się i redukuje przestrzeń dla serca i płuc. Wysunięcie głowy do przodu uniemożliwia także działanie mięśni odpowiedzialnych za podnoszenie pierwszego żebra podczas wdechu, z czego wynikają trudności z oddychaniem.

Z upływem czasu, w miarę jak wysunięcie głowy do przodu się pogłębia, tracimy coraz więcej wydolności oddechowej. Wysunięcie głowy do przodu często występuje u osób z zaburzeniami oddechowymi, takimi jak astma czy przewlekła obturacyjna choroba płuc[56]. Nic zatem dziwnego, że odczuwają one ogólne zmęczenie i niski poziom energii. Badania opublikowane w „Journal of the American Geriatric Society" wskazują również, że osoby takie mają krótszą oczekiwaną dalszą długość życia – krótszą nawet od ludzi palących paczkę papierosów dziennie – a u starszych pacjentów z wysunięciem głowy do przodu odnotowuje się znacznie wyższy współczynnik umieralności[57].

Czy ograniczone funkcjonowanie tych nerwów mogłoby się także przyczyniać do choroby Alzheimera, demencji i procesów starzenia? Utrata wewnętrznej przestrzeni w klatce piersiowej nie tylko zmniejsza wydolność oddechową, lecz także wywiera nacisk na serce i przytłacza biegnące do niego i z niego naczynia krwionośne. Wysunięcie głowy do przodu napiera także na przestrzenie międzykręgowe szyi oraz górnej części klatki piersiowej i uciska znajdujące się na tym odcinku nerwy rdzeniowe.

Co więcej, takie ustawienie głowy wywiera także nacisk na tętnice kręgowe doprowadzające krew do głowy. Wskutek tego mniej krwi dociera do twarzy, poszczególnych części mózgu i rdzenia przedłużonego, gdzie zaczynają się nerwy czaszkowe odpowiedzialne za stan zaangażowania społecznego: V, VII, IX, X i XI. Jak można się spodziewać, gdy tak się dzieje, stajemy się bladzi, brakuje nam spontanicznych reakcji mimicznych i nie angażujemy się społecznie. Jeżeli krążenie krwi w tych pięciu nerwach jest niewystarczające, mogą one nie funkcjonować prawidłowo, przez co popadamy w chroniczny stres lub stan aktywności części grzbietowej nerwu błędnego.

Wiele objawów bólu i sztywnienia pojawia się z czasem właśnie w wyniku pogarszania się postawy ciała. Według biuletynu Mayo Clinic: „Wysunięcie głowy do przodu prowadzi do długotrwałego obciążenia mięśni, zapalenia stawów i napięcia nerwów”[58].

Neurochirurg, laureat Nagrody Nobla, doktor Alf Breig stwierdził: „Utrata krzywizny szyjnej rozciąga rdzeń kręgowy o pięć do siedmiu centymetrów i wywołuje schorzenia”[59]. Charakterystyczne dla wysunięcia głowy do przodu sztywnienie szyi usztywnia także cały kręgosłup. Według doktora Rogera Sperry’ego, laureata Nagrody Nobla za badania mózgu: „Dziewięćdziesiąt procent stymulacji mózgu i jego odżywiania jest generowane przez ruch kręgosłupa”[60].

Osoby z wysunięciem głowy do przodu często mają problemy z oddychaniem i odczuwają łagodny ból pleców, a kręgosłup jest wrażliwy i sztywny. Emocjonalnie osoby te doświadczają apatii i obojętności na zdarzenia dziejące się wokół nich – objaw charakterystyczny dla wycofania związanego z aktywnością części grzbietowej nerwu błędnego.

Głowa widziana z profilu powinna znajdować się dokładnie nad środkiem ramienia. Z wiekiem jednak u wielu z nas wysuwa się ona do przodu, co widać po uchu przesuniętym do przodu w stosunku do środka ramienia. W takim przypadku zazwyczaj się garbimy, górna część klatki piersiowej zapada się, a głowa nie utrzymuje równowagi na szyi. Mięśnie szyi muszą ciągle pracować, aby powstrzymać głowę przed dalszym przesuwaniem się do przodu.

„Wysunięcie się głowy do przodu o każde kolejne dwa centymetry (...) może zwiększyć ciężar, z jakim głowa działa na kręgosłup, o dodatkowe 4,5 kilograma" – twierdzi Adalbert Ibrahim Kapandji w książce *The Physiology of the Joints* (wyd. pol. *Anatomia funkcjonalna stawów*)[61]. Głowa sama w sobie waży około 5,5 kilograma, a wielu z nas wychyla ją do przodu o cztery lub nawet sześć centymetrów.

Gdy człowiek widoczny na zdjęciu przedstawiającym wysunięcie głowy do przodu przyszedł do mnie na terapię, uskarżał się na trudności z oddychaniem i ogólne zmęczenie. Pozycja jego głowy nie była wywołana spiętymi mięśniami, ale rozluźnieniem mięśni czworobocznych. Jak wspomniałem wcześniej, wysunięcie głowy do przodu często wynika z dysfunkcji mięśni czworobocznego i mostkowo-obojczykowo-sutkowego: pierwszy jest niedostatecznie napięty, a drugi znajduje się w stanie stałego napięcia. Poprawione napięcie tych mięśni przywraca lepszą pozycję głowy.

Wiele form masażu i terapii ruchowej dobrze oddziałuje w przypadku mięśni całego ciała. W wypadku tych dwóch mięśni, unerwionych przez nerwy czaszkowe, stosuję jednak inne podejście. Pierwszym krokiem do normalizacji napięcia w obu mięśniach jest wykonanie Ćwiczenia podstawowego (zob. Część druga). Często widzę, że już po tym ćwiczeniu – nawet jeśli pacjent spotkał się z nim dopiero pierwszy raz – głowa częściowo wraca do prawidłowej pozycji.

Aby jeszcze bardziej zniwelować wysunięcie głowy i przywrócić ją do pionowego ułożenia, stosuję także dwa inne ćwiczenia: „Ćwiczenie obrotowe" i „Ćwiczenia salamandry". (Instrukcje dotyczące tych ćwiczeń znajdują się Części drugiej).

Blizny jako czynnik wywołujący wysunięcie głowy do przodu

Blizny pojawiają się po zabiegach chirurgicznych, żeby wzmocnić ciało na wypadek gdyby w przyszłości w tym samym miejscu powstała podobna rana. Pacjent może rozumieć, że takie dodatkowe rusztowanie nie jest konieczne, bo prawdopodobieństwo kolejnego nacięcia w dokładnie takim samym miejscu jest bardzo niewielkie, ale tkanka łączna przecież tego nie wie.

Choć sama operacja może nie być konieczna ani niezbędna do uratowania życia, warstwy mięśni i powięzi kurczą się i grubieją w miarę zanikania rany, a zmiany w sieci powięziowej rozchodzą się poza obszar samego cięcia i oddziałują na całe ciało. Każdy zabieg chirurgiczny wywołuje tego rodzaju negatywne skutki uboczne, którymi prawie nigdy nikt się nie zajmuje.

Choć blizna widoczna na powierzchni może nie być duża, pod skórą w niższych warstwach powięzi może narosnąć pokaźna ilość tkanki na mięśniach i tkance łącznej. Nawet przy zabiegach laparoskopowych, minimalizujących uszkodzenia tkanki, głęboko pod skórą powstają blizny.

Między sąsiadującymi ze sobą warstwami mięśni i tkanki łącznej powinna znajdować się niewielka ilość gęstego płynu, który umożliwia im swobodne przesuwanie się. Czasem podczas operacji płyn ten jednak jest wystawiony na działanie powietrza i wysycha, a obie warstwy, zamiast poruszać się w naturalny sposób, zaczynają do siebie przylegać.

Po nacięciu powstałym podczas zabiegu chirurgicznego lub w wyniku zranienia tkanka łączna wytwarza dodatkowe włókna kolagenowe, które wiążą jedną warstwę mięśni lub powięzi z sąsiednią. Kiedy dwie warstwy zrosną się ze sobą, nie przesuwają się już tak swobodnie jak kiedyś. Wielu chirurgów poświęca więcej czasu i zwraca uwagę na to, by tkanki należące do poszczególnych warstw zszyć ze sobą bez dołączania tkanek z innych warstw.

Niestety, niektórzy lekarze nie rozumieją, jak ważne jest takie podejście i zszywają warstwy w sposób przypadkowy, aby oszczędzić czas i pieniądze. W rezultacie mięśnie i tkanka łączna w tym miejscu stają się o wiele mniej elastyczne. Blizna w dotyku jest grubsza i twardsza, a do tego formuje się nie tylko na powierzchni, ale także głębiej w strukturach ciała. Po cesarskim cięciu blizna sięga od powierzchni skóry aż do macicy. Jeżeli blizna znajduje się w rejonie klatki piersiowej lub brzucha, ogranicza przestrzeń oddechową.

Bliznowacenie po operacji ściąga wszystko razem w węzeł. Poszczególne warstwy wysychają i łączą się ze sobą, a ruch jest ograniczony. W miarę jak tkanka łączna z przodu napina się, dodatkowo skraca ciało i jeszcze bardziej ściąga głowę do przodu i w dół. Dlatego wszystkim osobom, które przeszły operację klatki piersiowej lub brzucha, zalecam znalezienie masażysty umiejącego łagodzić napięcie w bliznach.

Koncepcja terapii blizn zakłada zajęcie się ograniczeniami we wszystkich poszczególnych warstwach mięśni i tkanki łącznej, a następnie oddzielenie warstw od siebie, tak aby mogły swobodnie przesuwać się względem siebie. Regularnie zaskakuje mnie ogromna poprawa zakresu ruchu głowy i szyi, elastyczności kręgosłupa i ogólnie lepsza postawa, które obserwuję po pracy nad rozluźnieniem blizn.

Wysunięcie głowy do przodu i napięcie mięśni podpotylicznych

O ile mięsień mostkowo-obojczykowo-sutkowy i czworoboczny odpowiadają za ogólne ruchy obrotowe głowy, o tyle precyzja tych obrotów jest wynikiem działania niewielkich mięśni podpotylicznych znajdujących się między kością potyliczną a pierwszymi dwoma kręgami szyjnymi. Trzy z tych mięśni wyznaczają obszar nazywany trójkątem podpotylicznym. (Zob. „Mięśnie podpotyliczne" w Dodatku).

Gdy mięśnie podpotyliczne są napięte, mogą wywierać nacisk na nerw podpotyliczny (zob. „Nerw podpotyliczny" w Dodatku) i sąsiednie tętnice kręgowe otoczone przez tkankę łączną trójkąta podpotylicznego. Ogranicza to dopływ krwi do rdzenia przedłużonego oraz do pięciu nerwów czaszkowych, których funkcjonowanie jest konieczne do stanu zaangażowania społecznego.

W przypadku wysunięcia głowy do przodu mięśnie trójkąta podpotylicznego kurczą się, żeby powstrzymać opadanie podbródka na piersi. Jeżeli mięśnie te są utrzymywane w przedłużającym się stanie napięcia (przez miesiące czy lata), coraz bardziej się kurczą, co jeszcze bardziej podkreśla wysunięcie głowy do przodu i może dodatkowo ograniczyć dopływ krwi do rdzenia przedłużonego.

Nic zatem dziwnego, że tak wiele osób z głową wysuniętą do przodu narzeka na bóle głowy z tyłu szyi, tuż pod podstawą czaszki, gdzie znajdują się mięśnie podpotyliczne. Nacisk na nerwy podpotyliczne często objawia się jako ból w okolicy karku. To bardzo interesujące, że niektórzy pacjenci z bólami głowy narzekają na brak dostatecznej ilości energii (dopływ krwi) do głowy.

Zauważyłem, że u pacjentów z astmą bardzo słabo funkcjonuje część brzuszna nerwu błędnego. Prawie zawsze mają także głowę wychyloną do przodu. Mają sztywną górną część kręgosłupa piersiowego i ograniczoną zdolność do rozszerzania się klatki piersiowej na boki podczas wdechu. Zmniejszenie stopnia wysunięcia głowy do przodu niweluje problemy z oddychaniem.

Ćwiczenie podstawowe zazwyczaj osłabia napięcie mięśni podpotylicznych. Pierwszy kręg szyjny, dźwigacz, obraca się i wraca na swoje miejsce, zmniejsza się nacisk na tętnice kręgowe i zwiększa się dopływ krwi do rdzenia przedłużonego, a to z kolei poprawia zdolność zaangażowania społecznego.

Łagodzenie migrenowego bólu głowy

W przeciwieństwie do przewlekłej obturacyjnej choroby płuc migreny nie skracają oczekiwanej dalszej długości życia, ale zdecydowanie obniżają jego jakość. Istnieje wiele leków przeciwko migrenie w przystępnej cenie, ale nie działają za każdym razem i w przypadku każdego pacjenta. Do tego niektóre lekarstwa są drogie, a większość może wywoływać skutki uboczne. Dlatego wiele osób woli nie zażywać jakichkolwiek leków.

W Stanach Zjednoczonych rocznie czterdzieści pięć milionów ludzi cierpi na ból głowy, a dwadzieścia osiem milionów z nich zmaga się z migreną[62]. Nie tylko wpływa ona na jakość życia, lecz jest także jedną z najbardziej kosztownych dolegliwości ze względu na opuszczony czas pracy. W 2005 roku w samych Stanach Zjednoczonych straty oszacowano na siedemnaście miliardów dolarów[63].

Słowo „migrena" pochodzi od greckiego określenia oznaczającego „jedną stronę głowy". Jeżeli ból nie jest usytuowany z jednej strony głowy, nie uznaję go za migrenę. Tego rodzaju bóle głowy, często nazywane napięciowymi, wahają się od umiarkowanych do ostrych i zazwyczaj są intensywne, czasami pulsujące, utrzymują się od dwóch godzin do trzech dni. Niekiedy współwystępują z objawami dysfunkcji autonomicznego układu nerwowego. Pojawiają się nagle i często równie niespodziewanie ustają. To właśnie odróżnia migrenę od innych rodzajów bólu głowy, które czasem opisuje się jako „tępe", „po obu stronach głowy" czy porównuje do „ciasnego kasku", narastające stopniowo, nabierające intensywności i ustępujące powoli.

Migrenom mogą towarzyszyć inne objawy, takie jak zamglone widzenie, mdłości, wymioty, zmęczenie i nadwrażliwość na światło, dźwięk, zapach i dotyk. Inne współwystępujące objawy obejmują także zniekształcony obraz (widzenie obwódek) i zawroty głowy. Kobiety mogą również odczuwać tego rodzaju bóle głowy w określonym punkcie cyklu miesięcznego.

Lekarze często przyporządkowują migreny do różnych kategorii na podstawie objawów towarzyszących, a pacjenci zazwyczaj chcą przekazać mi dokładne informacje na ten temat, łącznie z tym, kiedy pojawiły się bóle i jak długo trwają. Choć dane te są ważne dla moich pacjentów, nie pomagają mi w terapii: wiem, że jeśli wyleczę ich migrenę, ustąpią także współwystępujące dolegliwości. Aby skutecznie zająć się migreną, muszę tylko wiedzieć, z której strony głowy pojawia się ból i których części najważniejszych mięśni szyi dotyczy.

W celu ustalenia tych danych pokazuję pacjentowi cztery rysunki wrażliwych punktów mięśni czworobocznego i mostkowo-obojczykowo-sutkowego. (Rysunki powstały na podstawie opisanych poniżej prac lekarzy Janet Travell i Davida Simonsa). Czerwone obszary na ilustracjach przedstawiają wzorce bóle, jakie mogą wynikać z napięcia mięśni szyi. Osobę skarżącą się na migrenowy ból głowy proszę o wybranie rysunku, który najbardziej odpowiada jej dolegliwości i dokładnie wskazanie miejsca, gdzie odczuwa ból.

Wszyscy bez wahania są w stanie wskazać ilustrację najlepiej oddającą ich model bólu. Dzięki tej informacji wiem, którego dokładnie mięśnia dotyczy problem. Bardzo interesują mnie wzorce bólu, dzięki którym dowiaduję się, gdzie dokładnie powinienem przeprowadzić interwencję manualną, żeby wywołać długotrwałą ulgę. Rysunki „Ból głowy" w Dodatku przedstawiają różne wzorce napięcia wywołującego migrenowe bóle głowy – różne wzorce bólu – i dokładnie wskazują miejsca, które należy masować w każdym przypadku. Nie odkryłem tego alternatywnego podejścia do leczenia migrenowych bólów głowy dzięki nagłemu olśnieniu, ale wypracowałem je na podstawie obserwacji poczynionych w ciągu wielu lat. W pracy obejmującej rolfing i inne terapie ciała spotykałem przede wszystkim pacjentów, którzy przychodzili do mnie z powodu bólu, jaki odczuwali gdzieś w swoim ciele.

Z książek doktor Janet Graeme Travell (1901–1997) dowiedziałem się o istnieniu punktów spustowych, które umożliwiają rozluźnienie mięśni i przynoszenie ulgi w bólu. Doktor Travell napisała z doktorem Davidem G. Simonsem i Loisem Simonsem dwutomowy podręcznik *Myofascial Pain and Dysfunction: The Trigger Point Manual*[64], pracowała także w Białym Domu jako lekarz prezydenta Johna Kennedy'ego, a następnie Lyndona Johnsona.

Prezydent Kennedy cierpiał na poważne bóle pleców wskutek ran odniesionych podczas służby w marynarce wojennej Stanów Zjednoczonych w trakcie drugiej wojny światowej. Piąta i ostatnia operacja, którą przeszedł we wrześniu 1957 roku, zupełnie pozbawiła go nadziei na rozwiązanie problemu bólu pleców dzięki zabiegowi chirurgicznemu. Zastosowany później konserwatywny program obejmujący wstrzykiwanie roztworu solankowego we wrażliwych punktach przyniósł jedynie umiarkowaną ulgę. Prezydent nosił gorset i kilka razy dziennie brał gorącą kąpiel, często podczas chodzenia używał kul, poza sytuacjami publicznymi. Janet Travell była jednak w stanie ulżyć mu w tym ciężkim, przewlekłym bólu pleców.

Badania doktor Travell wykazały, że napięcie w poszczególnych mięśniach wywołuje określone wzorce bólu. Większość niedoświadczonych masażystów po prostu masuje bolące miejsce, ale napięcie mięśniowe często skutkuje bólem i różnymi objawami w innych częściach ciała. Ból oddalony od źródła napięcia jest nazywany „bólem rzutowanym". Doktor Travell odkryła, że terapia nakierowana na określone punkty w mięśniach nie tylko osłabia ból w ich pobliżu, lecz może także zniwelować ból rzutowany. Miejsca te nazwała „punktami spustowymi".

Wszystkie mięśnie mają takie punkty. Terapeuci często dostrzegają, że miejsca te wydają się nieco twardsze w porównaniu z innymi obszarami na powierzchni mięśnia. Pacjent będzie miał wrażenie, że punkty te są bolesne. Masaż punktów spustowych osłabia ból w danym obszarze, a do tego niweluje także ból rzutowany występujący w oddaleniu od napiętego mięśnia. Niwelowanie bólu mięśni czworobocznego i mostkowo-obojczykowo-sutkowego szyi przez uciskanie właściwych punktów spustowych pozwala złagodzić migrenowy ból głowy.

Kupiłem do kliniki dwa plakaty ścienne, które przedstawiają w czytelny sposób punkty spustowe wielu najważniejszych mięśni. Każdy rysunek prezentuje wzorzec bólu w mięśniu, schemat danego mięśnia oraz miejsca, które należy masować w celu złagodzenia bólu. Pacjentów, którzy przychodzili na terapię z powodu bólu, prosiłem o wskazanie na plakacie rysunku odpowiadającego wzorcowi odczuwanego przez nich bólu. Dzięki temu wiedziałem, o który mięsień chodzi i jakie punkty spustowe zaznaczone znakami X powinienem masować, żeby przynieść pacjentom ulgę.

Gdy zajmowałem się punktami spustowymi mięśni odpowiedzialnych za migrenowe bóle głowy, dolegliwości ustępowały, nawet jeśli pacjent zmagał się z nimi przez dwadzieścia czy więcej lat.

Pacjenci często byli zaskoczeni tym, jak szybko znajdowałem miejsce, którym powinienem się zająć, i jak skutecznie umiałem łagodzić ból pozostający poza zasięgiem innych terapeutów. Rozdawałem pacjentom kserokopie rysunków odpowiednich mięśni. W przypadku nawrotu bólu mogli pomóc sobie sami lub pokazać schemat innemu terapeucie. Około jednej trzeciej osób zmagających się z migrenami czuje, kiedy nadchodzi kolejny atak bólu. Dzięki temu mogą się położyć, zażyć lek lub nawet wykorzystać ćwiczenia i techniki masażu opisane nieco dalej w tej części.

Moje kolejne ważne odkrycie, które pozwoliło mi wypracować skuteczny protokół leczenia migreny, wynikało z moich doświadczeń związanych z biomechaniczną terapią czaszkowo-krzyżową. Dwanaście nerwów czaszkowych pośredniczy w wymianie informacji między rdzeniem przedłużonym a różnymi częściami ciała, przede wszystkim głową i szyją. Jeden z nich, nerw XI, zwany dodatkowym, modyfikuje napięcie w mięśniach szyi: czworobocznym i mostkowo-obojczykowo-sutkowym. Mogą one odpowiadać za jeden z wzorców migrenowego bólu głowy.

Biomechaniczna terapia czaszkowo-krzyżowa dostarcza specjalnych technik zwalniających ograniczenia nerwu XI w miejscu, w którym wychodzi z czaszki. Najlepsze wyniki w leczeniu migren osiągam wtedy, gdy przed rozluźnianiem mięśni przez delikatne naciskanie punktów spustowych poprawiam funkcjonowanie nerwu XI. Wywołuje to szybszą i trwalszą ulgę w migrenowym bólu głowy.

Większość pacjentów jest zaskoczona tym, że odczuwa ulgę już podczas pierwszej sesji.

Jeżeli nerw XI nie funkcjonuje prawidłowo, zazwyczaj występują także zaburzenia w działaniu części brzusznej nerwu błędnego oraz nerwu IX. Terapia poprawiająca funkcjonowanie jednego z tych trzech nerwów od razu wpływa pozytywnie na pozostałe dwa, więc w praktyce nie trzeba zajmować się każdym nerwem osobno. Ćwiczenie podstawowe zazwyczaj przywraca prawidłowe funkcjonowanie wszystkich trzech nerwów.

Niektórzy autorzy zajmujący się migrenami uważają, że „przyczyny wywołujące ten rodzaj bólu pozostają nieznane[65]" – a nieznajomość przyczyny sprawia, że leczenie jest utrudnione. Inne badania wykazują, że z migrenami mogą być powiązane liczne schorzenia psychiczne, między innymi aktywność części grzbietowej nerwu błędnego, lęk, zaburzenia afektywne dwubiegunowe[66]. Bardzo mnie to interesuje w kontekście teorii poliwagalnej. W Rozdziale 6 przyjrzymy się bliżej kilku zaburzeniom psychicznym i odnotujemy, że mają one także aspekt fizjologiczny i są skutkiem stanów związanych z brakiem aktywności części brzusznej nerwu błędnego.

Czy w migrenach występuje czynnik mięśniowo-szkieletowy? Choć zdają sobie z tego sprawę niektórzy fizjoterapeuci i terapeuci ciała, mięśniowy czynnik wywołujący migrenowe bóle głowy nie jest powszechnie uznany przez lekarzy czy badaczy medycznych. *Myofascial Pain and Dysfunction: The Trigger Point Manual* prezentuje jedną stronę głowy z wzorcami bólu powiązanymi z napięciem mięśni czworobocznego i mostkowo-obojczykowo-sutkowego. Pokazuję te wzorce pacjentom uskarżającym się na migrenowe bóle głowy, ponieważ dzięki nim mogą z łatwością zidentyfikować wzorzec bólu.

Przez lata odkryłem, że poprawa funkcjonowania nerwów X i XI, po której następuje rozluźnienie wspomnianych mięśni dzięki właściwym punktom spustowym, zazwyczaj skutecznie niweluje migrenowy ból głowy w ciągu kilku minut. Z powodzeniem pomagałem nawet takim ludziom, którym migreny dokuczały przez całe życie, odkąd pamiętali.

W mojej klinice lubię uczyć pacjentów samodzielnego stosowania technik na wypadek kolejnego ataku migreny. Najpierw mogą zastosować Ćwiczenie podstawowe, żeby przywrócić właściwe funkcjonowanie nerwów X i XI. Następnie znajdują i rozluźniają odpowiednie punkty spustowe. Taka terapia nie wymaga środków farmaceutycznych, nie wywołuje skutków ubocznych – i nic nie kosztuje.

Na podstawie mojego doświadczenia w skutecznym leczeniu migreny uważam, że większości osób zmagających się z tego rodzaju bólem ulgę może przynieść Ćwiczenie podstawowe stosowane wraz z technikami automasażu opisanego w Części drugiej, a nie zażywanie leków przeciwbólowych czy poddawanie się innym konwencjonalnym zabiegom.

Do mojej kliniki czasami trafiają pacjenci, którzy zmagają się z migrenami od lat i zanim trafili do mnie, próbowali już wszystkiego. Być może leczyli migrenę lekami dostępnymi bez recepty i przepisywanymi przez lekarza: środkami przeciwbólowymi, antydepresantami, beta-blokerami czy lekami przeznaczonymi do walki z epilepsją. Jednym z najpowszechniejszych skutków ubocznych wywoływanych przez tego rodzaju środki jest uszkodzenie wątroby, które w najgorszym przypadku może doprowadzić do obrzęku mózgu.

Pacjenci ci często mówią mi, że zażywają mnóstwo leków i chcieliby ograniczyć ich ilość. Pamiętam czterdziestodwuletniego stolarza, który codziennie stosował od piętnastu do dwudziestu leków przeciwbólowych dostępnych bez recepty i martwił się negatywnymi skutkami ubocznymi, bo informacje na etykiecie zalecały zażywanie maksymalnie ośmiu tabletek dziennie. Pacjent ten przyjmował pierwszy lek przeciwbólowy z samego rana, ledwo otworzył oczy, niezależnie od tego, czy bolała go głowa, czy nie. Powiedział, że zażywał tabletki jako środek zapobiegawczy, żeby w przypadku migreny nie trzeba było czekać, aż zaczną działać. Narzekał jednak również, że w jego przypadku leki przeciwbólowe nie zawsze działały.

Najpierw pokazałem mu, jak wykonać Ćwiczenie podstawowe (zob. Część druga), które jest bezpieczne, łatwe do zapamiętania i stosowania. Następnie zaprezentowałem mu cztery rysunki przedstawiające wzorce bólu występujące w większości przypadków migreny. Kiedy wskazał schemat odpowiadający bólowi, który odczuwał, wiedziałem, jakie mięśnie powinny się rozluźnić i jakie punkty spustowe pozwolą zniwelować napięcie.

Nasza pierwsza sesja znacznie zmniejszyła częstotliwość pojawiających się u pacjenta bólów głowy, a w kilku przypadkach, gdy migrena i tak się pojawiła, dolegliwości były słabsze. Swoim pacjentom powtarzam, że jeśli po moich zabiegach ból jednak powraca, mogą pomóc sobie sami w ten sam sposób, który opisałem powyżej.

Migreny: studium przypadku

Na terapię przyszła do mnie kobieta, która od niemal dziesięciu lat zmagała się z migrenowymi bólami głowy. Kiedy weszła do mojego gabinetu, akurat dokuczała jej migrena.

Ostry ból zazwyczaj pojawiał się raz w miesiącu i utrzymywał się trzy–cztery dni. Pacjentka próbowała zażywać leki przeciwbólowe, ale nie działały. Starała się unikać powszechnie znanych czynników wywołujących migrenę, takich jak ciężkie czerwone wino, intensywne zapachy, jasne światło słońca i tym podobne, ale ból i tak powracał. Gdy czuła zbliżający się atak, a mogła się wycofać i pozostać w łóżku, zazwyczaj ból nie był aż tak silny.

Kobieta ta była dziennikarką, pisała artykuły o urodzie dla kolorowych magazynów. Mogła odpowiednio modyfikować zobowiązania w razie ataku migreny, ponieważ pracowała w domu. Mogła też zrobić sobie wolny dzień lub dwa i pracować, kiedy czuła się na to gotowa. Bóle głowy uniemożliwiały jej jednak uczestnictwo w wydarzeniach towarzyskich i cieszenie się wolnymi weekendami.

Mniej więcej na rok przed przyjściem do mnie pacjentka zaczęła pracę jako dziennikarka telewizyjna, co oznaczało, że trudniej przychodziło jej dopasowywanie planów do ataków bólu. Musiała przychodzić do pracy i trzymać się rozkładu pracy niezależnie od swojego samopoczucia, doszła więc do wniosku, że potrzebuje skuteczniejszej terapii.

Najpierw zbadałem stan części brzusznej nerwu błędnego (zob. Rozdział 4) i odkryłem, że nie funkcjonuje ona prawidłowo. Następnie poinstruowałem pacjentkę, jak zastosować Ćwiczenie podstawowe, które wykonała samodzielnie, nie musiałem jej nawet dotykać. Przebadałem ją ponownie i zaobserwowałem, że teraz część brzuszna nerwu błędnego działała prawidłowo.

Następnie przedstawiłem pacjentce cztery schematy wzorców bólu, a ona wskazała rysunek pasujący do jej migreny. Pokazałem jej, jak własnoręcznie odnaleźć punkty spustowe widoczne na ilustracji.

Oczywiście mogłem osobiście wykonać konieczne manipulacje, ale chciałem, żeby pacjentka przeprowadziła zabieg samodzielnie.

Dzięki temu w przyszłości w przypadku migreny będzie mogła za sprawą pamięci mięśniowej odtworzyć ruchy konieczne do osiągnięcia pożądanych skutków. Choć to bardzo miłe, kiedy ludzie wracają do mnie, bo pamiętają, że kiedyś im pomogłem, uważam, że lepiej, jeśli leczą się samodzielnie i nie polegają na mnie czy innym terapeucie.

Poprosiłem pacjentkę, żeby zbadała strefy szyi odpowiadające zazwyczaj iksom zaznaczonym na schemacie. Palcami szukała punktów, które były twarde lub bolesne. Jeżeli miejsce odpowiadające iksowi nie bolało i było miękkie, po prostu je ignorowała. Następnie poprosiłem ją, żeby delikatnie pocierała twarde lub bolesne punkty aż do ich rozluźnienia lub osłabienia bólu. Choć to ja uczyłem ją, co należy robić i gdzie przykładać dłonie, pacjentka wykonała zabieg własnoręcznie. Pod koniec sesji migrena ustąpiła.

Ból nie powrócił przez następne cztery i pół miesiąca. Po tym okresie, gdy moja pacjentka poczuła, że zbliża się kolejny atak, znów wykonała Ćwiczenie podstawowe i masaż punktów spustowych. Objawy szybko ustąpiły i nie rozwinęły się w migrenę o pełnej sile.

6

Problemy somatopsychologiczne

Kilkadziesiąt lat temu lekarze zaczęli diagnozować niektóre problemy ze zdrowiem jako „psychosomatyczne" (oznacza to, że umysł wywołuje dolegliwości fizyczne). Niewielu psychologów badało jednak odwrotną możliwość: czy istnieje coś takiego jak problem somatopsychologiczny, kiedy to fizjologia najwyraźniej ma wpływ na umysł?

Słowo „psychologia" pochodzi z języka starogreckiego i oznacza „badanie umysłu". Dzisiaj nazwanie problemu „psychologicznym" wskazuje zazwyczaj, że psycholog lub psychiatra zaczyna od poszukiwania rozwiązań w umyśle lub emocjach pacjenta, najczęściej stosując terapię werbalną. W tej starszej, tradycyjnej definicji nie wspomina się o ciele. Kiedy Freud stworzył psychoanalizę, żeby pomagać pacjentom w radzeniu sobie z zaburzeniami, jego podejście było w stu procentach werbalne. Pozwalał ludziom mówić, nie przerywał i najwyraźniej słuchał. Nie było żadnego dialogu. Freud nawet nie utrzymywał kontaktu wzrokowego ani nie patrzył w twarz pacjenta. Ludzie korzystali z psychoanalizy latami, często uczestniczyli w sesjach kilka razy w tygodniu.

Żeby zdobyć uprawnienia psychiatry, najpierw trzeba zostać lekarzem. Następnie samemu przechodzi się proces psychoanalizy, który może trwać kilka lat. W pewnym momencie przeszkolonych psychiatrów było bardzo niewielu, a większości ludzi nie było stać na terapię.

Psychologowie stworzyli nowe ramy terapii, które różniły się od klasycznej psychoanalizy. Psychologowie kliniczni zdobywają wykształcenie na uniwersytetach w ciągu zaledwie kilku lat. Ich celem jest poprawa stanu emocjonalnego pacjentów i zmiana ich zachowań. Wykorzystują do tego różne modele ludzkiej psychiki i podejmują dialog z pacjentami w ramach różnorodnych technik werbalnych. Zazwyczaj starają się znaleźć rozwiązania określonych problemów. Choć terapia psychologiczna nie jest tak droga jak wieloletnia psychoanaliza, nadal sporo kosztuje, jako że wymaga czasu spędzanego sam na sam ze specjalistą o odpowiednich kwalifikacjach.

Niektórzy terapeuci oferują sesje terapii grupowej, co jest jeszcze tańsze, ponieważ koszt spotkania rozkłada się na wielu pacjentów. Proces ten jest jednak mniej przewidywalny ze względu na to, że wkład w sesję mają wszyscy uczestnicy, zarówno z odpowiednim przeszkoleniem, jak i bez niego.

Obecnie w coraz większym stopniu odchodzimy od tego rodzaju technik i w kwestii zmiany zachowań oraz stanów emocjonalnych polegamy przede wszystkim na lekach przepisywanych na receptę. Po wstępnej fazie konsultacji ze specjalistą w celu doboru właściwego środka i odpowiedniej dawki pacjenci przez długi czas mogą po prostu zażywać tabletki bez konieczności spotkania z lekarzem. Mimo że leki na receptę bywają drogie, ich zakup i tak jest opłacalny w porównaniu ze stałą, indywidualną opieką psychologa lub psychiatry. Leki zażywa jednak coraz więcej osób, stale rosną więc koszty takiej terapii z punktu widzenia jednostki, ale także firm ubezpieczeniowych i krajowej gospodarki.

Psychiatria i psychologia od początku koncentrowały się wyłącznie na umyśle, a do tego leki są obecnie łatwo dostępne i powszechnie stosowane, być może więc umyka nam coś innego, co pozwoliłoby skutecznie rozwiązywać problemy zdrowotne zwalczane tymi metodami. Może na wyciągnięcie ręki mamy coś, co nie powoduje wydatków ani nie wywołuje skutków ubocznych.

W tym rozdziale przyjrzymy się ciału w poszukiwaniu alternatywnych i komplementarnych rozwiązań zaburzeń psychicznych i umysłowych. Zbadamy możliwość regulowania własnego układu nerwowego oraz własnych zachowań i stanów emocjonalnych. Sprawdzimy, dlaczego ćwiczenia i techniki do samodzielnego stosowania mogą być bezpiecznym i skutecznym sposobem osiągnięcia pozytywnych zmian.

Na podstawie doświadczenia z pracy klinicznej zgromadzonego w ciągu ostatnich dwunastu lat uważam, że dzięki czynnej znajomości teorii poliwagalnej wielu z nas może pomóc samym sobie przez bezpośrednie leczenie autonomicznego układu nerwowego. Możemy przezwyciężyć nawet te problemy psychiczne i psychiatryczne, które uprzednio uważane były za nieuleczalne.

Emocje a autonomiczny układ nerwowy

Czy jesteśmy otwarci, przyjacielscy, komunikatywni i skłonni do współpracy? Czy też jesteśmy zamknięci, przygnębieni lub apatyczni? A może jesteśmy źli, agresywni, zaniepokojeni, przestraszeni lub wycofani? Jak reagujemy na innych ludzi, gdy znajdujemy się w tych różnych stanach?

Sposób odnoszenia się do nas innych ludzi jest kombinacją stanów, w jakich oni i my się znajdujemy. Nasze emocje wychodzą na jaw w interakcjach między naszym a ich autonomicznym układem nerwowym.

Jako ssaki jesteśmy zwierzętami stadnymi i potrzebujemy siebie nawzajem. Wszyscy od czasu do czasu mierzymy się z wyzwaniami i niepewnością, w celu zwiększenia szansy przetrwania i spełnienia jesteśmy zatem zależni od interakcji z innymi ludźmi – rodziną, przyjaciółmi, sąsiadami, współpracownikami i resztą sieci społecznej. To, jak czujemy się w danej sytuacji lub wobec danej osoby, wpływa na nasze zachowanie. Czy ktoś potrzebuje naszej pomocy? Czy lubimy spędzać czas z tą osobą? Czy ta osoba zazwyczaj nas wspiera? Czy mamy chęć ją wesprzeć? Czy dobrze nam się razem pracuje? Czy czujemy się bezpieczni? Czy jest szansa na współpracę, dzielenie się i przyjaźń?

Jeżeli jesteśmy samotni i z kimś się spotykamy, czy jest szansa stworzenia trwałych intymnych więzi z drugą osobą jako potencjalnym partnerem? Jeżeli jesteśmy w małżeństwie lub stałym związku, czy spędzamy ze sobą dość czasu w stanie zaangażowania społecznego? Im więcej spędzamy ze sobą przyjemnych chwil, tym większy zapas mamy do wykorzystania w trudniejszych momentach.

Właściwe funkcjonowanie pięciu nerwów czaszkowych odpowiedzialnych za zaangażowanie społeczne jest istotne w komunikacji i nawiązywaniu relacji z innymi. Nerwy te odpowiadają za słuch, kształtują dźwięki mowy i pomagają nam zrozumieć, co mówią inni ludzie. Czy możemy ze spokojem patrzeć wprost na drugą osobę czy usuwamy ją ze swojego pola widzenia? Jeżeli jesteśmy szczęśliwi i bezpieczni, ogólnie powinniśmy być w stanie prowadzić normalną dwukierunkową konwersację, słuchać tego, co mówią inni, patrzeć na rozmówcę i wyłapywać znaczące sygnały wzrokowe.

Uważam autonomiczny układ nerwowy i stany emocjonalne za dwie strony tego samego medalu. Jeżeli chcemy zmienić swój stan emocjonalny, żeby pomóc sobie lub innym, można to osiągnąć dzięki fizycznym działaniom, które poprawiają funkcjonowanie autonomicznego układu nerwowego i pozwolą przejść ze stanu stresu lub aktywności części grzbietowej nerwu błędnego w stan zaangażowania społecznego.

Samoregulacja autonomicznego układu nerwowego

Najbardziej naturalny i skuteczny sposób uruchomienia samoregulacji to prawdopodobnie interakcje towarzyskie z ludźmi znajdującymi się w stanie równowagi i zaangażowania społecznego. Jeżeli zmagamy się z jakimś problemem, czasami wystarczy po prostu rozmowa na ten temat z przyjacielem. Możemy razem siąść przy stole i coś zjeść lub wypić wspólnie filiżankę kawy czy piwo. Możemy śpiewać, tańczyć albo wyjść na spacer.

Innym sposobem samoregulacji autonomicznego układu nerwowego jest wykonanie ćwiczeń opisanych w niniejszej książce. W kulturach i tradycjach całego świata stosowano z niezłym skutkiem przeróżne inne metody: medytację, tai chi, oddychanie jogiczne (*pranayama*) i wiele innych. Podczas medytacji siedzimy nieruchomo i opieramy się impulsom zachęcającym nas do walki lub ucieczki. Uczymy się także utrzymywania świadomości i unikamy tendencji do wycofywania się i dysocjacji. Kiedy uprawiamy tai chi, poruszamy się powoli i symulujemy ruchy typowe dla stanu głębokiego relaksu. Powolne ruchy ułatwiają także wczucie się we własne ciało i umacniają wrażenie obecności w nim.

Jeżeli potrafimy utrzymać stan aktywności części brzusznej nerwu błędnego lub przynajmniej szybko do niego wrócić po okresie stresu czy wycofania emocjonalnego, możemy osiągnąć optymalne zdrowie i samopoczucie. Otwieramy sobie w ten sposób drogę do realizacji swojego potencjału, czerpania przyjemności z towarzystwa innych ludzi i kierowania swoim życiem zgodnie ze swoją wolą.

Nowe spojrzenie na częste diagnozy psychologiczne

Nie jestem ani psychologiem, ani psychiatrą, ale w ciągu czterdziestu pięciu lat pracy jako terapeuta ciała spotkałem wielu pacjentów z diagnozą postawioną przez tego rodzaju specjalistę. Uczestniczyłem także w wielu kursach w tym zakresie. Mimo to najwięcej nauczyłem się od pacjentów, którzy dzielili się ze mną swoimi historiami.

W niniejszym rozdziale zaprezentuję niektóre z tych opowieści. Historie te i moje komentarze do nich opierają się na moich doświadczeniach zebranych w czasie wieloletniej praktyki i są interpretowane w świetle mojego osobistego i ograniczonego pojęcia o teorii poliwagalnej oraz wynikających z niej konsekwencji. Mam nadzieję, że zainspiruję was – albo sprowokuję – do przyjrzenia się na nowo niektórym z tych problemów, niezależnie od tego, czy jesteście specjalistami w zakresie ochrony zdrowia, konsumentami korzystającymi z usług opieki zdrowotnej lub po prostu kimś, kto chce lepiej zrozumieć własne dolegliwości, by pomóc sobie lub innym.

Uważam, że istnieją wzajemne powiązania między umysłem, ciałem a emocjami. Problemy tak różnorodne, jak stres pourazowy, lęki, fobie i zaburzenia ze spektrum autyzmu mają aspekt somatyczny. Niemal we wszystkich przypadkach tak zwanych problemów psychicznych można zaobserwować brak elastyczności i odporności autonomicznego układu nerwowego.

Doszedłem do wniosku, że badanie aspektu somatycznego tego, co powszechnie nazywamy „problemami psychologicznymi", jest zarówno interesujące, jak i skuteczne. Kiedy zastanowimy się nad możliwością identyfikacji i leczenia fizycznych objawów związanych z autonomicznym układem nerwowym w ramach wstępu do terapii psychiatrycznej i psychologicznej, zyskujemy dostęp do ogromnego potencjału leczniczego.

Jeżeli naprawdę istnieje jedność między umysłem, ciałem a emocjami, wynika z tego, że możemy pomóc ludziom ze zdiagnozowanymi chorobami psychicznymi przez rozpoczęcie ich leczenia od technik terapii ciała, zwłaszcza jeśli dzięki temu możemy wyprowadzić ich ze stanu chronicznego stresu lub aktywności części grzbietowej nerwu błędnego i zwiększyć elastyczność reakcji autonomicznego układu nerwowego.

Ataki lęku i paniki

Już pod koniec XIX wieku, kiedy psychiatria dopiero zaczynała się kształtować, ogromny nacisk kładziono na zaburzenia lękowe.

Pojawiający się od czasu do czasu lęk jest częścią życia. Możemy poczuć lęk, gdy mierzymy się z jakimś problemem w pracy, przed podejściem do testu czy w momencie podejmowania ważnej decyzji. Zaburzenia lękowe obejmują jednak coś więcej niż przejściowe zmartwienie czy strach. U niektórych z nas lęk może przybierać nieproporcjonalne rozmiary i choć zdajemy sobie z tego sprawę, trudno nam go kontrolować. Wpływa on zatem negatywnie na codzienne życie.

U osoby z zaburzeniami lękowymi lęk nie przemija i może pogarszać się z czasem. Tego rodzaju uczucia mogą utrudniać codzienne funkcjonowanie w takich sferach, jak praca, szkoła czy związki. Współczesne badania wykazują, że pewne formy zaburzeń lękowych dotyczą nawet 18 procent populacji Stanów Zjednoczonych w ciągu typowych dwunastu miesięcy. W ciągu całego życia 30 procent populacji doświadczy jakichś zaburzeń lękowych[67].

To, co nazywamy „strachem", jest procesem psychologicznym obejmującym aktywację układu nerwowego w obliczu groźnej sytuacji. Strach może nas unieruchomić (za sprawą aktywności części grzbietowej nerwu błędnego) albo mobilizować do walki lub ucieczki (przez aktywność pnia współczulnego). Objawy fizyczne to szybkie bicie serca (częstoskurcz), przyspieszony oddech, wydzielanie dużych ilości hormonów stresu, rumieńce, trudności z mową i pocenie się dłoni, stóp i pach.

Lęk jest podobny do strachu pod względem objawów fizycznych. Niekoniecznie jednak występuje w reakcji na rzeczywistą sytuację. Coś może przypomnieć nam o wydarzeniu z przeszłości lub możemy wyobrazić jakieś potencjalne przyszłe zdarzenie. W obu przypadkach zagrożenie nie występuje w teraźniejszości. Mimo to stan emocjonalny jest prawdziwy i pojawia się w ciele tu i teraz.

Kiedy odczuwamy lęk, odkrywamy, że nie możemy oczyścić myśli z obaw. Jeżeli ktoś inny mówi, że nie ma się czym martwić, nie uspokaja to naszego umysłu. Czasami nawet sytuacja się pogarsza. Możemy odpowiedzieć: „Twierdzisz, że moje uczucia nie są prawdziwe?".

Ataki paniki to krótkie doświadczenia nasilonego przerażenia i obaw. Pojawiają się nagle i zazwyczaj osiągają szczytowe natężenie w ciągu dziesięciu minut, chociaż nieprzyjemne uczucia mogą się utrzymywać przez kilka godzin. Czasami dokładna przyczyna ataku paniki nie jest oczywista. W innych przypadkach możemy ustalić, że wywołały go ogólne czynniki, takie jak stres, strach czy nawet nadmierny wysiłek fizyczny.

U osób przeżywających atak paniki występują wyraźne objawy strachu. Fizyczne symptomy to między innymi dreszcze, drgawki, dezorientacja, zawroty głowy, nudności i trudności z oddychaniem. Osoby takie wydają się napięte, są blade i obficie pocą im się dłonie, stopy, pachy. Ich pot ma charakterystyczny zapach.

Psy i inne ssaki natychmiast reagują na zapach ciała wynikający z różnych stanów emocjonalnych. Ludzie także reagują instynktownie na zapach strachu u innych, nawet jeśli nie zdają sobie z tego sprawy. Wiele osób stara się maskować zapachowe oznaki strachu i lęku przez stosowanie perfum, dezodorantów czy pudru do stóp. Trudno jednak ukryć zimną, lepką rękę i wilgotny uścisk dłoni na powitanie.

Czasami atakom lęku czy paniki można skutecznie zaradzić dzięki ćwiczeniom i technikom manualnym, które pomagają nam przejść ze stanu aktywacji układu współczulnego lub części grzbietowej nerwu błędnego do stanu zaangażowania społecznego.

Czasami mówimy o „kropli, która przelała czarę goryczy". Jeżeli osoba zmagająca się z lękiem regularnie wykonuje Ćwiczenie podstawowe, może zminimalizować częstotliwość ataków paniki lub lęku, a w niektórych przypadkach nawet im zapobiegać. Systematyczne powtarzanie tego ćwiczenia może być porównane do odlewania wody z „czary", która dzięki temu może zmieścić więcej kropel.

Należy także zdawać sobie sprawę, że lęk może być skutkiem ubocznym zażywania leku przepisanego przez lekarza lub wskazywać na problem z nadużywaniem środków odurzających, ponieważ leki i inne substancje mogą zaburzać funkcjonowanie autonomicznego układu nerwowego.

Studium przypadku: ataki lęku i paniki

Miałem pacjentkę, która przeżywała ataki lęku i paniki powstrzymujące ją od podejmowania starań o upragnione dziecko. Czuła także ból po prawej stronie brzucha.

Lęk pojawił się piętnaście lat wcześniej, kiedy miała osiemnaście lat i przeszła zabieg usunięcia zastawki kątniczo-krętniczej. Dolegliwości w tym obszarze mogą mieć destrukcyjne skutki i często współwystępują z zapaleniem okrężnicy, bólem brzucha, bólem pachwin, wzdęciami, nieprzyjemnym zapachem ciała, gazami, rozstrzenią żołądka i problemami oddechowymi, takimi jak astma czy przewlekła obturacyjna choroba płuc.

Zastawka kątniczo-krętnicza kontroluje przepływ treści pokarmowej z jelita cienkiego do jelita grubego. Treść pokarmowa to gęsta, półpłynna masa składająca się z częściowo przetrawionego pokarmu i wydzielin wytwarzanych w żołądku i jelicie cienkim podczas trawienia. W normalnych warunkach zastawka przez większość czasu jest zamknięta i otwiera się tylko na chwilę, żeby umożliwić przepływ treści pokarmowej. Kiedy półpłynna masa dociera do jelita grubego, nadmiar wody jest absorbowany z powrotem, a włókna i inne pozostałości są ubijane razem i powstaje kał, który następnie jest usuwany z organizmu.

Problem pojawia się wtedy, gdy zastawka kątniczo-krętnicza nie otwiera się prawidłowo. A także wówczas gdy zastawka pozostaje otwarta zbyt długo i pozwala treści pokarmowej swobodnie przepływać z jelita cienkiego do jelita grubego lub wręcz poruszać się w drugą stronę, z jelita grubego do cienkiego.

Oprócz objawów lękowych pacjentka odczuwała także od czasu do czasu krótkookresowy intensywny ból po prawej stronie brzucha (znajduje się tam – w tym przypadku: znajdowała, przed zabiegiem – zastawka kątniczo-krętnicza). Lekarze potraktowali odczuwany przez pacjentkę fizyczny ból bardzo poważnie i chcieli się upewnić, że operacja została przeprowadzona prawidłowo. Kilka razy wykonali rezonans magnetyczny, dwa razy – badanie laparoskopowe, ale wszystko wyglądało dobrze. Nie znaleźli niczego, co tłumaczyłoby powstawanie bólu.

Kiedy zapytałem, dlaczego w ogóle przeszła zabieg, odpowiedziała, że z powodu bólu. Tyle że wiele lat po operacji nadal odczuwała ból w tym samym miejscu. Mimo dolegliwości psychicznych pacjentki chirurg w ogóle nie zainteresował się jej objawami lękowymi, choć pojawiły się one niedługo po zabiegu. W dodatku żaden lekarz nie zbadał nigdy funkcjonowania jej autonomicznego układu nerwowego.

Większość narządów trawiennych, w tym jelito cienkie, zastawka kątniczo-krętnicza oraz wstępnica i poprzecznica w jelicie grubym, jest unerwionych przez część grzbietową nerwu błędnego. Odbiera ona impulsy czuciowe od organów i odpowiada za kontrolę motoryczną ich działania.

Pierwszym etapem mojej terapii była ocena stanu układu nerwowego pacjentki przez przyjrzenie się tylnej części jej gardła, kiedy powtarzała „a–a–a". Języczek odchylał się w jedną stroną (co wskazywało na dysfunkcję gałęzi gardłowej nerwu błędnego, jak to opisuję w Rozdziale 4). Wykonałem także test ściskania mięśnia czworobocznego (zob. Rozdział 5), żeby sprawdzić poziom napięcia po obu stronach mięśnia czworobocznego. Napięcie po prawej i po lewej stronie wyraźnie się różniło.

Moim pierwszym celem było wprowadzenie autonomicznego układu nerwowego pacjentki w stan aktywności części brzusznej nerwu błędnego. Pokazałem jej, jak należy wykonać Ćwiczenie podstawowe. Jedną z największych zalet tej techniki jest to, że pacjenci mogą zastosować ją samodzielnie. Nauka ćwiczenia zajęła mi niecałe dwie minuty, podobnie jak pacjentce jego wykonanie. Po ćwiczeniu kobieta poczuła się o wiele lepiej i powiedziała, że już nie odczuwa lęku.

Napięcie mięśnia czworobocznego po bardziej spiętej stronie również zelżało. Kiedy ścisnąłem mięsień czworoboczny, napięcie mięśniowe było podobne po obu stronach. Żeby dodatkowo się upewnić, czy zaszła pożądana zmiana, przyjrzałem się tylnej części gardła i zobaczyłem, że języczek unosi się symetrycznie po obu stronach.

Zastosowałem również technikę osteopatycznego masażu wisceralnego, aby złagodzić napięcie w okolicy zastawki kątniczo-krętniczej, w rezultacie czego zazwyczaj ból natychmiast znika.

Chirurg leczący moją pacjentkę doszedł do wniosku, że operacja była udana – w dość ograniczonym zakresie usunięcia zastawki kątniczo-krężniczej. Jednak do momentu konsultacji ze mną nikt nie rozważył możliwości, że zabieg stanowił traumatyczne doświadczenie, po którym jej autonomiczny układ nerwowy pozostał w stanie aktywności części grzbietowej nerwu błędnego.

Dzięki właściwej terapii pacjentka przeszła z destrukcyjnego stanu lękowego do tak pożądanego stanu zaangażowania społecznego. W rozmowie z nią podkreśliłem, że sama wywołała pozytywną zmianę i dodałem, że w przyszłości może zawsze wykonać ćwiczenie we własnym zakresie, gdyby kiedykolwiek poczuła lęk.

Następnie poprosiłem ją, żeby zastanowiła się nad trudnościami wywoływanymi w przeszłości przez lęk. Już samo zastanawianie się nad odpowiedzią wystarczyło do zachwiania równowagi emocjonalnej pacjentki i wprowadziło ją w stan lęku. Przestała się uśmiechać i wstrzymała oddech, a jej twarz zbladła. Poprosiłem ją o ponowne wykonanie Ćwiczenia podstawowego i znów powiedziała, że poczuła się po nim lepiej. Wydawała się odprężona, jej twarz nabrała normalnych kolorów, a oddech był głębszy. Pacjentka dodała także, że odczuła zmianę w chwili przejścia od lęku do stanu spokoju.

Gdy ponownie poprosiłem ją o zastanowienie się nad trudnościami wywoływanymi przez lęk, udało się jej zachować spokój. Była przekonana, że w przyszłości uda jej się samodzielnie kontrolować ataki lęku. Jeszcze raz zbadałem jej autonomiczny układ nerwowy i zauważyłem, że cały czas pozostawała w stanie aktywności części brzusznej nerwu błędnego. W ogóle nie czuła bólu.

Opisana wyżej poprawa nastąpiła podczas jednej sesji. Po całym bólu i lęku, z jakimi zmagała się moja pacjentka, zanim do mnie trafiła, miała wrażenie, że stał się cud. Miło było usłyszeć coś takiego, ale uważałem za karygodne, że lekarz nigdy nie zbadał stanu jej autonomicznego układu nerwowego i nic nie wiedział o masażu wisceralnym.

Półtora roku później pacjentka wysłała mi e-mail. Podziękowała mi za pomoc i napisała, że już nie odczuwa lęku. Zaproponowałem, żeby przyszła do mnie na kolejną sesję, dzięki czemu będę mógł zmniejszyć napięcie, które mogło jeszcze pozostać w bliznach. Długoterminowa poprawa w jej przypadku zależała od pracy nie tylko nad funkcjonowaniem nerwu błędnego, lecz także nad uwolnieniem traumy nagromadzonej w bliznach.

Ból w ciele może być przyczyną lęku. Zabieg chirurgiczny, nawet przeprowadzony wskutek świadomej decyzji, stanowi zamach na integralność organizmu i jak każdy uraz pozostawia ślad.

Społeczna regulacja stanów lękowych

Zwyczajne codzienne interakcje społeczne z wspierającą rodziną, przyjaciółmi czy współpracownikami mogą pomóc w regulacji stanu psychicznego. Nie należy lekceważyć znaczenia pogawędek, rozmów towarzyskich czy zwyczajnych sytuacji społecznych, takich jak wspólny posiłek czy kawa albo wyjście z kimś na spacer. Dobre relacje społeczne umożliwiają naszemu układowi nerwowemu samoregulację.

To jak z pieleniem grządek: jeżeli byliśmy prześladowani, powinniśmy zerwać lub zminimalizować kontakt z ludźmi, którzy wprawiają nas w złe samopoczucie, a zwiększać ilość czasu spędzanego z ludźmi, którzy nas wspierają i podnoszą na duchu.

Jeżeli przeżyliśmy jakąś traumę, a następnie powróciliśmy do stanu zaangażowania społecznego i zakończyliśmy terapię, napotkamy nowe sytuacje, w których znów możemy poczuć się zagrożeni. Początkowo możemy potrzebować wsparcia terapeuty, żeby powrócić do stanu zaangażowania społecznego, ale idealnym wynikiem jest pozyskanie narzędzi umożliwiających regenerację we własnym zakresie. Za każdym razem, gdy znów się podnosimy, osłabiamy uścisk traumatycznego wzorca. Możemy odpocząć i zregenerować się, dzięki czemu mamy więcej energii do konfrontacji z kolejnymi wyzwaniami niesionymi przez życie.

Jeżeli czujemy, że nasza sieć społeczna jest niewystarczająca, możemy szukać pomocnych i pozytywnych interakcji w kontakcie ze specjalistami zajmującymi się zdrowiem, takimi jak masażyści, terapeuci, coachowie, psychologowie czy psychiatrzy. Możemy zdecydować się na rozmowę z nauczycielem lub przywódcą religijnym czy duchowym. Możemy także znaleźć ulgę w modlitwie albo lekturze tekstów religijnych czy duchowych, które pomagają odnaleźć właściwą perspektywę.

Terapia lęku u dzieci

Rodzice lub inni dorośli często mówią dzieciom: „Nie ma się czego bać”. W wielu przypadkach takie zapewnienie ze strony kochającego rodzica lub bliskiego przyjaciela wystarczy, żeby zapewnić poczucie bezpieczeństwa.

Byłoby jednak nawet skuteczniejsze, gdyby dorosły zaczął od stwierdzenia: „Rozumiem, że się boisz". Dzięki temu dziecko zyskuje pewność, że zostało wysłuchane, a jednocześnie dowiaduje się, że strach (podobnie jak inne emocje) to normalne życiowe doświadczenie.

Dorosły może potem dodać: „Nie ma się czego bać. Wszystko będzie dobrze". Pomocne będzie także delikatne przytulenie, aby dziecko mogło nawiązać pozytywny kontakt fizyczny i poczuć odprężenie dorosłego.

Fobie

Fobie to największa kategoria zaburzeń lękowych; mogą być naprawdę obezwładniające. Fobia charakteryzuje się doświadczeniem ogromnego strachu, a stan lękowy lub atak paniki jest wywoływany przez określony czynnik. Z fizjologicznego punktu widzenia strach wynika z reakcji części współczulnej autonomicznego układu nerwowego.

Według szacunków z zaburzeniami fobicznymi zmaga się od 5 do 12 procent światowej populacji[68]. Pacjenci zazwyczaj obawiają się przerażających konsekwencji kontaktu z obiektem wywołującym lęk. Chcą uciekać, ale są unieruchomieni. Z intelektualnego punktu widzenia mogą rozumieć, że ich reakcja lękowa jest irracjonalna i nieproporcjonalna do potencjalnego zagrożenia, ale strach i tak ich obezwładnia[69]. Psychologowie i terapeuci często koncentrują się na obiekcie wywołującym lęk, takim jak wysokość (akrofobia), brak wystarczającej przestrzeni (klaustrofobia) czy pająki (arachnofobia). Diagnoza dotyczy właśnie obiektów, które być może da się łatwo powiązać z określonymi wydarzeniami z życia pacjenta. Fobia może być spowodowana doświadczeniami z przeszłości, na przykład spotkaniem z niebezpieczną osobą lub znalezieniem się w sytuacji zagrażającej życiu. Równie dobrze jednak fobia może zostać wywołana doświadczeniem pozornym, kiedy to pacjent tak naprawdę nie uczestniczył w określonym wydarzeniu, ale usłyszał opowiadaną przez kogoś innego historię lub zobaczył jakąś scenę w filmie.

Lista fobii w Wikipedii – z adnotacją, że jest niekompletna, i prośbą do czytelników o jej uzupełnienie – zawierała aż dwadzieścia trzy pozycje zaczynające się na samą tylko literę *A*. Pozwala to zrozumieć, jak różnorodny jest to problem, a jednocześnie sprawia wrażenie, że niemal wszystko może wywoływać reakcję lękową tego samego rodzaju.

Mamy tendencję do klasyfikowania i nazywania tych rzeczy, które chcemy lepiej zrozumieć. Zamiast jednak postrzegać na przykład ablutofobię (strach przed myciem) jako coś zupełnie innego niż akustykofobia (strach przed hałasem), może bardziej pomocne byłoby zwrócenie uwagi nie na obiekty wywołujące lęk, ale na zrozumienie fizjologicznej aktywności autonomicznego układu nerwowego we wszystkich przypadkach fobii.

Możesz wesprzeć osoby zmagające się z fobiami, jeżeli pomożesz im powrócić ze stanu skrajnego przerażenia do stanu zaangażowania społecznego dzięki Ćwiczeniu podstawowemu (zob. Część druga). Rezultat może być podobny do tego, jaki osiągają rodzice, którzy pomagają dziecku, przytulając je i trzymając w ramionach dopóty, dopóki się nie uspokoi i znów nie poczuje bezpieczne.

O ile kontakt fizyczny między rodzicami a dzieckiem jest czymś naturalnym, o tyle w trakcie profesjonalnej interwencji psychologicznej nie powinno dochodzić do żadnego kontaktu fizycznego. Dlatego terapeuta musi znaleźć inny sposób na przywrócenie pacjentowi poczucia bezpieczeństwa, a idealnym rozwiązaniem może być nauka Ćwiczenia podstawowego.

Zachowanie antyspołeczne i przemoc domowa

Wiele osób uważa normalne ludzkie zachowanie za wyraz pozytywnych wartości społecznych. Kiedy jednak ktoś nie jest zaangażowany społecznie, innym trudno jest zrozumieć jego zachowanie.

Niektórzy ludzie dopuszczający się przemocy nie mają pojęcia, że coś z nimi jest nie tak. W ich przekonaniu to ofiara była przyczyną lub uzasadnieniem ich zachowania. Innymi słowy, agresywni ludzie uważają swoje czyny za naturalną reakcję: „Należało mu się". Mogą nawet postrzegać swoje działanie jako pomoc drugiej osobie: „Inaczej by do niej nie dotarło".

Trudno zrozumieć, dlaczego pozornie normalni ludzie dopuszczają się brutalnych zbrodni. Kiedy przyglądamy się ich działaniu, widzimy, że brakuje im empatii, ale to nie wyjaśnia nam, co się dzieje w ich wnętrzu. Co nimi kieruje? To kwestia terytorium, władzy, pieniędzy, seksu, zazdrości czy może wyobcowania? A może to po prostu nieprzyjemne uczucie, które narasta, a potem eksploduje jak bomba i przeradza się w antyspołeczne zachowanie? Wiele brutalnych zbrodni to nie działanie z premedytacją.

Słyszałem kiedyś w duńskim radiu wywiad z byłym więźniem. Spędził on za kratkami większą część dorosłego życia, skazany za wiele różnych przestępstw, między innymi kilka napadów na bank. Po wyjściu na wolność zapisał się do dobrowolnego programu rehabilitacyjnego, który obejmował jogę, medytację i ćwiczenia oddechowe. Były więzień poczuł, że dzięki temu zyskał kontrolę nad swoimi emocjami i działaniami.

Gdy prowadzący rozmowę zapytał go, czy konsekwencje, jakie poniosły ofiary jego czynów, wzbudzały w nim wyrzuty sumienia, odpowiedział on, że nie – nie w chwili popełniania przestępstw.

– Podczas wojny – dodał – żołnierze wroga nie mają twarzy.

Dopiero kiedy zakończył kryminalną działalność i wziął udział w programie rehabilitacyjnym, zaczął się zastanawiać nad tym, jakie skutki jego czynów odczuwali inni ludzie.

Sprawca brutalnej zbrodni mógł, ale nie musiał kierować się racjonalnym motywem zrozumiałym dla innych ludzi, w jakiś sposób jednak popadł w fizjologiczny stan walki lub ucieczki, który kierował jego czynami.

„Fajny facet" popełnia zbrodnie wojenne

Młody mężczyzna zaciągnął się do wojska, by służyć swojej ojczyźnie. Został wyszkolony do walki. Nauczył się także zasad postępowania, których zgodnie z Konwencją Genewską powinien przestrzegać żołnierz w strefie walk: nie stosować tortur, nie zabijać cywilów, nie gwałcić, nie kraść.

Niemal wszyscy żołnierze przestrzegają tych zasad, ale czasami dzieje się inaczej. Podczas rutynowego patrolu najlepszy przyjaciel naszego młodego żołnierza został zastrzelony przez snajpera. Później kilku kolejnych jego przyjaciół zginęło lub odniosło rany wskutek zasadzki i wybuchu przydrożnej miny. Nagle w żołnierzu coś pękło. Wpadł w szał, zebrał kilku niewinnych cywilów, związał ich, zgwałcił jedną z kobiet na oczach całej rodziny, a potem wszystkich pozabijał. Stanął przed trybunałem wojskowym, który uznał go za winnego i skazał na długi pobyt w więzieniu.

Rodzice i znajomi żołnierza z rodzinnej miejscowości byli wstrząśnięci. Nie mogli uwierzyć, że był zdolny dopuścić się czegoś takiego.

– Był takim miłym chłopcem, do tego z dobrej rodziny.

– To do niego niepodobne.

– Jako młody chłopak zawsze był pozytywny, pomocny i przyjacielski.

Pojawiające się nieregularnie epizody agresji kierowanej przeciwko osobom lub mieniu określane są terminem „zaburzenie eksplozywne przerywane". Jednostka może twierdzić, że wybuch poprzedzało poczucie napięcia lub podniecenia. Z perspektywy autonomicznego układu nerwowego zaburzenie eksplozywne przerywane to przykład skrajnej mobilizacji ze strachu. Podobnie jak lęk skutkuje ono niekontrolowanym zachowaniem wpisującym się w mechanizm „walcz lub uciekaj".

Pojedyncze przykłady zaburzeń eksplozywnych przerywanych regularnie pojawiają się w wieczornych wiadomościach: strzały do dzieci i nauczycieli w szkole podstawowej, wysadzenie w powietrze kościoła czy samobójcze zamachy bombowe. Oglądamy te relacje zafascynowani opisywanymi wydarzeniami, myśląc jednocześnie, że nie potrafimy zrozumieć, jak ktoś mógł zrobić coś takiego innym ludziom.

Zachowanie jednostki wydaje się nieuzasadnione. Agresywny epizod wygląda na nieproporcjonalną reakcję niezależnie od skali prowokacji. Gdyby zapytać osobę odpowiedzialną za atak, dlaczego to zrobiła, może nie być zdolna do udzielenia odpowiedzi, a jeśli już odpowie, wyjaśnienie będzie niezrozumiałe dla innych. Może powiedzieć, że natychmiast po brutalnym czynie poczuła ulgę. Zazwyczaj uczucie ulgi jest jednak krótkotrwałe, a kiedy napięcie znowu rośnie, może dojść do kolejnych wybuchów.

Studium przypadku: ciągła przemoc domowa

Przemoc domowa to coś innego niż mierzenie się z wrogiem podczas wojny czy przypadkowy atak na ulicy. Niektórzy ludzie padają ofiarą przemocy domowej tylko dlatego, że w związku coś się popsuło.

Przyjrzyjmy się przez chwilę ofierze, a nie sprawcy. Mężczyzna i kobieta interesują się sobą nawzajem, spędzają wspólnie coraz więcej czasu. W końcu zamieszkują razem i zakładają rodzinę. Ona czuje się przy nim bezpieczna. Może nawet mieć poczucie, że jest on jej obrońcą. A potem któregoś dnia on nagle traci nad sobą panowanie i uderza ją. Ona jest zaskoczona i zszokowana, zaczyna płakać.

Kiedy sytuacja się uspokaja, on przytula ją i przeprasza. Ona prosi go, żeby przyrzekł, że nigdy więcej tego nie zrobi, a on składa taką obietnicę. Po jakimś czasie oboje zapominają o tym zdarzeniu. Początkowo ona ma się na baczności, ale on najwyraźniej się uspokoił. Życie toczy się dalej, prawie takie samo jak wcześniej – prawie.

Pewnego dnia, ni z tego, ni z owego, on wpada gniew i znów ją uderza. Ona czuje nie tylko fizyczny ból, lecz czuje także zagrożenie. Kiedy jego gniew mija, on mówi, że żałuje. Znów całują się i godzą ze sobą, ale cykl zaczyna się powtarzać i w pewnym momencie ona przestaje czuć się bezpiecznie i odtąd żyje w ciągłym strachu. On jest silniejszy fizycznie, ona nie może więc wygrać w bezpośredniej walce. Czasami za to wyobraża sobie, że uderza go patelnią, kiedy on śpi.

Ona rozważa ucieczkę wraz z dziećmi. Ale dokąd pójdzie? Gdzie będzie mieszkać? Z czego utrzyma siebie i swoje dzieci? Co powiedzą inni ludzie? Czuje, że znalazła się w pułapce i nie widzi żadnego realnego wyjścia. Wbrew sobie zostaje w domu. Ale radość, którą na początku związku odczuwała w jego obecności, już zniknęła. On dostrzega, że ona zachowuje wobec niego dystans, co denerwuje go jeszcze bardziej: „Co jest z tobą nie tak?".

Po kilku kolejnych incydentach ona zupełnie traci wolę walki lub ucieczki. Jakoś przetrzymuje ataki, dysocjuje się wtedy od własnego ciała, jak gdyby nie dbała o to, co się z nią dzieje. Może nawet patrzeć na siebie z boku, kiedy padają kolejne ciosy. Ma tylko nadzieję, że wkrótce będzie po wszystkim. W końcu przestaje nawet mieć nadzieję.

Kobieta ta wbrew sobie pokonała długą drogę od miłości (zaangażowanie społeczne) przez mobilizację związaną ze strachem (walka lub ucieczka) do bezruchu połączonego ze strachem. Popada w stan, który moglibyśmy nazwać „hibernacją". Towarzyszą mu takie uczucia, jak apatia, poczucie oderwania i beznadziei. Być może bierność i poddawanie się atakom pomagały jej przetrwać. Mogłaby odnieść jeszcze większe obrażenia, gdyby próbowała walczyć albo uciekać, a on by ją dogonił.

Ona zbytnio się wstydzi, żeby komuś powiedzieć, więc cierpi w samotności. Reakcje często brzmią raczej jak potępienie:

– Skoro było tak strasznie, dlaczego nie uciekłaś?

– Dlaczego do mnie nie zadzwoniłaś? Pomógłbym ci.

– Dlaczego pozwalałaś, żeby cię tak traktował?

– Jeżeli byłaś tak głupia, że nic nie zrobiłaś, sama jesteś sobie winna.

Takie uwagi wydają się krzywdzące, gdy ona potrzebuje zrozumienia, poczucia bezpieczeństwa i wsparcia.

Inni ludzie raczej nie zrozumieją, że jej układ nerwowy został zrzucony po kolejnych stopniach drabiny ewolucyjnej: od zaangażowania społecznego przez stres do wycofania i apatii. Jej straumatyzowany układ nerwowy przyczyniał się do jej zachowania. Wszyscy zakładali, że była cały czas tą samą osobą, którą znali – racjonalną, dobrze funkcjonującą, zaangażowaną społecznie. Ludzie wydają sądy szybko, bez zrozumienia instynktownych mechanizmów emocjonalnych odpowiadających za tego rodzaju przemiany.

Najpierw kobieta, która padła ofiarą przemocy, musi znaleźć bezpieczne środowisko, w którym nie grożą jej dalsze ataki. Nie odmienimy już wydarzeń z przeszłości, ale możemy zmienić sposób, w jaki reagujemy na nie pod względem emocjonalnym.

Czy można podnieść się po takich atakach i powrócić do normalnego życia? Kiedy kobieta, którą opisałem powyżej, przyszła do mnie na pierwszą sesję, związek został już zakończony. Zacząłem od testu funkcjonowania części brzusznej nerwu błędnego. Odkryłem, że pacjentka znajduje się w stanie aktywności części grzbietowej, co było do przewidzenia. Pod koniec pierwszej sesji zbadałem ją ponownie i okazało się, że powróciła do stanu zaangażowania społecznego. Przed zakończeniem spotkania zająłem się jeszcze przez chwilę jej szyją i plecami, a pacjentka powiedziała, że czuje się o wiele lepiej.

Gdy jednak dwa tygodnie później przyszła na kolejną sesję, znów znajdowała się w stanie bólu, dezorientacji, wycofania i apatii. Również i tym razem terapia wywołała u niej pozytywne skutki i pacjentka wróciła na poziom zaangażowania społecznego. Wracała jeszcze kilka razy. Zawsze opuszczała mój gabinet w stanie zaangażowania społecznego, a pozytywna zmiana utrzymywała się coraz dłużej i dłużej. Z czasem prowadzona przeze mnie terapia pozwoliła jej wyrwać się ze strachu, smutku i rozpaczy. Za każdym razem, gdy powracała do stanu zaangażowania społecznego, coraz mniej dotykały ją trudniejsze stany emocjonalne. Jeśli ktoś jest przez większość czasu zaangażowany społecznie, interakcje z innymi ludźmi mogą wystarczyć do zapoczątkowania regulacji jego układu nerwowego.

Pacjentka ta trafiła do mnie, zanim jeszcze wymyśliłem i sprawdziłem Ćwiczenie podstawowe. Po kilku sesjach nauczyłem ją uwalniania napięcia karku dzięki technice rozluźniania nerwowo-powięziowego opisanej w Części drugiej. Zamiast przychodzić za każdym razem do mnie na sesję, mogła wykorzystać tę technikę do samoregulacji, jeżeli poczuła się przestraszona, zdenerwowana lub bezsilna.

Przemoc domowa: nie tylko mężczyźni bijący żony

Żony mogą bić mężów, rodzice mogą bić dzieci, a dzieci mogą bić rodziców. Choć ludzie rzadko mówią o tym, jak padli ofiarą molestowania seksualnego lub przemocy fizycznej, przemoc domowa to poważniejszy problem, niż wielu osobom się wydaje, bo ofiary przemocy domowej niechętnie się do tego przyznają.

Kiedy omawiam ten temat na zajęciach, mimo milczenia widzę na twarzach wielu kobiet silne reakcje emocjonalne. Mogły doświadczyć brutalnego traktowania ze strony ojca, który biciem wyjaśniał, jak powinny się zachowywać, niezaspokojonego seksualnie partnera albo męża kłócącego się o domowy budżet. Kobiety te mogły także myśleć o przyjaciółce, córce, matce lub jakiejś innej bliskiej osobie, która padła ofiarą przemocy domowej.

Jak powszechnym problemem jest przemoc, przemoc domowa i stalking?

Amerykańskie Centra Kontroli i Prewencji Chorób (CDC, *Centers for Disease Control and Prevention*) prowadzą ciągłe ogólnokrajowe badanie dotyczące przemocy w związku i przemocy seksualnej (*National Intimate Partner and Sexual Violence Survey*)[70]. Badanie to wykazuje, że przemoc, przemoc seksualna i stalking są w Stanach Zjednoczonych wszechobecne. Przemoc w związku dotyczy dwóch osób w bardzo bliskiej relacji, obejmuje zarówno aktualnych, jak i byłych małżonków, a także pary niemałżeńskie. Przemoc ujęta w badaniu uwzględnia wywołanie obrażeń u partnera lub próbę ich spowodowania przez uderzenia, kopnięcia i inne formy użycia siły. Częstotliwość występowania aktów przemocy to całe spektrum od pojedynczego epizodu po ciągłe znęcanie się.

W raporcie zatytułowanym *Intimate Partner Violence in the United States – 2010*[71] CDC odnotowuje:

- Prawie jedna na pięć kobiet (18%) i jeden na siedemdziesięciu jeden mężczyzn (1,4%) padli w życiu ofiarą gwałtu.
- Jedna na cztery kobiety (25%) i jeden na siedmiu mężczyzn (14%) padli ofiarą „poważnej" przemocy ze strony partnera.
- Prawie jedna na sześć kobiet (17%) i jeden na dziewiętnastu mężczyzn (5%) padli w życiu ofiarą stalkingu.
- U kobiet, które doświadczyły przemocy fizycznej ze strony partnera albo gwałtu lub stalkingu ze strony obcego, ryzyko astmy, cukrzycy i syndromu jelita drażliwego było wyższe niż u kobiet, które nie padły ofiarą takich ataków.
- U kobiet i mężczyzn, którzy doświadczyli takich form przemocy, istniało większe ryzyko występowania częstych bólów głowy, chronicznego bólu, zaburzeń snu, ograniczeń aktywności, złego stanu zdrowia fizycznego i psychicznego niż u kobiet i mężczyzn, którzy nie padli ofiarą takich ataków.

Należy zauważyć, że w tego rodzaju statystykach problem zawsze będzie niedoszacowany, ponieważ ofiary czują się zawstydzone lub zagrożone i często nie zgłaszają nadużyć policji czy służbie zdrowia, a nawet nie mówią o nich przyjaciołom ani rodzinie.

W większości przypadków prześladowania zaczynają się na wczesnym etapie życia. Przemoc w związku często zaczyna się od emocjonalnego znęcania się, a następnie przeradza się w ataki fizyczne, napastowanie seksualne lub ich połączenie. Im dłużej trwa przemoc, tym poważniejsze są jej skutki psychiczne.

Traumatyczne doświadczenia mają konsekwencje zarówno w bliższej, jak i w dalszej perspektywie. Mogą występować takie objawy, jak retrospekcje, ataki paniki i zaburzenia snu. Ofiary często zmagają się z niskim poczuciem wartości, mają trudności z ufnością wobec innych ludzi i problemy z utrzymaniem związków. Gniew, lęk, wycofanie i bezradność odczuwane przez ofiarę mogą prowadzić do zaburzeń odżywiania, objawów wynikających z aktywności obwodu wagalnego grzbietowego i myśli samobójczych. Przemoc w związku łączy się także z zachowaniami szkodliwymi dla zdrowia, gdy ofiary próbują radzić sobie z urazami przez palenie, picie, zażywanie narkotyków czy ryzykowny seks.

Jeśli ludzie padają ofiarą przemocy, ich układ nerwowy często jest w stanie szoku lub zamierania, są wówczas podatni na sugestie hipnotyczne: cokolwiek powie im oprawca, akceptują to bez przeprowadzenia krytycznej oceny. Czasami ofiary spotykają się także z groźbami: „Jeśli kiedyś komuś o tym powiesz, to cię zabiję".

Może to sprawić, że ofierze trudno będzie opowiedzieć o tym, co się stało, jeżeli w ogóle będzie do tego zdolna. Terapeuta, który podejrzewa, że ma do czynienia z tego rodzaju przypadkiem, może zadać następujące pytanie:

– Odpowiedz po prostu tak lub nie: czy ktoś ci groził, że zrobi ci krzywdę, jeśli o tym opowiesz?

Jeżeli odpowiedź jest twierdząca, terapeuta być może „otworzył drzwi" i pacjent już nie odczuwa przymusu powstrzymywania się od opisania tego, co się wydarzyło.

Zmiany w mózgu spowodowane przemocą domową

Zarówno u ofiar zmagających się z traumą, jak i u oprawców zachodzą zmiany w strukturze i funkcjonowaniu mózgu, zwłaszcza w ciele migdałowatym.

Znajduje się ono w śródmózgowiu, w płacie skroniowym. Uczestniczy w naszych reakcjach emocjonalnych na zdarzenia i informacje, a także przyczynia się do określenia naszych zachowań wobec potencjalnego ryzyka. Skany wykazują wzmożoną aktywność ciała migdałowatego podczas negatywnych doświadczeń emocjonalnych, a w przypadku powtarzalnych lub przedłużonych okresów stresu staje się ono coraz większe. Powiększone ciało migdałowate może sprawiać, że łatwiej popadamy w stan stresu lub zamierania[72].

Hipokamp znajduje się w płacie skroniowym, tuż obok ciała migdałowatego – to tam przechowujemy nietraumatyczne wspomnienia. Kiedy ciało migdałowate się powiększa, hipokamp się kurczy z powodu ciągłego narażenia na niebezpieczne i groźne doświadczenia[73].

Wyjście z przeszłości i marzenia o przyszłości

Jeżeli przeżyliśmy jakąś traumę, zregenerujemy się szybciej, jeśli pamiętamy o naszych marzeniach, życiowej misji lub celach, które nadają sens naszemu istnieniu.

Zapytałem pacjentkę, która padła ofiarą przemocy domowej:

– Jakie miałaś marzenia, o których zapomniałaś? Co chcesz robić?

Odpowiedziała, że chce zapewnić dobre życie sobie i swojemu synowi. Dzięki temu zaczęła patrzeć w przyszłość i myśleć o jej kształtowaniu zamiast skupiać się na tym, co wydarzyło się w przeszłości.

Z mojego doświadczenia klinicznego wynika, że człowiek, który padł ofiarą pojedynczego traumatycznego zdarzenia, zwykle dość szybko wraca do normalnego stanu. Ofiara przemocy domowej natomiast mogła przeżyć rozciągniętą w czasie serię ataków, zarówno fizycznych, jak i psychicznych, prawdopodobieństwo szybkiej regeneracji jest zatem dość niskie.

Skuteczna terapia wymaga wprowadzania pacjenta z powrotem w stan zaangażowania społecznego, raz za razem, aż będzie na tyle ustabilizowany, że możliwa będzie samoregulacja i normalne funkcjonowanie. W tym procesie bardzo pomaga odnalezienie dawnych marzeń.

Zespół stresu pourazowego

Zespół stresu pourazowego (PTSD), nazywany czasem zaburzeniem stresowym pourazowym (PTSS), stał się dość powszechną diagnozą. Za sprawą wojen w Iraku i Afganistanie wzrosła świadomość ogromnej liczby weteranów zmagających się z zespołem stresu pourazowego.

Trauma a autonomiczny układ nerwowy

W idealnej sytuacji po traumatycznym wydarzeniu, jeśli mamy odporny autonomiczny układ nerwowy, po pewnym czasie wracamy do stanu zaangażowania społecznego. Niestety, u wielu osób tak się nie dzieje.

Wszyscy przeżywamy zdarzenia, które są gwałtowne, szokujące i stresujące, ale różnie reagujemy na podobne sytuacje. Niektórzy z nas szybko się podnoszą i wracają do stanu równowagi, spokoju i zaangażowania społecznego; po prostu żyją dalej. Z kolei u innych wydarzenia mogły wywołać określoną zmianę, a jej skutki mogą być długotrwałe, wycieńczające, wręcz upośledzające. Negatywne konsekwencje mogą się utrzymywać do końca życia. Jeżeli ktoś zablokuje się w stanie aktywności pnia współczulnego, „stres pourazowy" to bardzo trafne określenie.

Nie każdy jednak po traumatycznym przeżyciu pozostaje w stanie chronicznego stresu. Dokładniej rzecz biorąc, wiele osób znajduje się w stanie aktywności części grzbietowej nerwu błędnego połączonej z zachowaniami depresyjnymi i określanie ich stanu jako „stresu pourazowego" jest niedokładne i dezorientujące, a także prowadzi do stosowania nieskutecznych terapii. O wiele dokładniejsze byłoby wyróżnienie dwóch odmiennych skutków traumy: chronicznego pourazowego stanu aktywności pnia współczulnego (reakcja stresowa „walcz lub uciekaj") albo pourazowego stanu chronicznej aktywności części grzbietowej nerwu błędnego (wycofanie lub zamieranie).

Czasami osoba z PTSD przeskakuje między tymi dwoma stanami, które uniemożliwiają powrót do zaangażowania społecznego. U wielu żołnierzy wracających do swoich domów ze zdiagnozowanym stresem pourazowym problem polega na tym, że leczący ich ludzie nie znaleźli skutecznych metod. To smutne, że mężczyźni i kobiety, którzy służyli swojemu krajowi w walce, kończą odizolowani od społeczeństwa i niepokojąco wielu z nich popełnia samobójstwo.

Uważam, że stosowany obecnie termin „zespół stresu pourazowego" nie jest wystarczająco dokładny, wprowadza w błąd i często wywołuje zamieszanie. Etykieta „stres pourazowy" opisuje ciągłą fizyczną i emocjonalną reakcję na wydarzenie, które zaszło w przeszłości. Nie wskazuje ona natury problemów, które obecnie wynikają z tamtej traumy. Po prostu uznaje, że wydarzyło się coś, co spowodowało uraz, a skutki tamtego wydarzenia są nadal odczuwalne.

W dużej części pacjenci przychodzący do mojej kliniki ze zdiagnozowanym stresem pourazowym nie odczuwają stresu w układzie nerwowym (przez aktywację pnia współczulnego), ale są tak naprawdę w chronicznym stanie aktywności części grzbietowej nerwu błędnego. Nic nie mobilizuje ich do walki lub ucieczki, to raczej stan unieruchomienia związanego ze strachem, apatia i poczucie beznadziei. Próba podjęcia terapii odpowiedniej dla pacjenta w stanie stresu może wywoływać zamieszanie i przynieść skutki odwrotne do zamierzonych.

O wiele bardziej czytelny i użyteczny obraz sytuacji uzyskujemy w wyniku rozróżnienia między stresem pourazowym a zamieraniem pourazowym. Czy zachowanie i objawy pacjenta to oznaka aktywności pnia współczulnego czy części grzbietowej nerwu błędnego? Aktywność pnia współczulnego skutkuje zachowaniami określanymi zwykle jako stresowe, natomiast aktywność części grzbietowej sprawia, że człowiek jest wycofany i występują u niego zachowania depresyjne. Zamieranie niezależnie od stopnia wynika ze wzrostu aktywności w części grzbietowej (starej) nerwu błędnego. Reakcja zamierania występuje u ssaków i innych typów, a także u prawie wszystkich kręgowców i dalej w dół drabiny ewolucyjnej aż do bezżuchwowców, takich jak minóg morski.

Podczas leczenia stresu pourazowego terapeuta zazwyczaj skupia się na samej traumie zamiast na psychofizjologicznej fiksacji, która nastąpiła później. Przypominanie sobie danego doświadczenia i opowiadanie o nim komuś innemu to zdecydowanie jest pewien sposób łagodzenia stresu pourazowego, ale nie jedyny, a w dodatku często może być szkodliwy, gdy osoba przywołująca daną historię znów przeżywa traumę na samo wspomnienie. W wielu przypadkach łatwiejsze i skuteczniejsze jest pominięcie przez terapeutę fazy wspominania danego wydarzania i wykorzystanie technik opartych na ręcznych manipulacjach przywracających stan zaangażowania społecznego.

W Danii przeprowadzono kiedyś projekt z udziałem grupy terapeutów leczących ofiary wojennej traumy z walk w Afganistanie i Iraku. Grupa obejmowała tradycyjnych psychologów, terapeutę czaszkowo-krzyżowego oraz terapeutów ciała stosujących różne techniki. Wszyscy uczestnicy wzięli udział w takiej samej liczbie sesji obejmujących zarówno interwencje werbalne, jak i niewerbalne. Niektórzy zaczęli od terapii czaszkowo-krzyżowej, po której przyszła kolej na dalsze rodzaje terapii ciała, natomiast inni najpierw uczestniczyli w bardziej tradycyjnych, werbalnych formach terapii.

Analiza wyników po zakończeniu projektu wykazała, że uczestnicy, którzy zaczęli od niewerbalnej terapii czaszkowo-krzyżowej, osiągali lepsze rezultaty niż ci, którzy najpierw opowiadali o swoich przeżyciach. Marc Levin, jeden z psychologów należących do grupy, spekulował, że po terapii ciała ludzie poczuli się bezpieczni i odprężeni, czuli się także silniejsi i zarazem bardziej otwarci podczas opowiadania o tym, przez co przeszli. Natomiast jeżeli uczestnicy najpierw mówili o swoich doświadczeniach, trudniej było im o nich zapomnieć. Niektórzy z nich mogli nawet ponownie doświadczyć traumy[74].

Kiedy ludzie podczas sesji przypominają sobie traumatyczne wydarzenia, mogą wpaść w hipnotyczny trans i ponownie wywołać w sobie stan emocjonalny z tamtych chwil. Jeżeli terapeuta skomentuje opowieść słowami takimi jak: „To było straszne", uwaga tego rodzaju może zostać dodana do osobistych przeżyć pacjenta, które przestaną być jedynie jego indywidualnym doświadczeniem. Oto pojawił się ktoś jeszcze – osoba z autorytetem – kto zgadza się z negatywnymi przeżyciami pacjenta i może w ten sposób umacniać ich skutki. Istnieje zatem możliwość, że pacjent wyjdzie z sesji w gorszej kondycji, niż przyszedł.

Aktywność części grzbietowej a PTSD

Celem mojej terapii w przypadku osób ze zdiagnozowanym zespołem stresu pourazowego jest wyrwanie ich ze stanu aktywności pnia współczulnego lub części grzbietowej nerwu błędnego i doprowadzenie do stanu zaangażowania społecznego. Kolejnym wyzwaniem jest pomoc w utrzymaniu tego stanu przez powtarzanie ćwiczenia, gdy tylko zaistnieje taka konieczność.

Nie należy zakładać, że aktywność części grzbietowej nerwu błędnego to czysto psychologiczny problem podatny na terapię werbalną. Trafniejsze określenie to stan psychofizjologiczny. Lekarze często leczą psychiczne objawy tego stanu metodami biochemicznymi – lekami antydepresyjnymi. Wiele z nich działa stymulująco i wywołuje w układzie nerwowym stan podniecenia. Dzięki nim pacjenci mogą się ogólnie zmobilizować, ale nie skutkują one pożądanymi zachowaniami społecznymi czy stanem szczęścia lub radości.

Nowe rozumienie stresu i roli części nerwu błędnego może być ogromną pomocą w leczeniu wielu zaburzeń psychicznych i psychiatrycznych. Stany fizjologiczne wywoływane aktywacją narządów wewnętrznych przez część grzbietową nerwu błędnego powodują szybką utratę zasobów i spadek jakości życia. To zaś dotyka nie tylko samych pacjentów, ich rodzin czy ludzi z ich otoczenia, ale za sprawą skutków gospodarczych leczenia psychologicznego rozciąga się także na całe społeczeństwo. Uważam, że istnieje możliwość doprowadzenia osoby w depresji do najwyższego poziomu funkcjonowania autonomicznego układu nerwowego dzięki prostym i darmowym technikom manualnym oraz ćwiczeniom opisanym w niniejszej książce.

Przywracanie funkcjonowania po traumatycznym wydarzeniu

Autonomiczny układ nerwowy w normalnych warunkach ma wbudowaną zdolność do samoregulacji. Jeżeli sytuacja w otoczeniu i w naszym organizmie jest bezpieczna, naturalnym stanem jest zaangażowanie społeczne – dzielenie się, swoboda w kontaktach z innymi. W podobny sposób możemy wejść w stan unieruchomienia niezwiązanego ze strachem, żeby zająć się odpoczynkiem, regeneracją organizmu lub reprodukcją.

Gdy czujemy się bezpieczni, interakcje towarzyskie z innymi ludźmi często przywracają nam zdolność powrotu ze stresu lub zamierania do stanu zaangażowania społecznego. Nie zawsze jednak tak się dzieje. Sytuacja może i już się zakończyła – przestaliśmy uciekać czy walczyć, a niebezpieczeństwo czy zagrożenie już minęło – ale nasz układ nerwowy może utknąć w przeszłości i pozostać w stanie walki, ucieczki lub zastygnięcia (dysocjacji). Stres pourazowy pojawia się wtedy, kiedy decydujące o przetrwaniu reakcje zostały zainicjowane, ale nie do końca rozładowane.

Gdy układ nerwowy jest rozregulowany, doświadczamy dysocjacji. Tracimy kontakt z ciałem, z innymi ludźmi, z „tu i teraz". Stajemy się nieskuteczni i bezbronni. Często opisuje się ten stan określeniami: „nie kontaktuję", „wyłączyłem się", „zgubiłem się". W terminologii związanej z układem nerwowym: ustało funkcjonowanie części brzusznej nerwu błędnego. Można to zaobserwować dzięki badaniu działania tej części opisanemu w Rozdziale 4.

Aby przywrócić zdolność części brzusznej do samoregulacji, należy zrobić coś, co pozwoli nam odzyskać kontakt z rzeczywistością, dojść do siebie, wrócić do swojego ciała i znaleźć się ponownie tu i teraz. Niektórym pomaga medytacja, innym modlitwa, jeszcze inni chodzą na ryby czy oddalają się w jakieś spokojne miejsce, żeby wszystko sobie przemyśleć.

W Części drugiej niniejszej książki prezentuję kilka ćwiczeń, które większości ludzi pomagają w kilka minut odzyskać kontakt z samym sobą dzięki przywróceniu właściwego funkcjonowania części brzusznej nerwu błędnego. Opisuję także technikę manualną nazywaną techniką rozluźniania nerwowo-powięziowego, dzięki której jedna osoba może pomóc drugiej w osiągnięciu pożądanego stanu części brzusznej.

Niektórzy szukają pomocy u terapeuty, coacha lub nauczyciela. Nieważne, jak specjaliści zajmujący się zdrowiem nazywają stosowane przez siebie metody ani jakie pozytywne wyniki – ich zdaniem – pozwalają one osiągnąć. Liczy się tylko to, czy dana metoda działa w naszym przypadku. Jeżeli badanie wykazało, że część brzuszna nerwu błędnego przed interwencją nie działała prawidłowo, taki sam test wykonany po zakończeniu sesji powinien wykazać poprawę funkcjonowania części brzusznej.

Jeżeli staramy się wyregulować działanie układu nerwowego przez interakcje społeczne, musimy mieć pewność, że u osób, z którymi nawiązujemy relację, również wszystko funkcjonuje prawidłowo. Żeby sprawdzić to w prosty sposób, wystarczy zadać sobie pytanie: „Czy po spotkaniu z nimi czuję się lepiej?". Wszyscy doświadczyliśmy kiedyś tego, że po spędzeniu czasu z innymi czuliśmy się jeszcze gorzej.

Gdy wracamy do równowagi i samoregulacji, powinniśmy zauważyć, że odznaczamy się większą odpornością podczas spotkań z tymi samymi ludźmi, którzy kiedyś psuli nam nastrój. W idealnych warunkach powinniśmy w mniejszym stopniu odczuwać ich oddziaływanie lub przynajmniej szybciej się regenerować. Choć czasem możemy ograniczyć ilość czasu spędzanego z ludźmi, którzy nas denerwują, nie zawsze możemy ich zupełnie unikać, dlatego warto wykazywać się większą odpornością.

Ważna jest także cierpliwość. Jeżeli choć raz skutecznie sobie pomożemy, następnym razem będzie łatwiej. Życie to nieustanne zmaganie się z następującymi po sobie wyzwaniami, niebezpieczeństwami i zagrożeniami, a regulacja to ciągły proces polegający na skutecznym radzeniu sobie z kolejnymi trudnościami. Łatwiej przyjdzie nam stawić czoła nowym wyzwaniom, jeżeli pozostaniemy w kontakcie z rzeczywistością, przestaniemy się denerwować i będziemy utrzymywać właściwy stan części brzusznej nerwu błędnego lub szybko do niego powracać.

Depresja a układ współczulny

Depresja nadal jest główną przyczyną niepełnosprawności w Stanach Zjednoczonych i Kanadzie. Stanowi niemal 10 procent wszystkich przypadków niepełnosprawności[75]. W ostatnich latach lekarze przepisują coraz więcej antydepresantów[76]. W Danii, gdzie mieszkam, zażywa je prawie 8,3 procent populacji[77]. Najczęstsza forma leczenia depresji to właśnie antydepresanty, które obecnie plasują się na trzecim miejscu na liście leków na receptę w Stanach Zjednoczonych: łączna sprzedaż to ponad 9,8 miliarda dolarów w 2013 roku[78].

Ludzie ze zdiagnozowaną depresją, czyli osoby w stanie depresji, zazwyczaj tracą zainteresowanie czynnościami, które kiedyś sprawiały im przyjemność. Objadają się, tracą apetyt lub mają inne problemy z trawieniem. Zmniejsza się ich zasób energii, stają się bierne, introwertyczne, apatyczne, bezradne i aspołeczne. Mogą się czuć smutne, zaniepokojone, beznadziejne, bezwartościowe, winne, podenerwowane, zawstydzone lub niespokojne. Mogą popaść w letarg, odczuwać brak energii i niezdolność do działania skierowanego na konkretny cel. Mogą mieć problemy z koncentracją, zapamiętywaniem szczegółów lub podejmowaniem decyzji, a często dokuczają im także bóle i fibromialgia. Mogą zastanawiać się nad samobójstwem, podjąć taką próbę, może nawet skuteczną. To wszystko może być objawem aktywności części grzbietowej nerwu błędnego.

Jeżeli z powodu złego samopoczucia umówimy się na wizytę u lekarza, doktor może zadawać pytania i na podstawie naszych odpowiedzi dojść do wniosku, że znajdujemy się w stanie depresji lub stresu. Zamiast rozważyć możliwość, że nasza kondycja to tylko chwilowe pogorszenie, lekarz zakłada, że to półtrwały stan i przepisuje nam leki. Często przez pewien czas trzeba dostosowywać dawkę, żebyśmy poczuli się lepiej. Możemy zażywać takie środki przez całe miesiące, a nawet lata.

Wiele osób, które do mnie przychodzą, chciałoby przestać zażywać leki. Choć popieram to dążenie, zaznaczam, że powinni to zrobić jedynie w kontakcie z lekarzem, którzy przepisał im dany środek. Zalecam także wyszukanie w Internecie informacji o skutkach ubocznych zażywania leku, a także zgromadzenie wszelkich dostępnych wiadomości na temat objawów abstynencyjnych, które mogą wystąpić po odstawieniu danego produktu.

Badanie opublikowane w „Journal of the American Medical Association" wykazało, że w przypadku łagodnej depresji leki antydepresyjne przepisywane na receptę działają porównywalnie do placebo[79]. Powszechnie wiadomo, że leki te często wywołują skutki uboczne. A mimo to są najczęściej zażywanym rodzajem leków w Stanach Zjednoczonych, gdzie każdego roku wypisuje się 270 milionów recept na te środki[80].

Pojawia się zatem kilka oczywistych pytań: Dlaczego lekarze przepisują tak dużo antydepresantów? Czy nowe podejście mogłoby przynieść nam korzyści? Uważam, że problem leżący u podstaw tej sytuacji to brak zrozumienia natury autonomicznego układu nerwowego, który w normalnych warunkach powinien być elastyczny, odporny i tylko chwilowo poddający się działaniu stresorów. Teoria poliwagalna może wskazywać drogę do nowego podejścia.

Literatura medyczna skupia się przede wszystkim na fizjologii chronicznego stresu. Mniej uwagi poświęca się fizjologicznym podstawom depresji. Kiedy do mojej kliniki przychodzą ludzie z depresją zdiagnozowaną przez psychologa lub psychiatrę albo u których występują zachowania depresyjne, odkrywam zazwyczaj, że ich problemom towarzyszy stan aktywności części grzbietowej nerwu błędnego.

Przed powstaniem teorii poliwagalnej brakowało fizjologicznego modelu układu nerwowego opisującego rolę części grzbietowej nerwu błędnego i być może właśnie dlatego tak trudno było wypracować bezpieczne, skuteczne i nieopierające się na lekach sposoby leczenia takich chorób jak depresja. Teoria poliwagalna Stephena Porgesa koncentruje się na powiązaniach między autonomicznym układem nerwowym, emocjami i naszym zachowaniem, a prace jej autora wzbudzają coraz większe zainteresowanie praktycznym zastosowaniem nowej wiedzy przez psychologów, psychiatrów i całą rzeszę uzdolnionych i wnikliwych terapeutów.

Zaburzenia afektywne dwubiegunowe

Zaburzenia afektywne dwubiegunowe to model zachowania, który odznacza się okresami podwyższonej aktywności, radości i euforii („mania") występującymi na przemian z fazami zachowań depresyjnych.

Epizody manii charakteryzują się wysokim poziomem energii i radosnym, entuzjastycznym, euforycznym nastrojem. Potem następują okresy aktywności części grzbietowej nerwu błędnego, w których doświadcza się niskiego poziomu energii. U niektórych osób między zmianami nastroju występują także okresy „normalnego" zachowania; u innych stany aktywności części grzbietowej i manii przechodzą bezpośrednio jeden w drugi. Osoby te często popadają w dysocjację i tracą poczucie ciała, mogą u nich także występować objawy psychotyczne, takie jak urojenia lub halucynacje. Zaburzenia afektywne dwubiegunowe dotykają nawet 4 procent populacji Stanów Zjednoczonych[81].

Z punktu widzenia teorii poliwagalnej epizod manii można postrzegać jako aktywację pnia współczulnego. W takim stanie pacjent zużywa ogromne nakłady energii i podejmuje wiele działań, które niekoniecznie go zaspokajają czy sprawiają mu przyjemność.

Pacjenci mojej kliniki często mówią mi, że diagnozę postawił im profesjonalny psycholog lub psychiatra. Nie przeszedłem odpowiedniego szkolenia i nie mam kwalifikacji do stawiania psychologicznych ani psychiatrycznych diagnoz. Moje spostrzeżenia nie są potwierdzone i wynikają z pracy terapeutycznej z takimi pacjentami. Wart uwagi wydaje mi się fakt, że to samo podejście – techniki przywracające stan zaangażowania społecznego – może pomóc tak wielu ludziom zmagającym się z różnymi schorzeniami psychicznymi lub psychiatrycznymi, łącznie z zaburzeniami afektywnymi dwubiegunowymi.

Studium przypadku: zaburzenia afektywne dwubiegunowe

Kilka lat temu na sesję terapii czaszkowo-krzyżowej przyszła do mnie kobieta po pięćdziesiątce. Zapytałem ją, jaką pozytywną zmianę chciałaby osiągnąć. Odpowiedziała, że słyszała dużo dobrych relacji o naszej formie terapii czaszkowo-krzyżowej i „chciałaby się bardziej odprężyć".

Powiedziała także, że zdiagnozowano u niej zaburzenia afektywne dwubiegunowe i w ciągu ostatnich dwudziestu lat regularnie trafiała do szpitala psychiatrycznego. Dodała, że doświadcza epizodów letargicznych na przemian z okresami gorączkowych działań.

W niektórych duńskich szpitalach funkcjonuje dość elastyczny system opieki psychiatrycznej. Pacjenci przyjęci do szpitala i uczestniczący jakiś czas w terapii mogą poprosić psychiatrę o wypis, gdy czują, że sobie poradzą, a potem w razie potrzeby mogą zostać przyjęci ponownie. Pacjentka powiedziała mi, że kiedy nie znajdowała się w stanie przygnębienia, czuła się zmuszona do działania do tego stopnia, że gorączkowo starała się załatwić wszystko. A potem znów popadała w depresję i wracała do szpitala.

Kiedy kobieta ta opowiadała mi swoją historię, po jej mowie ciała widziałem, że jest zdysocjowana, a jej słowa jedynie to potwierdzały. Zamiast czuć się w swoim ciele swobodnie i pewnie, stwierdziła raczej, że czuje się, jakby patrzyła z zewnątrz, jak życie przebiega jej przed oczami.

Wiele kobiet doświadcza depresji poporodowej, a zaburzenia afektywne dwubiegunowe u tej pacjentki pojawiły się niedługo po narodzinach jej syna. Depresja poporodowa nierzadko wywołuje kryzys w małżeństwie kobiety, a także w niej samej. Spowodowane aktywnością części grzbietowej zamieranie lub depresja mogą wywoływać u męża wrażenie, że to nie jest już ta sama kobieta, w której się zakochał. Życie tej konkretnej pary nieoczekiwanie zmieniło się na gorsze, gdyż narodziny syna nie sprawiły im radości, o której marzyli.

Depresja poporodowa może być nasilona w przypadku trudnego porodu, zwłaszcza zakończonego cesarskim cięciem. Nawet jeśli zabieg ten był konieczny z przyczyn medycznych, żeby ratować życie matki lub dziecka, i tak dla ciała kobiety jest szokiem, a blizny pozostają nie tylko na mięśniach brzucha, lecz także na macicy. Wyjście z depresji poporodowej może wymagać lat, a niektórym kobietom niestety nigdy się to nie udaje.

Powiedziałem pacjentce, że nie mam kwalifikacji do zajęcia się diagnozą psychiatry, ale spróbuję pomóc jej się odprężyć przez zwiększenie elastyczności jej autonomicznego układu nerwowego.

Jako terapeuta ciała z ogromną ostrożnością unikam sugestii, że mogę skutecznie leczyć problemy psychiatryczne. Jeżeli w przypadku pacjenta z diagnozą postawioną przez psychiatrę nie czuję się wystarczająco swobodnie, odmawiam prowadzenia terapii. Jeżeli jesteś terapeutą i masz w takim wypadku wątpliwości, zawsze możesz poprosić pacjenta o konsultację z psychiatrą lub psychologiem, który stwierdzi, czy istnieją jakieś przeciwwskazania dla prowadzonej przez ciebie terapii.

Odkryłem, że u mojej pacjentki dwa pierwsze kręgi szyjne były skręcone i korzystna dla niej byłaby poprawa funkcjonowania części brzusznej nerwu błędnego. Pokazałem jej, jak wykonać Ćwiczenie podstawowe, żeby skorygować ułożenie kręgów. Później, gdy zbadałem ją ponownie, dwa pierwsze kręgi szyjne były mniej skręcone, a część brzuszna nerwu błędnego działała prawidłowo.

Pacjentka wróciła po tygodniu na kolejną sesję i wydawała się zupełnie inną osobą. Była spokojna i skupiona. Zbadałem stan części brzusznej i pozycję pierwszych dwóch kręgów. Nadal wszystko było w porządku. Skutki pierwszej sesji utrzymały się aż do tej pory. Pacjentka powiedziała mi, że ma teraz dobrą energię i załatwia kolejne sprawy, ale robi to ze spokojem. Dodała, że czuje się pewna siebie i gotowa do przejęcia z powrotem kontroli nad swoim życiem.

Poczułem, że rozwiązaliśmy problem w jej układzie nerwowym. Miała zaburzenia afektywne dwubiegunowe i przeskakiwała między aktywnością w stanie stresu i załamaniem w stanie wycofania, nie potrafiła przejść w stan zaangażowania społecznego. Teraz jednak punktem wyjścia był właśnie ten stan i pacjentka czuła się silna, a jej układ nerwowy stał się elastyczny. Mogła chwilowo popaść w stan stresu lub zamierania, ale po zniknięciu wyzwania wracała do zaangażowania społecznego.

Powiedziałem jej, że chętnie znów się z nią spotkam, jeśli poczuje potrzebę pomocy. Doradziłem jej także, żeby wybrała się do dobrego psychologa. Oprócz tego zasugerowałem jej, że może przydałaby się jej pomoc w wypracowaniu nowego podejścia do relacji i ułożeniu planów na przyszłość.

Syn mojej pacjentki był już dorosły. Uczył się i mieszkał sam. Pacjentka żałowała, że straciła znaczną część doświadczenia macierzyństwa, ponieważ tak dużo czasu spędziła w szpitalu psychiatrycznym. W ciągu dwudziestu lat, które minęły od porodu, straciła także wiele okazji do nauki, rozwoju zawodowego czy podjęcia wartościowej pracy. Żyła z mężczyzną, który dostosował się do jej życia naznaczonego epizodami manii i depresji, ale ich związek, jej zdaniem, już nie funkcjonował.

Moja pacjentka nie była jednak smutna, czuła raczej spokojny optymizm. Kiedy oceniała swoją sytuację, nie była ani w manii, ani w depresji. Mówiła spokojnie i zrozumiale o tym, że czuje się zdeterminowana do zmiany życia na lepsze i bardziej wartościowe.

ADHD i nadpobudliwość

Uważam, że u dzieci z zespołem nadpobudliwości ruchowej z deficytem uwagi (ADHD) oprócz chronicznego pobudzenia układu współczulnego może występować jeszcze inna, fizyczna przyczyna tego stanu.

Leczyłem pięciu pacjentów – chłopców z ADHD – w tym samym czasie i odkryłem, że wszyscy mieli przepuklinę rozworu przełykowego[82]. Na tej podstawie założyłem, że powodem nieustającego zmieniania pozycji jest chęć zmniejszenia poziomu napięcia przepony. Po kilku sekundach w nowej pozycji również i ona okazywała się niewygodna, odczuwali więc potrzebę kolejnej zmiany.

Udało mi się osłabić występujące u nich objawy dzięki zastosowaniu kombinacji dwóch technik. Ćwiczenie podstawowe niwelowało dysfunkcje nerwu błędnego, dzięki czemu górna jedna trzecia przełyku mogła się rozluźnić. To z kolei umożliwiało zastosowanie techniki leczenia przepukliny rozworu przełykowego i delikatne rozciągnięcie przełyku, tak aby żołądek mógł odłączyć się od przepony i opaść do normalnej pozycji.

Psycholog lub psychiatra stawia wielu ludziom diagnozę bez zastanowienia się nad tym, że ich problemy mogą wynikać z dysfunkcji autonomicznego układu nerwowego. Z mojego doświadczenia wynika, że przywrócenie stanu aktywności części brzusznej nerwu błędnego często zmniejsza lub eliminuje dolegliwości pacjenta.

7

Zaburzenia ze spektrum autyzmu

Termin „zaburzenia ze spektrum autyzmu" obejmuje: autyzm, zespół Aspergera oraz inne schorzenia. (ADHD z definicji nie jest zaburzeniem ze spektrum autyzmu). Kategoria ta uwzględnia bardzo szeroki zakres objawów, poziomów upośledzenia, a także niepełnosprawności, które mogą wystąpić u dzieci lub dorosłych. Objawy te, uważane za wady rozwojowe mózgu, mogą stanowić przyczynę poważnych utrudnień społecznych, behawioralnych i komunikacyjnych. Nie istnieją jednak żadne testy neurologiczne umożliwiające wykrycie tych wad.

Jest wiele różnych kategorii autyzmu. Zaburzenia występują u każdego w indywidualnej konfiguracji i obejmują zakres od bardzo łagodnych do poważnych. Ludzie z zaburzeniami ze spektrum autyzmu prezentują kilka wspólnych objawów, a ich mózgi najwyraźniej przetwarzają informacje inaczej niż u innych ludzi. Dokładne przyczyny powstawania zaburzeń ze spektrum autyzmu nie są znane. Badania sugerują, że ważną rolę odgrywają zarówno geny, jak i środowisko.

Dowody wskazujące na geny opierają się częściowo na spostrzeżeniu, że jeśli jedno z bliźniąt jednojajowych jest autystyczne, istnieje spore prawdopodobieństwo, że drugie również takie będzie. Mimo setek milionów dolarów wydanych na badania naukowcy nie zidentyfikowali jeszcze genów, których wady mogą mieć związek z autyzmem. W idealnych warunkach powinniśmy się tego wkrótce dowiedzieć, ale póki co nie istnieje żadna obiecująca terapia przeciwko zaburzeniom ze spektrum autyzmu, która opierałaby się na badaniach genetycznych.

Diagnozy dotyczące zaburzeń ze spektrum autyzmu opierają się głównie na obserwowaniu zachowań pacjenta. Ludzie przeprowadzający testy zazwyczaj nie uwzględniają jednak fizjologicznego znaczenia części autonomicznego układu nerwowego odpowiedzialnej za zaangażowanie społeczne. Autonomiczny układ nerwowy częściowo determinuje stan emocjonalny, a ten z kolei jest głównym czynnikiem określającym zachowanie. Uważam, że jeśli zmienimy czyjś stan emocjonalny, możemy zmienić jego zachowanie.

Czy niektóre przypadki zaburzeń ze spektrum autyzmu można rozumieć jako objawy zaburzeń autonomicznego układu nerwowego? Pacjenci z zaburzeniami ze spektrum autyzmu często znajdują się w chronicznym stanie „walcz lub uciekaj" lub w stanie wycofania związanym z aktywnością części grzbietowej nerwu błędnego. Czasami bez żadnego wyraźnego powodu przechodzą nagle z jednego stanu do drugiego, co zupełnie zaskakuje ich opiekunów. Zachowanie osób z zaburzeniami ze spektrum autyzmu często jest nieprzewidywalne i niedostosowane do sytuacji.

Na podstawie mojego doświadczenia klinicznego sugeruję, że testy wykrywające zaburzenia ze spektrum autyzmu powinny obejmować także ocenę funkcjonowania części brzusznej nerwu błędnego. Jeżeli badanie wskazuje na istnienie dysfunkcji, dalsza analiza pozwoli sprawdzić, czy przywrócenie pacjenta do stanu zaangażowania społecznego przez zoptymalizowanie funkcjonowania nerwu błędnego wywoła pozytywną zmianę w zachowaniu. Jestem przekonany, że tak właśnie będzie.

Jak często występuje autyzm?

Coraz większa liczba osób, u których diagnozuje się zaburzenia ze spektrum autyzmu, sprawia, że to najszybciej rozpowszechniająca się choroba rozwojowa: każdego roku w Stanach Zjednoczonych przybywa od 10 do 17 procent przypadków. Zaburzenia ze spektrum autyzmu stwierdzono u niemal jednego na sześćdziesięcioro ośmioro dzieci, zgodnie z szacunkowymi danymi z Sieci Monitorowania Autyzmu i Wad Rozwojowych (Autism and Developmental Disabilities Monitoring Network) przy CDC[83]. Zgodnie z innymi szacunkami zaburzenia ze spektrum autyzmu dotykają jednego na dziewięćdziesięcioro dzieci[84].

Również koszty ekonomiczne autyzmu są ogromne, nie tylko dla poszczególnych rodzin, lecz także dla całego społeczeństwa. Zapotrzebowanie na świadczenia zdrowotne i inne usługi związane z autyzmem gwałtownie rośnie. Koszty ponoszone przez jedną osobę z autyzmem przez całe życie wynoszą w Stanach Zjednoczonych 2,4 miliona dolarów[85]. Wydatki związane z autyzmem sięgają 20 miliardów dolarów rocznie[86]. Według innych szacunków koszty wspierania dzieci z autyzmem w Stanach Zjednoczonych to 61–66 miliardów dolarów rocznie; w przypadku dorosłych koszty te oszacowano na 175–196 miliardów dolarów rocznie[87].

Co ważne, istnieją także innego rodzaju koszty związane z autyzmem. Wśród odczuwanych przez ludzi obciążeń należy wymienić przede wszystkim wysoki koszt emocjonalny ponoszony przez rodziców – nie da się go wycenić w dolarach. Przed narodzinami dziecka rodzice byli pełni marzeń i nadziei na posiadanie rodziny takiej jak inne, z dobrze rozwijającymi się dziećmi. Osoby autystyczne często nie potrafią utrzymać pracy czy wnieść własnego wkładu, mogą także mieć trudności z wychowaniem następnego pokolenia. Niezależnie od wcześniejszych celów priorytetem takiej rodziny staje się odtąd nowego rodzaju troska o dziecko.

Autyzm a autonomiczny układ nerwowy

Układ nerwowy osób ze zdiagnozowanymi różnymi zaburzeniami ze spektrum autyzmu może pod kątem fizjologicznym cechować się aktywnością pnia współczulnego lub części grzbietowej nerwu błędnego. U osób tych mogą także pojawiać się dolegliwości fizyczne wynikające z dysfunkcji organów.

Rodziny lub opiekunowie osób z autyzmem mogą zaobserwować, że ich podopieczni czasami bez żadnej widocznej przyczyny odczuwają strach lub wpadają w panikę. Pacjenci mogą być nadwrażliwi i reagować na znajdujący się w otoczeniu bodziec, którego inni ludzie nie dostrzegają, albo na coś, co przypomina im o przeszłości – lub też po prostu wyobrażają sobie coś niebezpiecznego. Ludzie obserwujący ich zachowanie w sposób obiektywny uważają, że reakcje te są nieuzasadnione i nie ma się czym przejmować.

Czasami osoby z zaburzeniami ze spektrum autyzmu są uwięzione w stanie walki lub ucieczki albo zamierania lub przeskakują między nimi. W jednej chwili mogą znajdować się w stanie zamierania – zamknięci w sobie i apatyczni, a potem nagle stają się ekstrawertyczni, przestraszeni lub agresywni. Z punktu widzenia osób nierozumiejących ich zachowania reagują w sposób pozornie dziwny i nieprzewidywalny, przez co często wydają się aspołeczne. Rodzice lub opiekunowie często czują się zdezorientowani i zaskoczeni w obliczu takich nagłych zmian zachowania, ponieważ nie zdają sobie sprawy, co mogłoby wywoływać tę huśtawkę emocjonalną.

Testy psychologiczne wykrywające autyzm oceniają zachowanie i definiują różne rodzaje autyzmu, ale nie uwzględniają podstawowych czynników fizjologicznych istotnych w świetle nowej interpretacji funkcjonowania autonomicznego układu nerwowego autorstwa Stephena Porgesa. Wskutek tego terapia najczęściej skupia się na uczeniu rodziców, jak powinni dopasować swoje zachowanie do specjalnych potrzeb dziecka, zamiast na poprawie stanu dziecka, aby nie miało żadnych specjalnych potrzeb.

Teoria poliwagalna przedstawia nowy biobehawioralny model łączący zachowanie autystyczne z określonymi stanami fizjologicznymi autonomicznego układu nerwowego. Dzięki temu mamy możliwość wypracowania bardziej skutecznych metod leczenia autyzmu.

Jeśli widzimy, że wielu pacjentów z zaburzeniami ze spektrum autyzmu znajduje się w stanie aktywności pnia współczulnego albo części grzbietowej lub przeskakuje z jednego w drugi, możemy po prostu powiedzieć, że nie są w stanie zaangażowania społecznego. Następnie możemy się skupić na zastosowaniu lub wypracowaniu interwencji, które pozwolą im przejść w stan zaangażowania społecznego i poprawią funkcjonowanie części brzusznej nerwu błędnego oraz powiązanych z nią czterech nerwów czaszkowych – co przyczyni się do bardziej prospołecznych zachowań.

Stephen Porges zdecydował się na pracę z dziećmi z autyzmem i przyczynił się do pozytywnej zmiany zachowania wielu z nich. Uznał to za potwierdzenie, że model układu nerwowego zaprezentowany w ramach teorii poliwagalnej jest miarodajny. Zainspirowany jego pracą, również podjąłem się terapii osób z autyzmem i odniosłem na tym polu pewne sukcesy.

Nadzieja dla autyzmu: Protokół Słuchania Terapeutycznego

Stephen Porges w swojej teorii poliwagalnej i protokole słuchania poczynił istotne rozróżnienia, które wskazują na wyspecjalizowane zadania nerwów czaszkowych biegnących do ucha środkowego i wyjaśniają, jak właściwe słuchanie umożliwia przejście w stan zaangażowania społecznego[88].

Porges dokonał przełomu w naszym rozumieniu słuchu – a problemy w tej sferze występują u około 60 procent dzieci z autyzmem. Słuchałem wyjaśnień Stephena Porgesa na ten temat podczas jego wykładu na Breath of Life Conference w Londynie (23–24 maja 2009 roku). Opisywał wtedy problemy związane ze słuchaniem i przetwarzaniem ludzkiego głosu, które mogły wynikać z zaburzeń w funkcjonowaniu nerwów V i VII – a nie nerwu VIII, jak to zachodzi w typowej głuchocie. Wyjaśniał także, jak mechanizmy biorące udział w słuchaniu mogą stanowić istotny element symptomatologii autyzmu.

Osoby z zaburzeniami ze spektrum autyzmu pod wieloma względami stanowią wyzwanie dla rodziców, nauczycieli i innych opiekunów. Każdy, kto pracuje z dziećmi autystycznymi, zauważa, że często wydają się one niezdolne do zrozumienia słów innych ludzi i nie potrafią nawiązać normalnej dwukierunkowej komunikacji. Wiele osób z zaburzeniami ze spektrum autyzmu najwyraźniej nie pojmuje znaczenia kierowanych do nich słów, a spora część z nich w ogóle nie mówi. To szczególne wyzwanie dla psychologów i psychiatrów: osoby z autyzmem zazwyczaj mają trudności z komunikacją werbalną, terapie werbalne okazują się zatem nieskuteczne.

Standardowy sposób sprawdzenia, czy pacjent słyszy prawidłowo, polega na zbadaniu nerwu VIII (nerw przedsionkowo-ślimakowy), którego włókna czuciowe sięgają daleko w głąb ucha wewnętrznego. Większość osób z zaburzeniami ze spektrum autyzmu uzyskuje pozytywny wynik w czasie badania, które zazwyczaj odbywa się w wyciszonym pomieszczeniu, bez żadnych odgłosów w tle, lub też uczestnik wkłada słuchawki eliminujące wszystkie częstotliwości poza dźwiękami testowymi.

Problem z takim badaniem w przypadku osób z zaburzeniami ze spektrum autyzmu polega na tym, że sprawdza ono jedynie część mechanizmu słuchowego. Stephen Porges zdał sobie sprawę, że aby słyszeć i rozumieć kierowane do siebie słowa, człowiek potrzebuje dwóch innych nerwów czaszkowych: trójdzielnego (nerw V) oraz twarzowego (nerw VII).

Aby nauczyć się mówić, najpierw musimy być w stanie usłyszeć i zrozumieć język mówiony. Porges odkrył, że u wielu osób z zaburzeniami ze spektrum autyzmu występuje dysfunkcja nerwów czaszkowych V i VII, która ogranicza ich zdolność do słyszenia i rozumienia mowy. Obydwa nerwy biorą początek w rdzeniu przedłużonym i mają po kilka gałęzi o różnych funkcjach; dwie z nich biegną do dwóch mięśni w uchu środkowym. Nerw VII dochodzi do mięśnia strzemiączkowego, niewielkiego mięśnia w uchu środkowym, a nerw V – do napinacza błony bębenkowej w bębenku.

Jedną z wielu funkcji nerwu VII jest unerwianie mięśnia strzemiączkowego. Jego prawidłowe działanie pozwala zmniejszyć natężenie dźwięków o częstotliwości wyższej lub niższej niż kobiecy głos, dzięki czemu dziecko może się skupić na zakresie częstotliwości głosu matki. Kiedy mięsień ten funkcjonuje właściwie, dziecko może łatwo usłyszeć głos matki na tle innych dźwięków, nauczyć się od niej języka i komunikować się z nią i innymi ludźmi.

Nerw VII, który unerwia mięsień strzemiączkowy, ma także inne gałęzie. Jedna z nich kontroluje mięśnie twarzy (które są czasami nazywane „narządami ekspresji emocjonalnej"). Kiedy nerw ten nie działa prawidłowo, często można zaobserwować brak mimiki. Cechą charakterystyczną zarówno dla dzieci, jak i dla dorosłych ze zdiagnozowanym autyzmem jest brak naturalnej mimiki. Neutralny wyraz twarzy utrudnia rozmówcom odczytywanie ich emocji podczas rozmowy. Z tego powodu inni ludzie często uważają, że osobom z autyzmem brakuje empatii.

Istnieje neurologiczne połączenie między właściwym słyszeniem a mięśniami otwierającymi oczy. Płaski, okrągły mięsień otaczający oko jest unerwiony przez nerw VII, a ludzie z zaburzeniami słyszenia często mają opadające powieki. Podnoszenie brwi – tak jak w chwili, gdy usłyszymy coś, co „otwiera nam oczy" – może pomóc nam w lepszym rozumieniu mowy. Wszystkie te czynniki wskazują, jak ważne dla zdolności słyszenia jest prawidłowe funkcjonowanie nerwu VII.

Gałąź nerwu V kontroluje napięcie mięśnia napinacza błony bębenkowej, który uczestniczy w regulacji łączącej się z gardłem trąbki Eustachiusza. Napinacz błony bębenkowej jest podobny do mięśnia strzemiączkowego – również odpowiada za sztywność kosteczek słuchowych (małych kości w uchu środkowym). Napinanie kosteczek słuchowych zwiększa napięcie bębenka i zmniejsza natężenie dźwięków tła o niskiej częstotliwości.

Jednym z zadań mięśni strzemiączkowego i napinacza błony bębenkowej jest wyciszanie odgłosów wytwarzanych na przykład podczas przeżuwania. Jeżeli mięśnie ucha środkowego nie kurczą się wystarczająco, postrzegana głośność dźwięków o niskiej częstotliwości może być bardzo wysoka i zagłuszać nawet dźwięk ludzkiej mowy. Zaburzenie to nazywa się *nadwrażliwością słuchową*. Dla ludzi zmagających się z tą dolegliwością dochodzące do nich dźwięki mogą być niepokojące lub nawet bolesne. Niektóre dzieci z autyzmem zatykają uszy palcami, żeby zablokować pewne odgłosy, zwłaszcza te o niskiej częstotliwości.

W takiej sytuacji dziecko przetwarza jedynie sygnały akustyczne o określonej częstotliwości, dźwięki ludzkiej mowy mogą zatem ginąć wśród odgłosów tła, a cichsze dźwięki mogą w praktyce być znacznie wzmocnione. Dzieci z nadwrażliwością słuchową mogą nieproporcjonalnie reagować na głosy niektórych ludzi, zwłaszcza na niskie głosy mężczyzn. Kiedy zatykają sobie uszy palcami, znaczenie tego gestu może być błędnie zrozumiane jako sygnał, że dzieci nie chcą słuchać tego, co się do nich mówi, podczas gdy tak naprawdę próbują chronić uszy przed bolesnymi doznaniami.

Codzienne odgłosy o niskiej częstotliwości (na przykład odkurzacz, ruch uliczny czy windy) wydają się osobom z nadwrażliwością słuchową głośne i trudne do wytrzymania. Nie potrafią one zrozumieć, co się do nich mówi, z powodu odgłosów tła, które niesamowicie im przeszkadzają, nawet jeśli inni ludzie nie zwracają na nie uwagi.

Jeden z moich pacjentów, jedenastoletni chłopiec, zatykał sobie uszy palcami, żeby wyciszyć dobiegający go hałas, za każdym razem, gdy po torach niedaleko kliniki przejeżdżał pociąg. Nigdy wcześniej nie zwracałem uwagi na odgłos przejeżdżających pociągów, nie wywoływał on też żadnej reakcji u innych pacjentów.

Różnego rodzaju dysfunkcje mięśni i nerwów mogą skutkować dokładnie odwrotnymi zaburzeniami powiązanymi ze słyszeniem i rozumieniem mowy. Napięcie mięśniowe może być zbyt słabe, żeby odpowiednio wzmocnić i przekazać dźwięk, a dziecko wydaje się wtedy głuche na kierowane do niego słowa. Często jest to postrzegane jako brak zainteresowania komunikacją i aktywnością społeczną lub odbierane jako wyraz niechęci dziecka do udzielenia odpowiedzi lub wykonania polecenia.

Czasami dzieci zmagające się z takimi problemami mogą stać się bardzo dobre w czytaniu z ruchu warg i interpretowaniu mowy ciała. Może się wydawać, że prowadzą konwersację i są towarzyskie, ale jeśli rozmówca nie znajduje się dokładnie na wprost i nie można odczytać niczego z jego ust, pojawia się problem.

Również niektórzy dorośli mają trudności ze zrozumieniem kierowanych do nich słów, jeżeli nie widzą twarzy rozmówcy. Ludzie, którzy czytają z ruchu warg, skupiają wzrok na ustach rozmówcy, a nie na jego oczach lub gdzieś poza nim, jak osoby słyszące normalnie. Dorośli mający trudności ze zrozumieniem słów, gdy jednocześnie mówi kilka osób, mogą unikać przyjęć czy zatłoczonych restauracji i preferować spotkania w cztery oczy. Mogą też stosować inną strategię i bez przerwy mówić, maskując w ten sposób to, że nie rozumieją innych ludzi.

Dzieci z zaburzeniami ze spektrum autyzmu mogą mieć spore trudności z normalnym funkcjonowaniem w głośnej sali lekcyjnej. Kiedy dziecko jest nadmiernie wrażliwe na dźwięk, wysoki poziom hałasu w tle może być bolesny, natomiast dla dziecka z prawidłowo działającym uchem wewnętrznym takie samo natężenie dźwięku jest całkowicie akceptowalne.

U dziecka z poważną nadwrażliwością na dźwięk odgłosy z otoczenia mogą wywoływać ataki bólu, przed którymi nie może się ono obronić. Przechodzenie przez różne krajobrazy dźwiękowe pojawiające się w ciągu dnia może przypominać doświadczenia szczurów trzymanych w klatkach i poddawanych stresowi przez rażenie prądem w nieprzewidywalnych odstępach czasowych. Dzieci mogą sobie nawet nie zdawać sprawy z tego, że mają problem. Jeżeli cierpią na nadwrażliwość dźwiękową od urodzenia, mogą po prostu nie wiedzieć, że przytrafiające się im traumatyczne doświadczenia nie są czymś normalnym, i zakładać, że „takie jest życie".

Wyobraźmy sobie oglądanie filmu ze ścieżką dźwiękową ustawioną na pełną moc – aktorzy krzyczą na ciebie i nie możesz się doczekać, kiedy wyjdziesz z kina. Uciekasz, zatykając uszy. A gdybyś był autystycznym dzieckiem, które nie może uciec z kina?

W celu zbadania konsekwencji dysfunkcji nerwu czaszkowego – a ostatecznie także w celu udowodnienia prawdziwości teorii poliwagalnej – Stephen Porges zaprojektował Protokół Słuchania Terapeutycznego w ramach swojego programu badawczego obejmującego uczestników z zaburzeniami ze spektrum autyzmu[89]. Swoje doświadczenia empiryczne z wykorzystaniem Protokołu Słuchania Terapeutycznego u dzieci z autyzmem opisał w recenzowanym artykule (zob. poniżej).

Badania i artykuły naukowe Porgesa w ciągu ostatnich dwudziestu lat przesunęły granicę leczenia osób z autyzmem. Wskazanie fizjologicznego modelu, który może częściowo odpowiadać za wzorce zachowania autystycznego, to istotny przełom w naszym rozumieniu autyzmu, umożliwiający stworzenie nowych form leczenia. Metoda opracowana przez Stephena Porgesa już teraz pomogła wielu ludziom w pracy nad umiejętnościami komunikacyjnymi i zachowaniami społecznymi.

Porges postawił hipotezę, że powodem występujących u wielu dzieci z zaburzeniami ze spektrum autyzmu trudności w posługiwaniu się językiem w kontakcie z innymi jest dysfunkcja regulacji nerwowej mięśni ucha środkowego, tak jak opisano to powyżej. Nerwy V i VII, dwa z czterech nerwów czaszkowych koniecznych do zaangażowania społecznego, biorą swój początek w rdzeniu przedłużonym, a ich gałęzie biegną do dwóch mięśni w uchu środkowym.

Porges pracował z dużą grupą dzieci ze zdiagnozowanym autyzmem, wykorzystując pomysłową interwencję terapeutyczną. W badaniu dotyczącym Protokołu Słuchania Terapeutycznego u wszystkich tych dzieci zdiagnozowano schorzenia ze spektrum autyzmu, a u wielu z nich występowała także nadwrażliwość na dźwięk. Wszystkie dzieci po bardzo dokładnych badaniach słuchu uczestniczyły przez pięć dni w pięciu czterdziestopięciominutowych sesjach dziennie.

W jednej z publikacji Porges i jego współpracownicy wykazali, że specjalnie zmodyfikowana komputerowo muzyka poprawiała zdolność przetwarzania słuchowego i zwiększała regulację serca przez część brzuszną nerwu błędnego[90].

W drugiej publikacji opisane są dwa eksperymenty przeprowadzone przez zespół Porgesa. Pierwszy z nich polegał na porównaniu grupy dzieci, które miały jedynie założone słuchawki, z dziećmi słuchającymi muzyki zmodyfikowanej komputerowo w taki sposób, że algorytm wzmacniał cechy dźwiękowe prozodii. W drugim eksperymencie jedna grupa słuchała zmodyfikowanej muzyki, a druga tej samej, ale nieprzetworzonej przez algorytm. W obu eksperymentach w grupie słuchającej zmodyfikowanej muzyki doszło do zmniejszenia nadwrażliwości słuchowej[91].

Miałem okazję sam posłuchać tej specjalnej muzyki. Po kilku minutach czułem się, jakby mięśnie mojego ucha środkowego zostały poddane stymulacji i ćwiczeniom. Swędziały mnie bębenki, a struktury w uchu środkowym sprawiały wrażenie, że skaczą, tańczą i wibrują. Co ważniejsze, odczułem poprawę słuchu i zdolności do wyraźnego słyszenia mowy.

Podczas wykładów Porges prezentował inspirujące filmy przedstawiające niektóre zachodzące u dzieci zmiany, a także pokazywał, jak dzieci rozumiejące już to, co mówią inni, wychodziły z izolacji społecznej i nawiązywały relacje z otoczeniem. Porges nadal pracuje nad poprawą stosowanego systemu stymulacji osób z autyzmem oraz sposobami dotarcia do odbiorców. W 2016 roku, w czasie powstawania niniejszej książki, prowadził zarejestrowane badania kliniczne w Melbourne, Los Angeles i Toronto.

Rola słuchu w zaburzeniach ze spektrum autyzmu

W celu nawiązywania kontaktów towarzyskich i prowadzenia dwukierunkowej komunikacji ludzie muszą słyszeć wypowiadane przez innych słowa i rozumieć ich znaczenie. Tak jak opisano to powyżej, problemy ze słuchem i rozumieniem występują u wielu osób z zaburzeniami ze spektrum autyzmu. Jest to powszechnie znane zjawisko. Stephen Porges mówił o nim podczas prezentowania teorii poliwagalnej, potwierdziła je także moja praktyka kliniczna. Problemy ze słuchem są jednak najczęściej związane z dysfunkcją nerwów V i VII (jak wykazał Porges), a nie nerwu VIII (nerwu przedsionkowo-ślimakowego), często niesłusznie uznawanego za jedyny nerw odpowiedzialny za słuch.

Kiedy do mojej kliniki trafia dziecko z autyzmem, zespołem Aspergera lub innymi zaburzeniami, pytam rodziców o jego słuch. Niezmiennie odpowiadają, że dziecko było badane przez specjalistę, który nie stwierdził żadnych nieprawidłowości. Słuch większości dzieci z autyzmem jest badany w tradycyjny sposób: zakładają słuchawki i dają znać, gdy słyszą w nich dźwięki o różnym natężeniu i częstotliwości.

Rodzice prawie zawsze dowiadują się, że dziecko słyszy dobrze, ale informacja ta nie uwzględnia istoty problemu. Nie chodzi o to, czy dziecko słyszy pojedyncze dźwięki podczas testu bez żadnych odgłosów w tle. Właściwie zadane pytanie powinno brzmieć: Czy dziecko słyszy ludzki głos wśród innych dźwięków? Czy dziecko potrafi odfiltrować odgłosy tła, zwłaszcza te o niskiej częstotliwości?

Pewna matka przyprowadziła do mnie swojego dziewięcioletniego syna, ponieważ agresywnie zachowywał się w szkole. Zazwyczaj przeprowadzam własny prosty test, żeby sprawdzić, czy pacjent dobrze słyszy. Proszę dziecko, żeby odwróciło się do mnie plecami – nie może wtedy czytać z ruchu moich warg. Następnie wydaję proste polecenie do wykonania, na przykład proszę o założenie kurtki.

Rodzice często protestują i mówią, że dziecko jest w niekorzystnej sytuacji, ponieważ zadanie jest łatwiejsze, gdy widzą twarz rozmówcy. Tamta matka też powiedziała coś takiego. Zapytałem więc, co się dzieje, kiedy jej syn jest w innym pokoju albo nie widzi jej twarzy, a ona próbuje go przekonać do wykonania jej polecenia.

– Jeżeli nie reaguje – odpowiedziała matka – zachowuję spokój i proszę go jeszcze raz.

– A co pani robi, jeżeli syn nadal nie reaguje?

– Powtarzam po raz trzeci – odrzekła. – Jeżeli mimo to nie odpowiada, wiem, że po prostu nie chce. Czasem tak mnie to irytuje, że go biję.

A jak to wyglądało z perspektywy jej syna? Był on czymś zajęty i nawet nie wiedział, o co prosi go matka, ponieważ nerwy czaszkowe V i VII nie zapewniały dostatecznego wygłuszania dźwięków tła. Prawdopodobnie nawet nie zdawał sobie sprawy, że matka do niego mówi. A potem nagle dostawał klapsa i słuchał krzyków zdenerwowanej matki, ale nawet nie miał pojęcia, dlaczego.

Choć matka powtórzyła swoją wypowiedź trzy razy, syn nie był w stanie usłyszeć ani zrozumieć jej słów. W poczuciu frustracji wywołanej brakiem reakcji dawała mu klapsa, ale z jego punktu widzenia uderzenie przychodziło bez uprzedzenia: dziecko nie miało pojęcia, co do tego doprowadziło. Logicznie rzecz biorąc, mógł zatem zrozumieć działanie matki w następujący sposób: „Jeżeli chcesz zwrócić na siebie uwagę innej osoby, uderz ją, a następnie przekaż jej swój komunikat”.

W szkole chłopiec czasami prosił o coś inne dziecko, a jeżeli nie reagowało ono od razu, uderzał je bez uprzedzenia, żeby zwrócić na siebie uwagę. Nic dziwnego, że zabawa z innymi dziećmi przysparzała mu trudności. Jego matka sama nieświadomie przekazała mu wzór takiego aspołecznego zachowania.

Podczas badania w klinice, kiedy zwrócone do mnie plecami dziecko nie reaguje ma moją prostą prośbę o włożenie kurtki, nie zakładam, że usłyszało i zrozumiało moje polecenie tylko dlatego, że je wydałem. Podejrzewam natomiast dysfunkcję nerwów czaszkowych V i VII. Jeżeli tak rzeczywiście jest, a osoby z autyzmem nie potrafią zrozumieć tego, co mówią do nich inni, będą rzecz jasna miały problem z używaniem języka w taki sposób, by otoczenie je rozumiało i pomagało w razie potrzeby.

Ewolucja słuchu

W początkowym okresie ewolucji ziemskich stworzeń wielkie drapieżniki, takie jak dinozaury i inne wielkie jaszczury, przemierzały lądy i często polowały na małe ssaki. Największe zwierzęta, które zagrażały nawet dinozaurom i jaszczurom, idąc lub biegnąc, ciężko stąpały po ziemi, a ich kroki wywoływały rytmiczne odgłosy o niskiej częstotliwości. Dinozaury rejestrowały te wibracje dzięki zakończeniom nerwowym otaczającym duże kości szkieletowe.

Informacja o zbliżającym się potencjalnym drapieżniku była ważna, zwłaszcza w kontekście ochrony młodych. Te wielkie stworzenia nie słyszały jednak dźwięków o wyższej częstotliwości. Paleontolodzy odkryli, że kości ucha środkowego u dinozaurów były przytwierdzone do żuchwy, inaczej niż u późniejszych gatunków. Istnieje zatem hipoteza, że dinozaury „słyszały” dźwięki o niskiej częstotliwości dzięki wibracjom odbieranym przez kości, ale nie słyszały dźwięków o wyższej częstotliwości emitowanych przez ssaki.

U ssaków natomiast na drodze ewolucji ukształtowały się uszy, które umożliwiają nam słyszenie wyższych częstotliwości. Kości ucha środkowego nie łączą się z żuchwą i wibrują pod wpływem fal dźwiękowych w powietrzu. „Głosy” ssaków mają wyższy zakres częstotliwości niż pomruki dinozaurów i wielkich jaszczurów. Wczesne ssaki mogły się zatem komunikować w sposób niesłyszalny dla większych i szybszych zwierząt, które na nie polowały, co stanowiło potencjalną przewagę w walce o przetrwanie.

Jeżeli jednak ssaki dopuszczałyby do siebie wszystkie dźwięki z otoczenia, zarówno te o wysokiej, jak i niskiej częstotliwości, doświadczalibyśmy dezorientującej kakofonii. Wyższe i niższe dźwięki zagłuszałyby głos ssaków. U ludzi odgłosy w zakresie częstotliwości typowym dla kobiecego głosu mogą zawierać przekazywane przez matkę informacje istotne dla przetrwania dziecka w sytuacji zagrożenia.

Jak więc nasz słuch koncentruje się na tym ważnym zakresie częstotliwości? Zdolność ssaków do odfiltrowywania dźwięków zależy od zmieniającego się napięcia mięśni ucha środkowego: strzemiączkowego oraz napinacza błony bębenkowej. Eliminują one zarówno wysokie, jak i niskie dźwięki, pozostawiając jedynie te odgłosy, które mniej więcej odpowiadają zakresowi częstotliwości ludzkiego głosu. Sprawnie działający mięsień strzemiączkowy jest w stanie wyeliminować dźwięki powyżej i poniżej tego zakresu, nawet takie, które mogłyby się okazać ogłuszające[92].

Ewolucja struktur ucha i zmysłu słuchu od początku ery dinozaurów – 190 milionów lat temu – aż do dziś jest dobrze udokumentowana dzięki pracom z zakresu biologii ewolucyjnej. U ssaków trzy małe części żuchwy oddzieliły się od reszty kości. Te trzy małe kości nazywane są razem kosteczkami słuchowymi (łac. *ossicula* – rdzeń *os-* oznacza kość, a *ossicula* to małe kości). Kości te noszą nazwy: młoteczek (*malleus*), kowadełko (*incus*) i strzemiączko (*stapes*), ponieważ przypominają kształtem te właśnie przedmioty. Stawy i więzadła łączą je w elastyczny „łańcuch".

Ruchy kosteczek słuchowych są kontrolowane (wzmacniane albo hamowane) przez zmieniające się napięcie mięśni napinacza błony bębenkowej i strzemiączkowego, które są przyczepione do kosteczek na dwóch przeciwległych końcach łańcucha. Mięśnie te wpływają na słuch w różny sposób. Błona bębenkowa jest okrągła jak membrana bębna. Mięsień napinacz błony bębenkowej łączy ją z młoteczkiem, jedną z kosteczek słuchowych.

Zmiany napięcia tego mięśnia determinują zakres wibracji bębenka. Im większe napięcie, tym głośniejsze są dźwięki. Mięsień napinacz błony bębenkowej jest unerwiany przez gałąź nerwu V. Działa jak swego rodzaju regulator głośności i określa, ile dźwięku zostaje przekazane do receptorów nerwu przedsionkowo-ślimakowego położonych głębiej w kanale słuchowym.

Mięsień strzemiączkowy o długości około jednego milimetra jest najmniejszym mięśniem w całym organizmie. Unerwia go gałąź motoryczna nerwu VII, która zmienia jego napięcie. Mięsień strzemiączkowy jest także bardzo cienki. Zaczyna się w niewielkiej jamie otaczającej kości ucha środkowego i przyczepia się do odnogi strzemiączka (jednej z trzech kosteczek słuchowych). Mięsień strzemiączkowy w miarę napinania i rozluźniania się przekazuje tylko niektóre zakresy częstotliwości. W przypadku normalnego słuchu zakres odpowiadający ludzkiemu głosowi jest z łatwością przekazywany dalej, natomiast dźwięki o wyższej lub niższej częstotliwości są przeważnie odfiltrowywane.

Rejestrowanie zmian częstotliwości podczas słuchania drugiej osoby wymaga sprawnego funkcjonowania mięśnia strzemiączkowego, który umożliwia wydzielenie zakresu koniecznego do usłyszenia i zrozumienia rozmówcy oraz nawiązania z nim komunikacji. Funkcja ta jest najważniejsza u dziecka uczącego się słów i melodii języka.

Leczenie słuchu u dzieci autystycznych

Cechą charakterystyczną dla osób zaangażowanych społecznie jest melodyjny głos zdolny przekazywać uczucia. Melodia głosu, czyli prozodia, ułatwia innym ludziom rozumienie naszych słów. Z kolei osoby z autyzmem często posługują się pozbawionym wyrazu, monotonnym głosem i mogą nawet brzmieć jak maszyna czy robot.

Być może powodem braku prozodii ich głosu jest to, że wskutek dysfunkcji nerwu VII nie słyszą jej u innych. Jeżeli dziecko nie jest w stanie usłyszeć ani ocenić czy poczuć emocji przekazywanych melodią głosu innych, nie potrafi dostrzec korzyści płynących ze zmiennej melodii głosu, a co dopiero nauczyć się ją modyfikować.

Brak prozodii nie jest jako taki problemem wyłącznie głosowym. Gdy tylko pomagamy osobom z zaburzeniami ze spektrum autyzmu wrócić do stanu zaangażowania społecznego dzięki poprawie funkcjonowania nerwów czaszkowych, jakość ich głosu się zmienia.

Z miejsca pojawia się więcej prozodii, a rozmówcom łatwiej jest zrozumieć ich słowa.

Czasami słuch poprawia się dzięki zastosowaniu Ćwiczenia podstawowego, które zwiększa dopływ krwi do rdzenia przedłużonego, gdzie zaczynają się nerwy V i VII. Ćwiczenie podstawowe może także rozluźnić napięcie między podstawą czaszki (gdzie znajduje się jądro nerwu V) a pierwszymi trzema kręgami. Do przywrócenia funkcji tych nerwów i bardziej społecznego zachowania może wystarczyć także technika rozluźniania nerwowo-powięziowego.

Dzięki wiedzy uzyskanej przy zgłębianiu teorii poliwagalnej wypracowałem własne podejście do zaburzeń ze spektrum autyzmu. Oceniam funkcjonowanie nerwów czaszkowych: V, VII, IX, X i XI, a następnie wykorzystuję specjalnie wybrane techniki z zakresu biomechanicznej terapii czaszkowo-krzyżowej, aby rozluźnić napięcie i umożliwić prawidłowe działanie tych nerwów.

Moje doświadczenie kliniczne oraz informacje od studentów potwierdzają, że można poprawić zdolności komunikacyjne niektórych osób ze zdiagnozowanym autyzmem. Niektórzy moi pacjenci z takim orzeczeniem po pracy ze mną zostali przebadani ponownie i tym razem okazało się, że już nie są autystyczni.

Przez lata nauczyłem się ostrożnie wypowiadać słowa „leczenie autyzmu" i stwierdzam zazwyczaj, że pomogłem kilku osobom ze zdiagnozowanym autyzmem poprawić zdolność słyszenia oraz wypracować większą empatię i lepsze umiejętności komunikacyjne. Liczni specjaliści zajmujący się tą dziedziną twierdzą, że autyzmu nie da się wyleczyć, ale są bardziej otwarci na stwierdzenie, że w wielu przypadkach można poprawić poziom komunikacji.

Terapia autyzmu

Przez lata skutecznie pomogłem wielu dzieciom i młodym ludziom ze zdiagnozowanymi zaburzeniami ze spektrum autyzmu. Sporo z tych dzieci miało trudności z normalnymi towarzyskimi zachowaniami. Najwyraźniej nie interesowali ich inni ludzie, unikały patrzenia na nich i nie utrzymywały kontaktu wzrokowego. Wydawało się, że brakuje im empatii i wolałyby raczej spędzać czas w samotności lub grać na urządzeniach elektronicznych.

Ich rodzice określali inne dzieci jako „przyjaciół", jeżeli potrafiły wysiedzieć przez jakiś czas razem w tym samym pomieszczeniu. Dzieci nie wchodziły jednak w żadne interakcje z tymi „przyjaciółmi", siedziały w swoim własnym świecie i grały obok siebie, ale nie ze sobą.

Niektóre osoby z autyzmem nie posiadają umiejętności komunikacji werbalnej i nie mogą uczestniczyć w konstruktywnej dwukierunkowej komunikacji. Wydają się niezdolne do słuchania i rozumienia wypowiadanych słów i nie mają ochoty na zabawę. Część z nich w ogóle nie mówi. Inni, kiedy się odzywają, mogą powtarzać jak papuga kwestie z filmu albo coś, co właśnie powiedział ktoś inny. Czasami mówią bez robienia przerw na odpowiedź rozmówcy.

Chcąc zrozumieć te różne zachowania występujące u osób z zaburzeniami ze spektrum autyzmu, zaobserwowałem u nich brak zaangażowania społecznego i błędną neurocepcję. Byłem w stanie pomóc niektórym z nich przez przywrócenie ich do stanu zaangażowania społecznego. W kilku przypadkach przywróciłem właściwe funkcjonowanie części brzusznej nerwu błędnego i poprawiłem działanie pozostałych czterech nerwów czaszkowych niezbędnych do zaangażowania społecznego. Dzięki temu pacjenci wyszli ze stanu stresu lub aktywności części grzbietowej nerwu błędnego i doszło do spontanicznej poprawy umiejętności komunikacyjnych.

Prawdopodobnie jednym z najbardziej nieoczekiwanych odkryć, jakich dokonałem w pracy terapeuty ciała, jest zaobserwowanie napięcia mięśnia mostkowo-obojczykowo-sutkowego oraz towarzyszącej mu deformacji czaszki nazywanej „płaską głową" lub plagiocefalią u wszystkich pacjentów ze zdiagnozowanym ADHD lub zaburzeniem ze spektrum autyzmu. Badanie opublikowane w czasopiśmie „Pediatrics" wykazało, że tego rodzaju deformacja czaszki, zwykle obserwowana tylko po jednej stronie, jest obecna u dużego odsetka dzieci z autyzmem i ADHD w porównaniu ze zdrowymi dziećmi[93].

Mięsień mostkowo-obojczykowo-sutkowy jest przyczepiony do podstawy kości skroniowej znajdującej się na boku czaszki, dlatego jego chroniczne napięcie powoduje deformację kształtu czaszki w zauważalny, charakterystyczny sposób. Choć ta grupa pacjentów składa się głównie z dzieci i osób młodych, płaska głowa występuje nie tylko u nich. Deformację tę można zaobserwować także u wielu dorosłych, którzy mają trudności z zaangażowaniem społecznym. Takie samo podejście wywołuje u dorosłych podobną poprawę.

Czy niektóre cechy kształtu czaszki mogą powodować ucisk określonych naczyń krwionośnych lub nerwów wewnątrz czaszki? Czaszka niemowlęcia składa się z kilku kości połączonych tkanką łączną. Ciągły nacisk na kość skroniową wynikający z napięcia mięśnia mostkowo-obojczykowo-sutkowego może zmienić kształt czaszki niemowlaka. Jeżeli napięty mięsień się nie rozluźnia, czaszka pozostaje zdeformowana także na późniejszych etapach rozwoju dziecka.

Wielu rodziców przychodzi do mnie, bo już wiedzą, że ich dziecko ma płaską głowę. Jeżeli rodzice nie zdają sobie z tego sprawy, przed rozpoczęciem leczenia pokazuję im, jak wyczuć kształt głowy ich dziecka i zauważyć ewentualną asymetrię. Rozluźnienie napięcia w mięśniu mostkowo-obojczykowo-sutkowym po jednej stronie często już po kilku minutach wywołuje widoczną poprawę kształtu głowy dziecka.

Technika zaokrąglania płaskiej głowy

Zaczynam od sprawdzenia obu mięśni mostkowo-obojczykowo-sutkowych i zajmuję się tą stroną, która jest bardziej napięta. Pewnie, ale delikatnie łapię kciukiem i palcem wskazującym górną część mięśnia po tej stronie. Nie może to wywoływać u dziecka żadnego bólu. (Zob. „Mięsień mostkowo-obojczykowo-sutkowy" w Dodatku). Proszę jednego z rodziców, żeby złapał stopę dziecka po tej stronie, którą rozluźniamy, i delikatnie zgiął ją w dół w kostce jedną dłonią, drugą wyginając palce stopy dziecka w górę. Po minucie lub dwóch dziecko odpręża się i mięsień mostkowo-obojczykowo-sutkowy jest o wiele bardziej rozluźniony i elastyczny. Kiedy mięsień ten nie ciągnie już jednej strony czaszki, płaska część wypełnia się i staje zaokrąglona; obie strony są symetryczne. Wyjaśnienie tej metody można znaleźć w książce Toma Myersa *Anatomy Trains*, w której opisano „taśmę powierzchowną przednią"[94].

Następnie wraz z rodzicami ponownie oceniamy kształt głowy dziecka. Zawsze jest bardziej symetryczny. Kiedy dziecko wraca na kolejną sesję, zauważam, że zmiany mają charakter trwały.

Autyzm: studium przypadku

Obserwowanie zmian u dzieci uczestniczących w mojej terapii i słuchanie opowieści o poprawie było ekscytujące. W kolejnym kroku musiałem się dowiedzieć, czy inni ludzie też mogą się nauczyć takiego podejścia i odnosić podobne sukcesy. W mojej szkole w Kopenhadze prowadziliśmy dwuletni kurs oparty na biomechanicznych technikach terapii czaszkowo-krzyżowej, które przekazał mi mój nauczyciel, Alain Gehin. Przez wiele lat zaczynałem pierwszy dzień pierwszych zajęć od uczenia studentów techniki rozluźniania nerwowo-powięziowego (zob. Część druga). Dzięki temu zacząłem zdawać sobie sprawę, jak prosta i skuteczna jest ta technika.

Drugiego dnia pytałem, czy ktoś z uczestników wypróbował techniki, które poznał, a jeśli tak, to czego doświadczył. Młody mężczyzna imieniem Thor opowiedział grupie o swoim sukcesie. Wrócił do domu z myślą o powtórzeniu sobie technik zaprezentowanych pierwszego dnia i zastosował je na swoim młodszym, siedemnastoletnim wówczas bracie Williamie, u którego zdiagnozowano autyzm wczesnodziecięcy.

William był nietowarzyski i siedział na krześle, patrząc na PlayStation albo bawiąc się kluczami. Nie odzywał się do nikogo i z nikim nie utrzymywał kontaktu wzrokowego. Miewał także różne humory; kiedy coś go denerwowało, nawet jeśli innym ludziom mogło się wydawać błahe, William zamykał się w sobie i dąsał się. Thor opowiedział o pewnym trzymiesięcznym epizodzie milczenia wywołanym przez to, że William został zmuszony do włożenia T-shirtu, którego nie chciał nosić. Choć miał go na sobie zaledwie jeden dzień, nie odzywał się przez trzy miesiące.

Po zastosowaniu techniki rozluźniania nerwowo-powięziowego przez Thora William wyprostował się na krześle i spojrzał bratu w oczy, czego przedtem nie robił. Następnie wstał i stanął na jednej nodze. Jak wiele osób z autyzmem William nie umiał utrzymać równowagi na tyle, żeby ustać na jednej nodze. Następnie przeniósł ciężar ciała na drugą nogę, a pierwszą podniósł. Ta jedna technika wystarczyła, żeby wprowadzić Williama w stan zaangażowania społecznego. Zaczął komunikować się z rodziną i innymi uczniami w szkole, nawiązał nowe znajomości.

Thor poprosił mnie o terapię dla Williama i ja także spotkałem się z nim cztery czy pięć razy. Jednak największy wpływ na układ nerwowy chłopaka miały techniki zastosowane przez Thora, zanim jeszcze jego brat trafił do mnie.

W ciągu następnych kilku miesięcy William poznał wielu nowych ludzi, odwiedził inne kraje w Europie, zaangażował się w grupę teatralną, zapisał się na kurs jogi i zaczął chodzić na randki. Uzyskał najpierw tytuł licencjata, a następnie magistra na Uniwersytecie Kopenhaskim w dziedzinie badań nad mediami.

Kiedy ostatni raz spotkałem Williama, powiedział, że świetnie sobie radzi i z dumą opowiedział o tym, że spędził wakacje w Amsterdamie z trójką przyjaciół, innych dorosłych ze zdiagnozowanymi zaburzeniami. Sami zorganizowali cały wyjazd: zarezerwowali noclegi, znaleźli restauracje, zwiedzili muzea i dobrze się razem bawili. Wyprawa była udana. William znalazł się w rankingu mistrzów szachowych i pokonał kilku innych międzynarodowych mistrzów. Rozpoczął także staż jako projektant dźwięku w duńskiej firmie zajmującej się produkcją gier komputerowych.

Film, w którym Thor opowiada historię Williama, można znaleźć w serwisie YouTube (wyszukajcie: „autism, William, Stanley").

Szczególne okoliczności w pracy z dziećmi z autyzmem

Praca z dziećmi (zwłaszcza z zaburzeniami ze spektrum autyzmu) z wykorzystaniem technik manualnych stawia przed terapeutą wyjątkowe wyzwania. Nawet dziecko bez autyzmu zazwyczaj nie wytrzymuje na stole do masażu zbyt długo bez ruchu. Dzieci z różnymi schorzeniami często mają za sobą niezliczone wizyty u lekarzy i w szpitalach, gdzie musiały leżeć nieruchomo podczas badania czy bolesnych zastrzyków.

Trudno sobie wyobrażać, żeby dziecko z takimi negatywnymi doświadczeniami mogło poczuć się bezpieczne – zwłaszcza podczas pierwszej sesji – kiedy leży na wznak w pozycji wymuszającej zupełną bezradność, w obcym pomieszczeniu, a ktoś zupełnie obcy zbliża się do niego i zaczyna mu coś robić. Opór jest w tej sytuacji zrozumiały i trzeba nie lada cierpliwości, umiejętności i doświadczenia ze strony terapeuty, żeby pomóc dziecku poczuć się bezpiecznie.

Do tego wiele autystycznych dzieci nie lubi być dotykanymi. Sesja zmienia się często w improwizowany taniec dziecka, rodziców i mnie samego, nim zdobędę wystarczająco dużo zaufania dziecka, żeby mogło rozluźnić się na stole i pozwolić mi się dotknąć w celu przeprowadzenia terapii. Odkryłem jednak, że sukces w przypadku dziecka z autyzmem daje ogromną satysfakcję.

Jeżeli pracujesz z dziećmi z autyzmem, powinieneś wiedzieć o kilku sprawach. Kiedy wchodzą w twoją przestrzeń po raz pierwszy, ich naturalną reakcją jest brak poczucia bezpieczeństwa. Nie znają cię, a na widok stołu do masażu przypominającego stół do badań medycznych często reagują strachem. Możesz mieć same dobre terapeutyczne zamiary, ale dziecko tego nie wie. Przytrzymywanie dziecka – przez terapeutę lub rodziców – wywołuje skutki odwrotne do zamierzonych. Mały pacjent poczuje się jeszcze bardziej zagrożony, może nawet poddany przemocy.

Wszystkie dzieci mogą się obawiać dotyku, zwłaszcza obcej osoby. Wielu takich pacjentów odczuwa ból głowy i karku, czyli obszarów, którymi chcę się zająć. Być może pozwoliliby mi dotknąć kolana lub łokcia, ale odpychają moje dłonie, kiedy sięgam ku głowie lub szyi. Wybrane przeze mnie techniki muszą być bardzo skuteczne, ponieważ mam naprawdę niewielką szansę na dotknięcie dziecka, zwłaszcza na początku pierwszej sesji.

Najpierw muszę wzbudzić u małego pacjenta poczucie bezpieczeństwa, a może mi się to nie udać podczas pierwszego spotkania. Mogę dać mu zabawki i zaczekać, aż skoncentruje się tylko na nich, mogę też poprosić rodzica o położenie się obok dziecka na stole, można nawet położyć mu dziecko na brzuchu. Utrzymuję kontakt wzrokowy z dzieckiem i gdy tylko dostrzegam wyraz bólu lub dyskomfortu, zatrzymuję się i przed podjęciem dalszych działań czekam, aż dziecko się rozluźni.

Moja podstawowa zasada w pracy z dziećmi, zwłaszcza z autyzmem, brzmi: na każdym etapie pacjent musi czuć się bezpieczny i być traktowany z szacunkiem. To konieczny wymóg szczególnie przy niektórych technikach, które mają pomagać układowi nerwowemu dziecka.

Kiedy umawiam dziecko na pierwszą sesję w swojej klinice, wolę najpierw porozmawiać z jednym z rodziców przez telefon. Nie lubię rozmawiać o „problemach” dziecka w jego obecności. Mówię rodzicom, że po pierwszej sesji nie spodziewam się specjalnych sukcesów i podczas tego spotkania być może nawet nie dam rady dotknąć dziecka, nie wspominając już o zastosowaniu jakiejkolwiek techniki. Informuję ich, że zgodnie ze swoją praktyką podczas pierwszej sesji szanuję opór dziecka i nie wykraczam poza jego strefę komfortu. Dodaję też, że nie powinni próbować mi pomóc przez przytrzymywanie leżącego dziecka.

Jeżeli pierwsze i drugie spotkanie ze mną okażą się pozytywne (łącznie z osiągnięciem większej symetrii i zaokrąglenia tyłu głowy – zob. „Technika zaokrąglania płaskiej głowy" na stronie 214), dziecko łatwiej zaakceptuje kolejną sesję i będzie bardziej skłonne leżeć bez ruchu, abym mógł z nim pracować. Zamiast reagować na moje działania przerażeniem i paniką, dziecko często patrzy na mnie i uśmiecha się. Czuję, że to ważne, ponieważ jedną z charakterystycznych cech dzieci z zaburzeniami ze spektrum autyzmu jest unikanie patrzenia na innych, kontaktu wzrokowego czy uśmiechu.

Jednym z problemów osób z autyzmem niezdolnych do normalnej dwukierunkowej komunikacji werbalnej jest to, że nie rozumieją wypowiadanych słów na tyle dobrze, by wiedzieć, czego powinny się spodziewać podczas sesji terapeutycznej. O ile wartość pracy terapeuty może być oczywista dla rodziców czy specjalistów zajmujących się ich zdrowiem, o tyle dzieci z autyzmem mogą nie rozumieć, dlaczego znalazły się w gabinecie i jakie korzyści może przynieść im terapia. Prawdopodobnie nawet nie mają pojęcia, że coś z nimi jest nie w porządku, ani że ich życie może być lepsze.

Ich zachowanie zmienia się jednak, kiedy zdają sobie sprawę, że przy terapeucie są bezpieczne, zwłaszcza jeśli zastosowane techniki poprawiają ich samopoczucie.

Uwagi końcowe

O ile dzięki teorii poliwagalnej zyskałem jeszcze większą jasność i zrozumienie w kwestiach związanych z terapią rozmaitych zaburzeń emocjonalnych, fizycznych i umysłowych, o tyle właśnie informacje dotyczące pracy z osobami z zaburzeniami ze spektrum autyzmu okazały się prawdopodobnie najważniejsze.

Wspólną cechą osób z autyzmem są trudności z normalną komunikacją, nie tylko z ludźmi spotykanymi na co dzień, lecz także z opiekunami lub innymi osobami starającymi się im pomóc. Utrudniona komunikacja ogranicza ich możliwości oraz dążenia innych do nawiązania kontaktu czy pracy z nimi. Z tego powodu cierpią osoby z zaburzeniami ze spektrum autyzmu i ich rodziny. Co zrozumiałe, opiekunowie często czują się bezradni i przytłoczeni, mają wrażenie, że to wyzwanie ich przerasta. Pomoc osobom z autyzmem to wyprawa na rozległe, nieznane wody.

Dla opiekunów i terapeutów próba uchwycenia idiosynkratycznych zachowań pojawiających się u osób z zaburzeniami ze spektrum autyzmu może jedynie zaciemnić obraz sytuacji. Kiedy jednak obserwujemy osoby z autyzmem w kontekście teorii poliwagalnej, zdajemy sobie sprawę, że może będziemy w stanie im pomóc przez poprawę funkcjonowania części brzusznej nerwu błędnego.

Człowiek w określonym momencie może znajdować się tylko w jednym z trzech stanów autonomicznego układu nerwowego. Osoby z zaburzeniami ze spektrum autyzmu mogą przeskakiwać między stanem stresu i wycofania z niezrozumiałych dla otoczenia przyczyn. Umożliwienie im przejścia w stan zaangażowania społecznego przez poprawę funkcjonowania nerwów czaszkowych może ustabilizować sytuację i osłabić powszechnie występujące u takich osób problemy.

Co więcej, zmniejszenie problemów ze słuchem dzięki poprawie funkcjonowania nerwów czaszkowych V i VII często prowadzi do diametralnych zmian na lepsze pod względem umiejętności komunikacyjnych, zachowań społecznych i empatii. Tego rodzaju pozytywne zmiany zazwyczaj narastają same, wspierając jednocześnie dalszy rozwój pacjenta.

Kiedy dwie osoby są w stanie zaangażowania społecznego i rozmawiają twarzą w twarz, przekazują informacje o stanach emocjonalnych przez delikatne ruchy mięśni twarzy. Stymuluje to także nerwy w mięśniach twarzy rozmówcy, dzięki czemu nerwy V i VII cały czas dostarczają informacji i jasnych komunikatów o jego własnych emocjach i tym, co czuje wobec drugiej osoby.

Nasze społeczeństwo w coraz większym stopniu korzysta z e-maili i wiadomości tekstowych. Prezenterzy telewizyjni często zachowują nienaturalną powagę lub przyjmują wystudiowany wyraz twarzy. Coraz więcej ludzi znieczula sobie twarze botoksem albo ogranicza mimikę przez operacje plastyczne. Im częściej jednak komunikujemy się z innymi, nie widząc nawzajem swoich twarzy ani nie słysząc zmiennego tonu głosu, tym bardziej bezosobowe stają się takie kontakty i tym mniej emocji jesteśmy w stanie przekazać. Możemy mówić, ale słowami przekazujemy tylko dane.

Telefon jest formą komunikacji sytuującą się o poziom wyżej niż e-maile, ponieważ wychwytuje zmiany tonu głosu. Skype i FaceTime dają nam możliwość usłyszenia głosu i zobaczenia mimiki rozmówcy – ale nic nie dorównuje komunikacji twarzą w twarz.

Im dzieci mniej mają kontaktu z dorosłymi posługującymi się zmienną melodią głosu i mimiką, tym bardziej zdolność ich twarzy do wyrażania emocji będzie niewykorzystana i niedorozwinięta. Czy może zatem dziwić rosnąca liczba dzieci z autyzmem, ADHD i innymi zaburzeniami komunikacyjnymi?

Tego rodzaju trudności nie dotyczą tylko osób autystycznych, ale od czasu do czasu pojawiają się u wszystkich, z którymi nawiązujemy „normalne" relacje. Interakcje z innymi ludźmi byłyby tak proste, gdyby obie strony potrafiły cały czas pozostawać w stanie zaangażowania społecznego. Po pierwsze, warto zdać sobie sprawę z tego, że nie jesteśmy ciągle w stanie aktywności części brzusznej nerwu błędnego – tak samo jak nasz rozmówca. Po drugie, teraz już wiemy, że możemy coś zrobić, żeby doprowadzić siebie lub rozmówcę do stanu zaangażowania społecznego.

Jestem przekonany, że dopiero zaczęliśmy odkrywać potencjał teorii poliwagalnej. Nie tylko w zakresie pomocy osobom z zaburzeniami ze spektrum autyzmu, lecz także każdemu z nas we wszystkich relacjach z innymi ludźmi.

Część druga
Ćwiczenia przywracające zaangażowanie społeczne

Część druga zgłębia leczniczą moc nerwu błędnego. Utrzymanie optymalnego stanu zdrowia jest możliwe tylko wtedy, gdy część brzuszna nerwu błędnego funkcjonuje prawidłowo. Ćwiczenia i techniki opisane w tej części powinny pomóc większości ludzi przejść ze stanu chronicznej aktywności pnia współczulnego (stres) lub aktywności części grzbietowej nerwu błędnego (zamieranie) do stanu zaangażowania społecznego. Ćwiczenia te można także wykorzystać do zapobiegania problemom z autonomicznym układem nerwowym i do utrzymywania dobrego ogólnego samopoczucia.

Kiedy zaczniesz wykonywać ćwiczenia po raz pierwszy, załóż także prosty dziennik. Zapisuj wszelkie objawy czy problemy, które cię niepokoją. Zerknij także na długą listę symptomów w rozdziale „Głowy Hydry" w Części pierwszej. Może zechcesz dodać do swojej listy jeden lub więcej z nich.

Zapisz, jak często występuje dany objaw. Na przykład: „cały czas", „każdego ranka", „raz w tygodniu", „raz w miesiącu". Jeżeli codziennie zmagasz się z migreną, ogólnym celem jest na pewno zupełne wyeliminowanie bólu, ale jakakolwiek poprawa sytuacji także będzie zmianą na lepsze.

Zapisuj również siłę objawów. Możesz zanotować: „Przeszkadza mi to, ale jakoś da się przeżyć ten dzień", „Muszę z tego powodu brać leki", „Są tak silne, że nie mogę iść do pracy i muszę unikać sytuacji towarzyskich", „Nie mogę spać" lub „Nie umiem rano wstać z łóżka". Być może wygodniej będzie ocenić ból czy objaw w skali od jeden do dziesięć.

Gdy wykonasz ćwiczenia, możesz spojrzeć na listę i zanotować ewentualne zmiany, na przykład: „Migreny są rzadsze", „Ból jest mniej dotkliwy" czy „W ciągu miesiąca wydaję mniej pieniędzy na leki przeciwbólowe". Skoncentruj się na poprawie osiągniętej dzięki ćwiczeniom: objawy nie występują już tak często albo nie są już tak poważne. Być może wszelkie utrzymujące się symptomy osłabną lub znikną, jeśli będziesz kontynuował ćwiczenia.

Możesz także dostrzec inne pozytywne zmiany, na przykład: Śpisz lepiej? Lepiej oddychasz? Masz normalniejszy apetyt? Wszystko to przyczynia się do poprawy stanu zdrowia i zwiększenia odporności.

Ćwiczenie podstawowe

Celem tego ćwiczenia jest zwiększenie zaangażowania społecznego. Poprawia ono pozycję dźwigacza (C1, pierwszy kręg szyjny) i obrotnika (C2), poprawia zakres ruchu szyi oraz całego kręgosłupa. (Zob. „Dźwigacz" i „Obrotnik" w Dodatku). Zwiększa także dopływ krwi do rdzenia przedłużonego, gdzie bierze swój początek pięć nerwów czaszkowych koniecznych do osiągnięcia zaangażowania społecznego. Może to mieć korzystny wpływ na część brzuszną nerwu błędnego (nerw X) oraz nerwy czaszkowe V, VII, IX i XI.

Ćwiczenie podstawowe jest skuteczne, łatwo się go nauczyć i łatwo je wykonać, a zajmuje niecałe dwie minuty. Zazwyczaj uczę pacjentów tego ćwiczenia podczas pierwszej sesji.

Przed ćwiczeniem podstawowym i po nim

Oceń względną swobodę ruchu głowy i szyi. Obróć głowę możliwie daleko w prawo bez wywoływania dyskomfortu. Następnie zwróć ją na wprost, zatrzymaj się i obróć ją w lewo. Jak daleko możesz się obrócić w obie strony? Czy czujesz jakiś ból albo sztywność?

Po wykonaniu ćwiczenia powtórz powyższe ruchy. Czy zakres ruchu poprawił się? Jeżeli w czasie obrotów pojawiał się ból, to czy jego natężenie zmniejszyło się po wykonaniu ćwiczenia?

Większość ludzi uczestniczących w mojej terapii z zaskoczeniem obserwuje poprawę zakresu ruchu przy obrotach głowy w lewo i w prawo. Taka zmiana często towarzyszy zwiększonemu dopływowi krwi do rdzenia przedłużonego, co z kolei poprawia funkcjonowanie części brzusznej nerwu błędnego.

Jeżeli ty lub twój pacjent odczuwacie taką potrzebę, można powtórzyć ćwiczenie.

Ćwiczenie podstawowe – instrukcje

Przy pierwszych kilku powtórzeniach ćwiczenia powinieneś położyć się na plecach. Kiedy już poznasz ćwiczenie, możesz nadal wykonywać je w ten sposób albo też przyjąć pozycję siedzącą lub stojącą.

1. Leżąc wygodnie na plecach, spleć palce jednej ręki z palcami drugiej (Rysunek 4, 5 i 6).

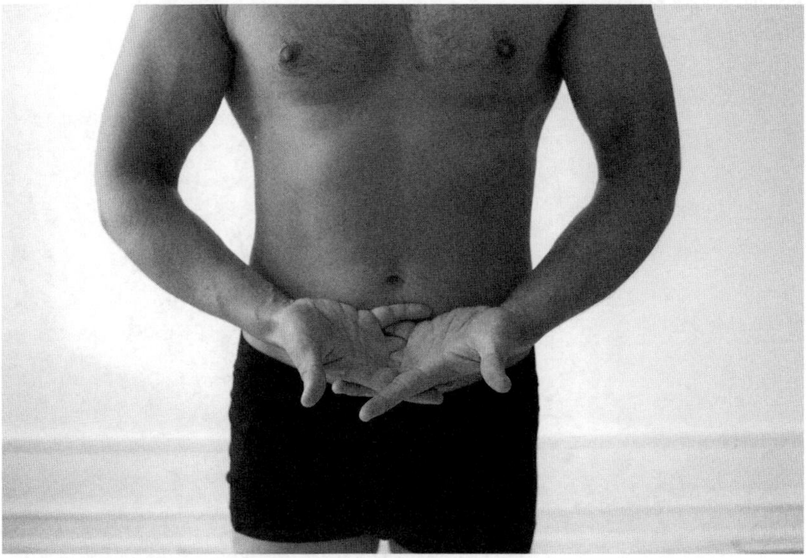

Rysunek 4. Splecione palce

Rysunek 5. Ręce za głową

Rysunek 6. Leżenie na plecach

2. Ułóż ręce za głową i wygodnie oprzyj ją całym ciężarem na splecionych palcach. Powinieneś wyczuwać palcami twardość czaszki, a z tyłu głowy powinieneś czuć kości palców. Jeżeli masz sztywny bark i nie możesz ułożyć obu dłoni za głową, możesz użyć jednej ręki w taki sposób, żeby palce i dłoń dotykały tyłu głowy po obu stronach.
3. Utrzymując głowę nieruchomo, popatrz w prawo – przesuń oczy tak daleko jak to możliwe bez wywoływania dyskomfortu. Nie obracaj głowy, poruszaj tylko oczyma. Cały czas patrz w prawo (Rysunek 7).

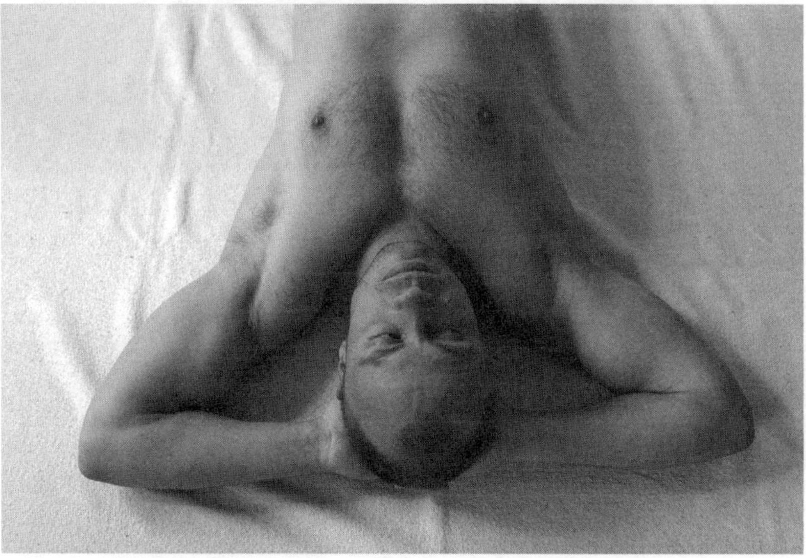

Rysunek 7. Patrzenie w prawo

4. Po chwili – trzydziestu lub nawet sześćdziesięciu sekundach – przełkniesz ślinę, ziewniesz lub westchniesz. To oznaka rozluźnienia autonomicznego układu nerwowego. (Po normalnym wdechu następuje wydech, ale w przypadku westchnienia jest inaczej: po wdechu, jeszcze przed wydechem, od razu następuje kolejny wdech).
5. Skieruj spojrzenie na wprost.
6. Nie zmieniaj ułożenia rąk i utrzymuj głowę nieruchomo. Tym razem zwróć oczy w lewo (Rysunek 8).

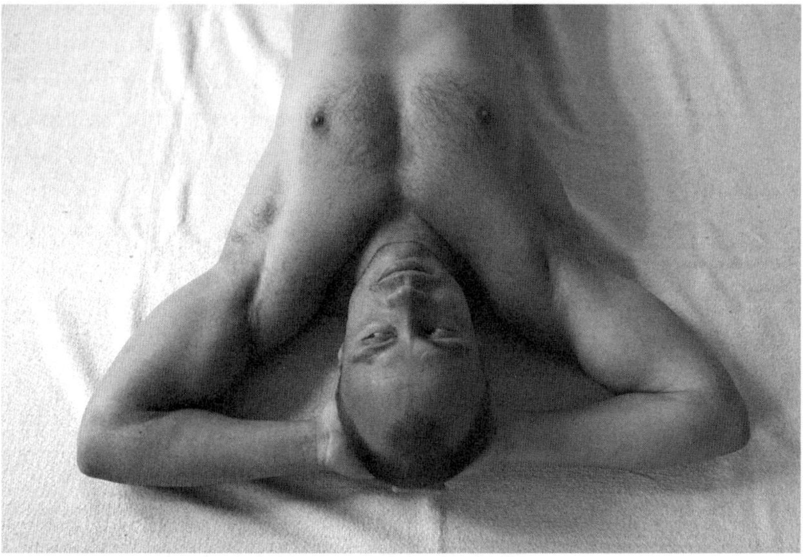

Rysunek 8. Patrzenie w lewo

7. Utrzymuj oczy w tej pozycji, aż zauważysz westchnienie, ziewnięcie lub przełknięcie śliny.

Po ukończeniu Ćwiczenia podstawowego opuść ręce, usiądź lub wstań.

Oceń, czego doświadczyłeś. Czy poprawił się zakres ruchu szyi? Czy zmienił ci się oddech? Czy zauważyłeś coś jeszcze?

UWAGA: Jeżeli po przejściu do pozycji siedzącej lub stojącej czujesz zawroty głowy, dzieje się tak prawdopodobnie dlatego, że gdy leżałeś, rozluźniłeś się i spadło ci ciśnienie krwi. To normalna reakcja. Zazwyczaj musi upłynąć minuta lub dwie, zanim ciśnienie krwi wróci do normy i do mózgu zostanie wpompowana większa ilość krwi.

Kręgi szyjne a zaburzenia funkcjonowania części brzusznej

Kiedy badam pacjentów i wykrywam u nich dysfunkcję części brzusznej nerwu błędnego, zauważam u nich także odchylenie górnego kręgosłupa szyjnego, czyli odmienne od optymalnego położenie kręgów szyjnych: pierwszego (dźwigacz) i drugiego (obrotnik). Wykonanie Ćwiczenia podstawowego prawie zawsze poprawia ułożenie obu kręgów i gdy badam pacjenta ponownie, wykrywam właściwe funkcjonowanie części brzusznej.

Skręcenie dwóch pierwszych kręgów szyjnych może powodować ucisk tętnicy kręgowej dostarczającej krew do płatów czołowych i rdzenia przedłużonego, gdzie bierze swój początek pięć nerwów koniecznych do zaangażowania społecznego. Z moich obserwacji klinicznych wynika, że wystarczy jedna negatywna myśl, aby zmienić pozycję dźwigacza i obrotnika, co ma wpływ na naszą postawę i fizjologię.

Wykazałem to kilka razy podczas zaawansowanych kursów terapii czaszkowo-krzyżowej. Najpierw poprosiłem studentów o przyjrzenie się pozycji mojego pierwszego kręgu szyjnego. Położyłem się na plecach, a uczestnicy mogli określić pozycję dźwigacza przez delikatne ułożenie kciuków na jego wyrostkach poprzecznych. Jeżeli kręg znajdował się we właściwej pozycji, ich kciuki powinny ułożyć się na tym samym poziomie. Jeżeli jednak jeden kciuk znalazłby się wyżej niż drugi, oznaczałoby to, że kręgi są przekręcone.

Na początku doświadczenia jeden ze studentów zaobserwował, że jego kciuki były ułożone poziomo. Następnie pomyślałem po prostu o czymś, co mnie niepokoiło. Natychmiast poruszyły się wyrostki poprzeczne pierwszego kręgu szyjnego. Jedna strona się podniosła, a druga opadła. Pozycja dźwigacza wydawała się odchylona o około 45 stopni od pozycji poziomej. Jedna strona (przednia) znajdowała się wyżej, druga (tylna) – niżej. (Obserwacja ta jest wprawdzie sprzeczna z rzeczywistym zakresem ruchu anatomicznego samego pierwszego kręgu szyjnego, ale takie właśnie jest wrażenie, jeżeli kciukami sprawdza się pozycję wyrostków poprzecznych. Mogę zaproponować tylko jedno wyjaśnienie: obrót ten w rzeczywistości musi być skomplikowaną zmianą pozycji trzech pierwszych kręgów szyjnych jednocześnie. Dźwigacz jakoś wyślizguje się z właściwego ułożenia i może obrócić się jeszcze dalej).

Doświadczenie było dla mnie bardzo nieprzyjemne, ponieważ musiałem wyjść ze stanu zaangażowania społecznego. Pozostali uczestnicy kursu zauważyli, że zmienił mi się oddech, a twarz straciła kolor. Następnie poprosiłem studenta o przywrócenie właściwej pozycji dwóch pierwszych kręgów szyjnych przez technikę rozluźniania nerwowo-powięziowego (zob. strona 232). Kręgi nie wskoczyły na swoje miejsce tak samo szybko, jak zmieniły pozycję na nieprawidłową. Uczestnik musiał kilkukrotnie powtórzyć zabieg, zanim dźwigacz ustawił się poziomo. W końcu doszedłem do siebie.

Przekręcanie kręgów pierwszego i drugiego ma ewolucyjne znaczenie w kontekście przetrwania. Wywołuje nacisk na tętnicę rdzeniową i ogranicza dopływ krwi do rdzenia przedłużonego, co wpływa na funkcjonowanie pięciu nerwów koniecznych do zaangażowania społecznego. Skutkiem jest wyjście ze stanu aktywności części brzusznej nerwu błędnego, co w sytuacji zagrożenia może umożliwić nam przetrwanie przez wyłączenie wyższych funkcji, kiedy trzeba walczyć lub uciekać albo gdy nie możemy stawić czoła danej sytuacji z powodów fizycznych lub emocjonalnych.

Jeżeli neurocepcja nagle odbiera ze środowiska sygnały wskazujące na niebezpieczeństwo, taka fizjologiczna zmiana powinna być natychmiastowa – i taka właśnie jest. Co ciekawe, choć łatwo wprawić nasz układ nerwowy w stan pobudzenia, przywrócenie spokoju po ustaniu zagrożenia wymaga czasu.

Nie potrzeba żadnej traumy, żeby zmienić pozycję dwóch pierwszych kręgów szyjnych – wystarczy wspomnienie wydarzeń z przeszłości. Badania poświęcone skanom mózgu kobiet z zespołem stresu pourazowego wykazują, że kiedy pacjentki słuchają opowieści o traumatycznych wydarzeniach, następuje ograniczenie dopływu krwi do płatów czołowych[95].

Dlaczego trauma, jej wspomnienie lub choćby negatywna myśl prowadzą do zmiany strukturalnej takiej jak skręcenie dwóch pierwszych kręgów szyjnych? Kręgi te łączą się z kością potyliczną u podstawy czaszki za pośrednictwem dziesięciu niewielkich mięśni. Osiem z nich nazywamy mięśniami podpotylicznymi, znajdują się one na tylnej powierzchni kręgów. Dwa pozostałe mięśnie – mięsień prosty głowy boczny i mięsień prosty głowy przedni – znajdują się na przedniej powierzchni obu kręgów. Unerwia je nerw potyliczny biegnący pod skórą z tyłu głowy. (Zob. „Mięśnie podpotyliczne", „Tętnice kręgowe", „Mięśnie podpotyliczne z kręgami" i „Nerw podpotyliczny" w Dodatku). Nieprawidłowe napięcie któregokolwiek z tych dziesięciu mięśni wystarczy do przesunięcia i zmiany pozycji dźwigacza i obrotnika.

Wyrostki poprzeczne wszystkich kręgów szyjnych mają otwory (nazywane *foramens* lub *foramina*), przez które przebiegają tętnice kręgowe. Przekręcenie lub przestawienie kręgów może skręcić tętnicę lub wywrzeć na nią nacisk, co ogranicza przepływ krwi – jak w wężu ogrodowym: zagięcie powoduje ograniczenie lub przerwanie dopływu wody. Ilość krwi przepływającej przez tętnice kręgowe zależy od ułożenia górnych kręgów szyjnych.

Kiedy wykonujemy Ćwiczenie podstawowe, leżymy na plecach z głową opartą całym ciężarem na dłoniach. Taki nacisk wystarczy do stymulacji nerwu potylicznego, która sprawia, że mięśnie podpotyliczne rozluźniają się i wracają do stanu wzajemnej równowagi. Kiedy wykonujemy Ćwiczenie podstawowe, pierwsze dwa kręgi szyjne wracają do lepszego ułożenia względem siebie.

Powrót dźwigacza i obrotnika do właściwej pozycji zmniejsza nacisk na tętnice kręgowe i zapewnia lepszy dopływ krwi do mózgu i rdzenia przedłużonego, dzięki czemu możemy wrócić do stanu zaangażowania społecznego. Odpowiedni dopływ krwi do nerwów czaszkowych, rdzenia przedłużonego i mózgu jest konieczny do właściwego funkcjonowania układu nerwowego oraz innych funkcji organizmu.

Co za tym idzie, przywrócenie właściwej pozycji dźwigacza i obrotnika przynosi ulgę w wielu objawach, które wcześniej opisaliśmy jako „głowy Hydry".

Dlaczego w trakcie ćwiczenia podstawowego poruszamy oczyma?

Ćwiczenie podstawowe obejmuje także ruchy oczu, ponieważ między ośmioma mięśniami podpotylicznymi a mięśniami poruszającymi naszymi gałkami ocznymi istnieje bezpośrednie połączenie neurologiczne.

Możemy doświadczyć tego połączenia między ruchami oczu a zmianami napięcia mięśni podpotylicznych, jeżeli przyłożymy palec poziomo z tyłu głowy, tuż pod dolną krawędzią czaszki, równolegle do niej. Gdy utrzymujemy głowę nieruchomo, a poruszymy oczyma w prawo lub w lewo, w górę lub w dół czy po skosie, pod delikatnie dociśniętym palcem powinniśmy wyczuć lekki ruch górnego kręgu szyjnego, czyli zmianę napięcia mięśni szyi pod palcem zgodną z każdym ruchem oczu.

W mojej klinice zaobserwowałem, że u osób w stanie zaangażowania społecznego dwa pierwsze kręgi szyjne znajdują się we właściwej pozycji. Autonomiczny układ nerwowy tych pacjentów działa prawidłowo, jest elastyczny i właściwie reaguje na różnorodne sytuacje oraz stany organizmu.

Stan zaangażowania społecznego nie jest niezmienny, a dźwigacz i obrotnik nie powinny pozostać nieruchome po wykonaniu Ćwiczenia podstawowego. Kości te poruszają się, kiedy nasz stan psychiczny się zmienia – w chwilach szczęścia, satysfakcji, strachu, lęku lub wycofania – a także gdy stan fizjologiczny przechodzi ze stanu zaangażowania społecznego w stan aktywności części grzbietowej nerwu błędnego lub aktywacji pnia współczulnego.

Nasz autonomiczny układ nerwowy nieustannie skanuje zarówno wnętrze organizmu, jak i jego otoczenie. Kiedy wszystko jest w porządku, dźwigacz i obrotnik wskakują na swoje miejsca i do rdzenia przedłużonego dopływa odpowiednia ilość krwi. Jeśli przechodzimy w stan aktywności części grzbietowej nerwu błędnego albo pnia współczulnego, kręgi te skręcają się i zmniejszają dopływ krwi do początku pięciu nerwów czaszkowych w rdzeniu przedłużonym i do niektórych obszarów mózgu. Ten mechanizm fizjologiczny wyrywa nas ze stanu zaangażowania społecznego, ale jednocześnie umożliwia reakcję w obliczu wyzwania lub zagrożenia. Mechanizm ten jest instynktowny i natychmiastowy, działa z pominięciem świadomych myśli. Zazwyczaj nie zdajemy sobie sprawy ze zmiany.

Jednym z kamieni węgielnych moich terapii stresu i depresji jest przywrócenie właściwej pozycji dźwigacza i obrotnika przez Ćwiczenie podstawowe lub technikę rozluźniania nerwowo-powięziowego (zob. „Technika rozluźniania nerwowo-powięziowego" – strona 232). Interwencje te niwelują różnicę w napięciu niewielkich mięśni łączących czaszkę i dwa pierwsze kręgi szyjne, co przywraca właściwą pozycję dźwigacza i obrotnika. Poprawiona pozycja kręgów, zwłaszcza tych dwóch, zwiększa dopływ krwi do mózgu i zazwyczaj przynosi szybką poprawę funkcjonowania pięciu nerwów koniecznych do zaangażowania społecznego.

Do ułożenia dźwigacza we właściwej pozycji stosuje się także inne formy terapii manualnej, wykorzystujące krótkie pchnięcia i szybkie manipulacje. Osobiście preferuję jednak delikatniejsze podejście. Jeżeli dostarczę organizmowi właściwych informacji przez delikatne dotknięcie we właściwym miejscu, ciało samo odnajdzie równowagę.

Nie możemy przywrócić właściwej pozycji dwóch pierwszych kręgów szyjnych i oczekiwać, że tak już będzie na stałe, należy zatem często lub w miarę potrzeby powtarzać ćwiczenia przywracające równowagę. Jako że nie ma czegoś takiego jak niezmienny stan równowagi, lepiej myśleć o *przywracaniu równowagi*, ciągłym procesie.

Technika rozluźniania nerwowo-powięziowego a zaangażowanie społeczne

Zanim w ogóle usłyszałem o teorii poliwagalnej czy poprowadziłem terapię pacjenta z zaburzeniami ze spektrum autyzmu, udało mi się w zakresie podstawy czaszki wypracować technikę, która potem zupełnie przypadkiem okazała się przydatna, gdy trzeba było uczyć ludzi pracy nad własną komunikacją i umiejętnościami społecznymi. Czasami w klinice stosuję częściej tę technikę niż Ćwiczenie podstawowe. Nazwałem ją „techniką rozluźniania nerwowo-powięziowego".

Opracowałem tę technikę, opierając się na moim rozumieniu zasad biomechanicznej terapii czaszkowo-krzyżowej, osteopatii i masażu tkanki łącznej (rolfing). Z sukcesami stosowałem ją przez co najmniej dwadzieścia pięć lat i przekazałem ją kilku tysiącom terapeutów.

Wykonanie tego ćwiczenia zajmuje niecałe pięć minut, nie wymaga żadnego wysiłku i jest niezwykle skuteczne. Możesz zastosować tę technikę u siebie lub wobec kogoś innego.

Kiedy stosować technikę rozluźniania nerwowo-powięziowego

Ćwiczenie podstawowe to prosty zabieg do samodzielnego wykonania, łatwy i skuteczny sposób poprawy funkcjonowania części brzusznej nerwu błędnego. Jeżeli jednak jesteś terapeutą ciała, możesz preferować własnoręczne stosowanie technik zamiast pokazywania pacjentom ćwiczeń do wykonania. Możesz także połączyć ćwiczenia do samodzielnego stosowania z technikami manualnymi.

Technika rozluźniania nerwowo-powięziowego może być alternatywą dla Ćwiczenia podstawowego. Szczególnie cenna jest w pracy z niemowlętami, dziećmi lub dorosłymi z zaburzeniami ze spektrum autyzmu, którym brakuje werbalnych zdolności komunikacyjnych niezbędnych do zrozumienia instrukcji dotyczących Ćwiczenia podstawowego, a komunikacja z nimi i przekonanie ich do wykonywania poleceń mogą być trudne. Technika wymagająca użycia rąk stanowi niewerbalny sposób wywoływania zmian w układzie nerwowym drugiej osoby.

Jeżeli zajmujesz się masażem lub stosujesz inne praktyczne terapie, zachęcam do użycia tej techniki lub stosowania Ćwiczenia podstawowego na początku sesji. Rekomendacja ta jest spójna z wynikami badań Porgesa, Cottinghama i Lyona (zob. wcześniejszy rozdział). Dzięki takiemu podejściu zyskasz pewność, że autonomiczny układ nerwowy pacjenta będzie elastyczny, a terapia przyniesie pacjentowi maksymalne korzyści.

Sugeruję także powtórzenie techniki na końcu sesji.

Technika rozluźniania nerwowo-powięziowego – instrukcje

Jeżeli jesteś przyzwyczajony do wykonywania masażu, będziesz musiał nauczyć się używać rąk w zupełnie nowy sposób, aby skutecznie wykonać opisane poniżej czynności. Zanim zastosujesz tę technikę wobec kogoś innego, przećwicz ją na sobie i naucz się osiągać pożądany skutek. Przechodzenie do stanu zaangażowania społecznego z wykorzystaniem tej metody polega na stymulacji nerwów w luźnej tkance łącznej znajdującej się u podstawy czaszki, tuż pod skórą. Przywraca to równowagę napięcia w niewielkich mięśniach łączących podstawę czaszki i kręgi szyjne.

Łatwiej będzie nauczyć się tej techniki, jeśli pacjent leży na brzuchu i możesz obserwować swoje palce. Zacznij od jednej strony tyłu głowy.

1. Naciśnij delikatnie u podstawy czaszki po jednej stronie i wyczuj twardą kość potyliczną. Sprawdź zdolność skóry do przesuwania się po jednej stronie kości. Delikatnie przesuń skórę nad kością w prawo. Pozwól jej powrócić do neutralnej pozycji.
2. Następnie przesuń skórę w lewo i pozwól jej wrócić do neutralnej pozycji. Przy którym kierunku ruchu wyczuwalny był większy opór?
3. Przesuń skórę w tym właśnie kierunku. Nie spiesz się, bądź gotowy do zatrzymania się przy pierwszych oznakach oporu.

Skóra mogła się przesunąć tylko o trzy milimetry lub mniej. Zatrzymaj się i zostań w tej pozycji. Staraj się wyczuwać delikatny opór. W chwili zatrzymania, kiedy nic nie robisz, pacjent westchnie lub przełknie ślinę, a opór pod skórą osłabnie w momencie rozluźnienia.
4. Kiedy sprawdzisz ponownie, skóra powinna swobodnie przesuwać się w obie strony.
5. Powtórz wszystkie czynności dla drugiej strony.

Gdy ponownie zbadasz nerw błędny (zob. Rozdział 4), powinien on funkcjonować prawidłowo. Powinna się także zwiększyć swoboda ruchu przy obracaniu głowy w lewo i w prawo.

Technika rozluźniania nerwowo-powięziowego dwiema rękami – instrukcje

Po przećwiczeniu techniki wykonywanej jedną ręką możesz użyć obu rąk.

1. Połóż palec jednej ręki po jednej stronie kości potylicznej u podstawy czaszki, z tyłu głowy. Sprawdź zdolność skóry do przesuwania się względem kości, zgodnie z podaną wyżej instrukcją. Skóra powinna łatwiej przesuwać się w jedną stronę niż w drugą.
2. Przyłóż palec drugiej ręki na szczycie szyi po tej samej stronie. Jeżeli naciśniesz nieco głębiej, powinieneś wyczuć mięśnie. Tym samym palcem sprawdź zdolność skóry do przesuwania się względem mięśni u szczytu szyi. Skóra powinna łatwiej przesuwać się w stronę przeciwną do tej, w którą przesuwa się palec po kości czaszki (Rysunek 9).
3. Po zakończeniu badania zmniejsz nacisk. Pozwól palcom obu rąk przesuwać skórę w przeciwnych kierunkach, aż poczujesz opór.
4. Zatrzymaj się i zachowaj delikatne napięcie. Zaczekaj, aż pacjent westchnie lub przełknie ślinę.
5. Podnieś palce i pozwól skórze wrócić do pozycji wyjściowej.
6. Powtórz powyższe czynności na skórze z drugiej strony czaszki i szyi.

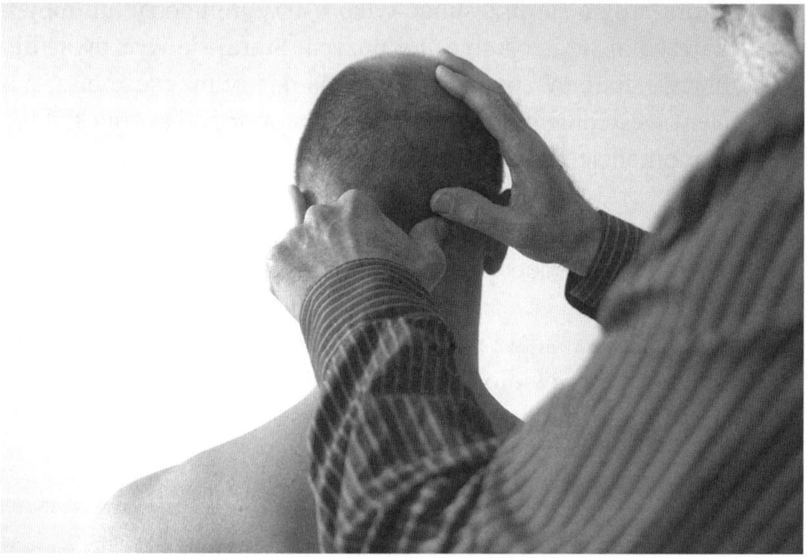

Rysunek 9. Przesuwanie skóry na kości potylicznej obiema rękami

Kiedy ponownie zbadasz nerw błędny, powinien on funkcjonować prawidłowo. Powinna się także zwiększyć swoboda ruchu przy obracaniu głowy w lewo i w prawo.

Prawidłowe wykonanie techniki rozluźniania nerwowo-powięziowego

Kluczem do skutecznego zastosowania techniki rozluźniania nerwowo-powięziowego jest przesuwanie skóry i zatrzymywanie się przy pierwszych oznakach oporu. Dotykaj skóry opuszkami palców tak lekko, jak to tylko możliwe. Następnie przesuń skórę na krótkim odcinku nad leżącymi poniżej warstwami mięśni, kości i więzadeł.

Technika ta różni się od technik stosowanych w innych formach masażu, które koncentrują się przede wszystkim na układzie mięśniowym i tym samym naciskają w głąb ciała. Dokładnie zapoznaj się z przedstawioną instrukcją, dzięki której krok po kroku nauczysz się właściwego wykonywania techniki.

Technika ta rozciąga luźną tkankę łączną znajdującą się tuż pod skórą. (Aby zorientować się, jak cienka i delikatna jest ta tkanka, wyszukaj na YouTube hasło „Strolling under the Skin"). Warstwa ta ma liczne zakończenia nerwowe proprioreceptorów. Kiedy delikatnie przesuwasz skórę na krótkim odcinku nad mięśniami i kośćmi, lekko naciągasz tę tkankę, a to wystarczy do stymulacji nerwów.

Przesuwasz skórę jedynie na krótkim odcinku, do pierwszych oznak oporu, a ponieważ pracujesz bezpośrednio z proprioreceptorami, nie musisz używać tyle siły, co w większości rodzajów masażu koncentrującego się na mięśniach. Jeżeli niepotrzebnie użyjesz więcej siły i mimo oporu będziesz naciskał nadal albo przesuniesz skórę zbyt szybko, napięcie mięśni i ścięgien wręcz wzrośnie. Nie powoduje to żadnych szkód – potrzeba jedynie więcej czasu na rozluźnienie. W najgorszym wypadku nie osiągniesz pożądanych zmian.

Może się zdarzyć, że naciskasz na skórę na tyle delikatnie, że pacjent niczego nie czuje. To świetna wiadomość!

W trakcie terapii zauważysz wyczuwalną poprawę zdolności skóry do przesuwania się.

Ćwiczenia salamandry

Opisane poniżej Ćwiczenia salamandry stopniowo poprawiają elastyczność kręgosłupa piersiowego, zwiększając zakres ruchu w połączeniach między poszczególnymi kręgami a mostkiem. Wpłynie to na zwiększenie wydolności oddechowej, pomoże zniwelować wychylenie głowy do przodu i przywróci głowę do lepszej pozycji, a także zredukuje skoliozę (anormalną krzywiznę kręgosłupa).

Osiemdziesiąt procent włókien nerwu błędnego to włókna aferentne (czuciowe), co oznacza, że przekazują informacje z ciała do mózgu, natomiast jedynie pozostałe dwadzieścia procent to włókna eferentne (ruchowe), które dostarczają sygnały z mózgu do ciała. Niektóre z włókien czuciowych nerwów czaszkowych IX i X kontrolują poziom tlenu i dwutlenku węgla we krwi. Dzięki poprawie wydolności oddechowej w wyniku tych ćwiczeń mózg otrzymuje sygnał (przez nerwy czuciowe), że jesteśmy bezpieczni, a nasze organy wewnętrzne funkcjonują prawidłowo. To z kolei sprzyja aktywności części brzusznej nerwu błędnego.

Ale co jest pierwsze? Ograniczona wydolność oddechowa wynika z dysfunkcji części brzusznej nerwu błędnego czy to dysfunkcja części brzusznej jest skutkiem informacji zwrotnej o zaburzonym oddechu? Jeżeli przepona i mięśnie poruszające żebrami są napięte, sygnały od kontrolujących je włókien czuciowych nerwu błędnego będą informować o anormalnym oddechu. Może to uniemożliwiać przejście w stan aktywności części brzusznej nerwu błędnego, podobnie jak przywrócenie aktywności części brzusznej może poprawić kondycję organizmu. W praktyce poprawa zarówno funkcjonowania części brzusznej, jak i stanu fizjologicznego jest korzystna, niezależnie od kolejności.

Wychylenie głowy do przodu zmniejsza dostępną podczas oddychania przestrzeń w górnej części klatki piersiowej. Ćwiczenia salamandry zwiększają ilość miejsca dostępnego dla serca i płuc. Zniwelowanie wychylenia głowy do przodu przyczyni się także do zmniejszenia nacisku na nerwy biegnące z rdzenia kręgowego do serca, płuc i organów wewnętrznych. Ćwiczenia salamandry poprawiają także ułożenie kręgów szyjnych, a dzięki temu redukują ucisk tętnic kręgowych i pozwalają zmniejszyć ból pleców między barkami.

Kiedy wykonujesz Ćwiczenia salamandry, głowa znajduje się na tym samym poziomie, co reszta kręgosłupa. Postawa ta przypomina salamandrę, która nie ma szyi – jej głowa jest zatem jakby dodatkowym kręgiem na szczycie kręgosłupa. Salamandra nie może zginać, wyciągać, obracać lub przechylać głowy na boki niezależnie od pierwszego kręgu, nie może także unieść głowy ponad poziom kręgosłupa tak jak gady i ssaki. Ćwiczenie to jest wykonywane z głową położoną na jednej linii z kręgosłupem.

W kontekście ruchu kręgosłupa ćwiczenia te sprawiają, że głowa nie znajduje się ani powyżej, ani poniżej. Kręgosłup piersiowy może teraz zginać się bardziej swobodnie, trochę jak u salamandry. Możesz wykorzystać wyginanie na boki w kręgosłupie piersiowym do zmniejszenia napięcia mięśniowego między tym odcinkiem a żebrami. Ćwiczenia te zwiększają swobodę ruchu żeber i przyczyniają się do poprawy wydolności oddechowej.

Jeśli chodzi o rozciąganie i zginanie kręgosłupa u człowieka, zazwyczaj większa elastyczność cechuje odcinki szyjny i lędźwiowy, natomiast odcinek piersiowy jest mniej elastyczny. Elastyczność kręgosłupa piersiowego zdecydowanie wzrasta jednak przy wyginaniu go na boki. Powierzchnie stawowe kręgów piersiowych są uwolnione i umożliwiają swobodniejsze wyginanie tego odcinka kręgosłupa na boki.

Poziom 1: połowiczne ćwiczenie salamandry

Aby wykonać pierwszą część ćwiczenia salamandry w prawą stronę, usiądź lub stań w wygodnej pozycji.

1. Bez poruszania głową skieruj oczy w prawo.
2. Z twarzą nadal zwróconą do przodu przechyl głowę w prawo, tak żeby ucho zbliżyło się do barku – ale bez podnoszenia samego barku (Rysunek 10).

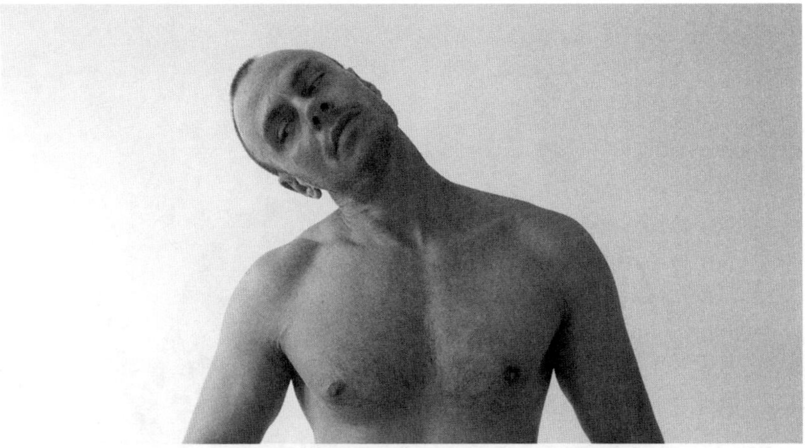

Rysunek 10. Połowiczne ćwiczenie salamandry z oczyma zwróconymi w prawo

3. Utrzymaj głowę w tej pozycji od trzydziestu do sześćdziesięciu sekund.
4. Następnie wyprostuj głowę do pozycji neutralnej i ponownie skieruj oczy na wprost.
5. Potem powtórz czynności w drugą stronę: skieruj spojrzenie w lewo, a następnie przechyl głowę w lewą stronę. Po trzydziestu lub sześćdziesięciu sekundach wróć głową do pozycji neutralnej i skieruj oczy na wprost.

Połowiczne ćwiczenie salamandry – wariant

W tym wariancie połowicznego ćwiczenia salamandry postępuj zgodnie z powyższymi instrukcjami, ale przechylając głowę w *lewo*, skieruj wzrok w *prawo* (Rysunek 11). Ruch oczu w przeciwną stronę przed pochyleniem głowy zwiększa zakres ruchu. Powinieneś być w stanie przechylić głowę jeszcze dalej w lewo. Utrzymaj tę pozycję od trzydziestu do sześćdziesięciu sekund, a następnie powtórz w odwrotnym kierunku.

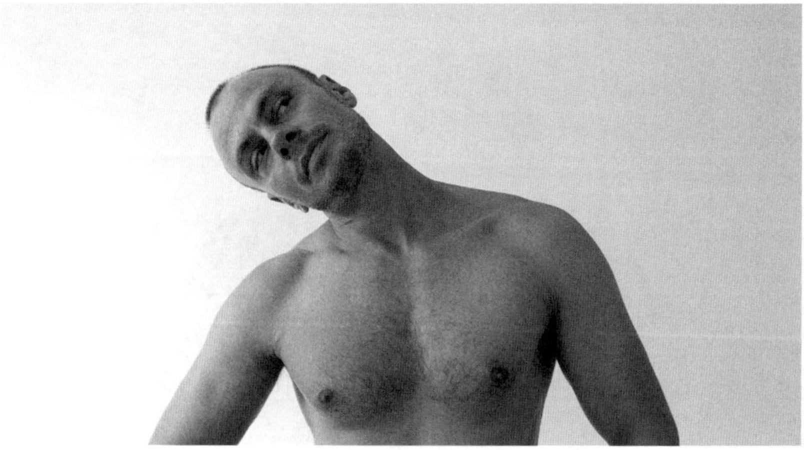

Rysunek 11. Połowiczne ćwiczenie salamandry z oczyma zwróconymi w lewo

Poziom 2: pełne ćwiczenie salamandry

Pełne ćwiczenie salamandry obejmuje zginanie na boki całego kręgosłupa, a nie tylko samej szyi. Wykonujemy je także w innej pozycji.

1. Stań na czworakach, opierając ciężar ciała na kolanach i dłoniach. Możesz położyć dłonie na podłodze, ale lepiej będzie skorzystać z biurka, stołu, krzesła lub poduszek na sofie. Głowa powinna znajdować się w tej samej płaszczyźnie co kręgosłup (Rysunek 12).
2. W tym ćwiczeniu uszy nie powinny podnosić się ponad płaszczyznę kręgosłupa ani opadać poniżej. Aby ustawić głowę we właściwej pozycji, unieś ją nieco wyżej, niż wydaje ci się to

konieczne. Powinieneś mieć wrażenie, że jest ona nieco uniesiona. Następnie opuść głowę poniżej poziomu, który wydaje ci się właściwy. Powinieneś mieć wrażenie, że jest ona niżej, niż powinna. Poruszaj głową między jedną a drugą pozycją. Podnieś ją, a następnie lekko opuść. Postaraj się znaleźć taką pozycję pośrednią, żeby głowa nie wydawała się ani zbyt uniesiona, ani zbyt opuszczona. Choć możesz nie znaleźć takiej pozycji, na pewno się do niej zbliżysz.

Rysunek 12. Salamandra na czworakach

3. Kiedy ustawisz głowę w dobrej pozycji względem kręgosłupa, skieruj spojrzenie w prawo, utrzymaj oczy w takim ustawieniu, a następnie przechyl głowę w prawo, zbliżając prawe ucho do prawego barku.
4. Dokończ ten ruch przez zgięcie ciała na bok poza odcinkiem szyjnym, przez cały kręgosłup aż do końca.
5. Utrzymaj tę pozycję od trzydziestu do sześćdziesięciu sekund.
6. Wróć do neutralnego ustawienia głowy i kręgosłupa.
7. Powtórz wszystkie powyższe kroki dla lewej strony (Rysunek 13).

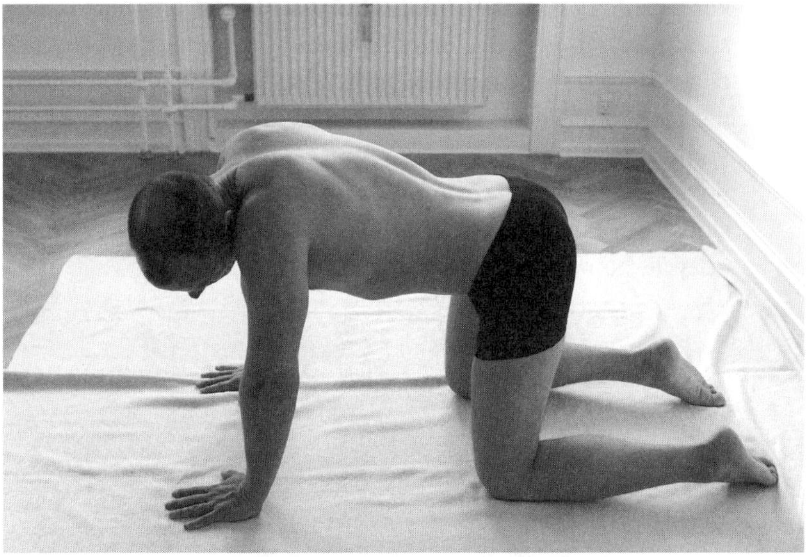

Rysunek 13. Salamandra z głową w lewo

Masaż stosowany przy migrenie

W Dodatku znajdują się rysunki przedstawiające cztery różne wzorce migrenowych bólów głowy zaznaczone na czerwono. (Zob. ilustracje „Bóle głowy"). Znak X na rysunku oznacza lokalizację punktów spustowych na powierzchni mięśni. Punkty te można masować w celu zmniejszenia napięcia w danym mięśniu.

Cztery rysunki przedstawiają cztery typowe wzorce migrenowych bólów głowy. Znajdź wzorzec odpowiadający twoim objawom. Kiedy zidentyfikujesz właściwy wzorzec bólu, możesz sprawdzić, która część jakiego mięśnia jest napięta i gdzie należy masować.

Punkty spustowe, oznaczone na wszystkich rysunkach znakami X, to obszary na powierzchni mięśni, gdzie koncentruje się wiele zakończeń nerwowych. Niektóre z nich będą się wydawały w dotyku grubsze lub twardsze niż reszta mięśnia. Punkty spustowe, które należy masować, często są bolesne przy nacisku.

Znajdowanie i rozluźnianie punktów spustowych

Ponieważ technika ta dotyczy nerwów położonych na powierzchni mięśnia, do rozluźnienia całego mięśnia wystarczy zazwyczaj delikatny nacisk. Zamiast masować cały mięsień, jak podczas zwykłego masażu, wystarczy zająć się tylko punktami spustowymi. Nie trzeba wkładać w to wiele wysiłku ani wywierać nacisku w głąb ciała.

Dogłębny i mocny masaż punktów spustowych zazwyczaj jest bolesny i może wywoływać skutki odwrotne do zamierzonych. Pod nadmiernym naciskiem ciało nie czuje się bezpieczne i autonomiczny układ nerwowy przechodzi w stan aktywacji pnia współczulnego lub wycofania związanego z aktywnością części grzbietowej nerwu błędnego. Nie powoduje to żadnych urazów, ale jest nieefektywne, ponieważ organizm potrzebuje czasu, aby się uspokoić.

Wykonaj kilka niewielkich kółek nad punktem spustowym. Następnie zaczekaj, aż zauważysz reakcję układu nerwowego w postaci westchnienia lub przełknięcia śliny. Po kilku minutach natężenie bólu powinno zacząć się zmniejszać lub w ogóle zanikać. Możesz stosować tę technikę zawsze wtedy, gdy trzeba złagodzić migrenowy ból głowy.

Nie należy zajmować się wszystkimi znakami X na rysunku. Choć wskazują one punkty spustowe odpowiednie dla danego wzorca bólu, to jeżeli nie wyczuwasz żadnych twardych ani bolesnych obszarów w tym konkretnym miejscu na powierzchni mięśnia, dany punkt spustowy jest nieaktywny. Nie trać czasu na próby zmniejszania napięcia w takim punkcie, skoncentruj się na tych miejscach, które są twarde, zgrubiałe lub bolesne.

Ćwiczenie mięśnia mostkowo-obojczykowo-sutkowego stosowane przy dolegliwości „sztywnej szyi"

To ćwiczenie zwiększa zakres ruchu przy obrotach głowy, osłabia objawy sztywnienia szyi i pomaga zapobiegać migrenowym bólom głowy. Jest bardzo podobne do pierwszych ruchów, które wykonujemy jako niemowlęta, gdy leżymy na brzuchu i podpieramy się łokciami, a głowa może się swobodnie poruszać, dzięki czemu możemy się rozglądać dookoła.

1. Połóż się na brzuchu (Rysunek 14). Podnieś głowę i przyciągnij ramiona pod klatkę piersiową. Oprzyj ciężar górnej połowy ciała na łokciach (Rysunek 15).

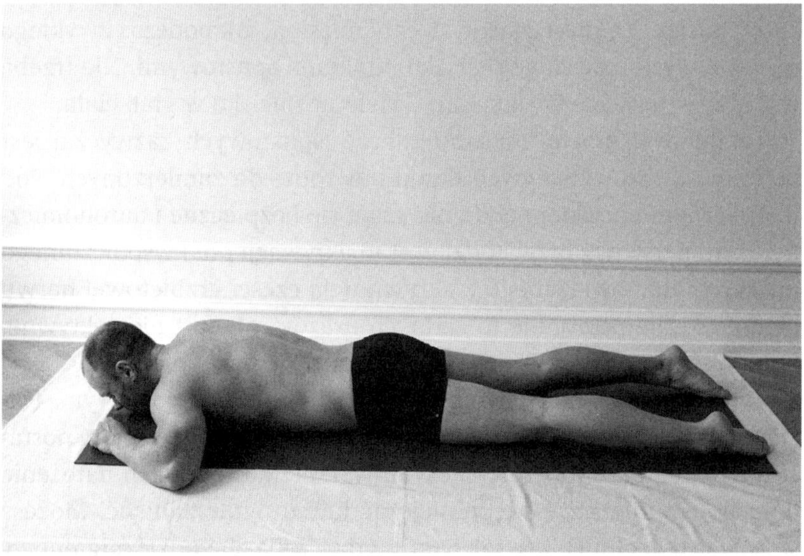

Rysunek 14. Leżenie na brzuchu

Rysunek 15. Podniesiona głowa

2. Obróć głowę możliwie daleko w prawo bez wywoływania dyskomfortu. Utrzymaj tę pozycję przez sześćdziesiąt sekund.
3. Wróć do neutralnego ustawienia głowy.
4. Teraz obróć głowę możliwie daleko w lewo bez wywoływania dyskomfortu i utrzymaj tę pozycję przez sześćdziesiąt sekund (Rysunek 16).

Rysunek 16. Obrót głowy w lewo

Jeżeli dzięki temu ćwiczeniu zwiększyłeś zakres ruchu głowy, ale rezultat po którejś stronie nie jest tak dobry, jakbyś chciał, powodem ograniczenia jest prawdopodobnie inny mięsień, dźwigacz łopatki, unerwiany przez nerwy rdzeniowe C3–C5. Tego rodzaju sztywności szyi nie da się zniwelować jedynie przez poprawę funkcjonowania nerwu XI oraz mięśni czworobocznego i mostkowo-obojczykowo-sutkowego. (Zob. „Mięsień dźwigacz łopatki" na stronie 139).

Przyczyną takiego sztywnienia może być do pewnego stopnia także przepuklina rozworu przełykowego i skrócenie przełyku, ponieważ nerw błędny jest owinięty wokół niego. (Zob. „Łagodzenie objawów POChP i przepukliny rozworu przełykowego" na stronie 127).

Ćwiczenie obrotowe mięśnia czworobocznego

Ćwiczenie obrotowe poprawia napięcie nadmiernie rozluźnionego mięśnia czworobocznego i równoważy napięcie każdej z trzech części w stosunku do pozostałych dwóch. Pomaga także rozciągnąć kręgosłup, poprawić wydolność oddechową i zmniejszyć wychylenie głowy do przodu. To z kolei zmniejsza ból barków i pleców.

Ćwiczenie to może przynieść korzyść każdemu, nie tylko osobom z wychyleniem głowy do przodu. Zajmuje ono mniej niż minutę, a pozytywna zmiana jest odczuwalna natychmiast. Dobrym pomysłem jest poświęcenie chwili na wykonanie tego ćwiczenia za każdym razem, gdy wstajesz po dłuższym okresie siedzenia, a także powtarzanie go regularnie od czasu do czasu. Ja sam wykonuję je niemal za każdym razem, kiedy wstaję od komputera. Zawsze, ilekroć powtórzysz to ćwiczenie, odczujesz poprawę oddechu i postawy, a jego pozytywne skutki kumulują się.

Ćwiczenie to nie polega na wzmacnianiu ani rozciąganiu mięśnia czworobocznego. Opiera się na założeniu, że mięsień jest wystarczająco mocny i potrzebuje jedynie stymulacji nerwów prowadzących do nadmiernie rozluźnionych włókien mięśniowych. Budzimy je, aby mogły przejąć przypadającą na nie część pracy, tak jak to było w dzieciństwie, kiedy chodziliśmy na czworakach.

Gdy dziecko leży na brzuchu, używa wszystkich włókien trzech części mięśnia czworobocznego, żeby utrzymać łopatki razem, podnieść głowę i rozglądać się, kręcąc nią na boki. Później dziecko używa tych wszystkich włókien, podnosząc się na czworakach i rozglądając dookoła.

Kiedy jednak dziecko staje na dwóch nogach, już nie wszystkie włókna mięśnia czworobocznego używane są w równym stopniu. Niektóre napinają się bardziej, a z innych uchodzi energia i nadmiernie się rozluźniają. Głowa nie jest już wspierana w taki sam sposób przez wszystkie trzy części mięśnia czworobocznego. Z czasem głowa pochyla się jeszcze bardziej do przodu, a środek uszu przesuwa się w przód względem środka barków. Następnie barki mają tendencję do przemieszczania się wprzód i zapadania do wewnątrz.

Po wykonaniu tego ćwiczenia napięcie we wszystkich włóknach nerwowych trzech części mięśnia czworobocznego będzie bardziej wyrównane. Jeśli siądziesz lub wstaniesz, głowa naturalnie będzie wracać do wyprostowanej pozycji, co zmniejszy jej wychylenie do przodu i ogólnie poprawi postawę ciała.

Ćwiczenie obrotowe – instrukcje

To ćwiczenie składa się z trzech części. Różnią się one ułożeniem ramion.

1. Usiądź wygodnie na twardej powierzchni, na przykład krześle albo ławce. Utrzymuj twarz skierowaną na wprost.
2. Zegnij i skrzyżuj ramiona, lekko oprzyj dłonie na łokciach (Rysunek 17). Będziesz szybko obracać obręcz barkową, najpierw w jedną, a potem w drugą stronę, bez zatrzymywania i bez poruszania biodrami.

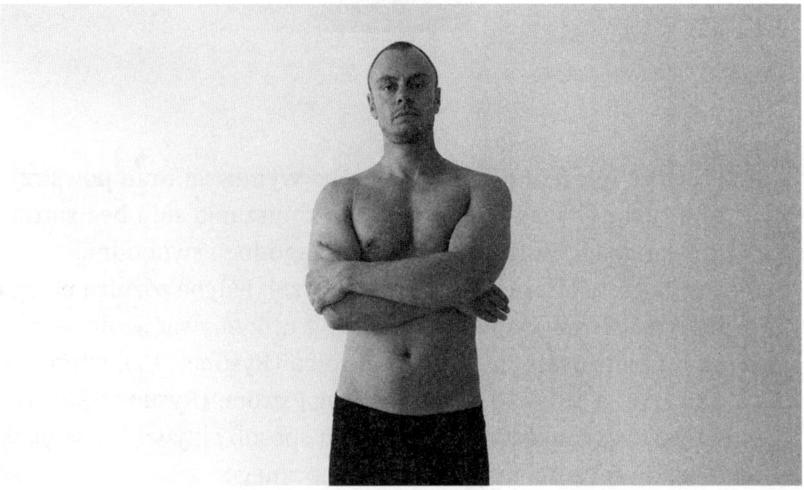

Rysunek 17. Dłonie na łokciach

3. W pierwszej części ćwiczenia pozwól łokciom opaść i pozostać w rozluźnionej pozycji przed ciałem. Obróć barki, tak aby łokcie poruszyły się najpierw w jedną, a potem w drugą stronę. Kiedy obracasz barki, ramiona delikatnie prześlizgują się po brzuchu. W ten sposób aktywujesz włókna górnej części mięśnia czworobocznego (Rysunek 18).

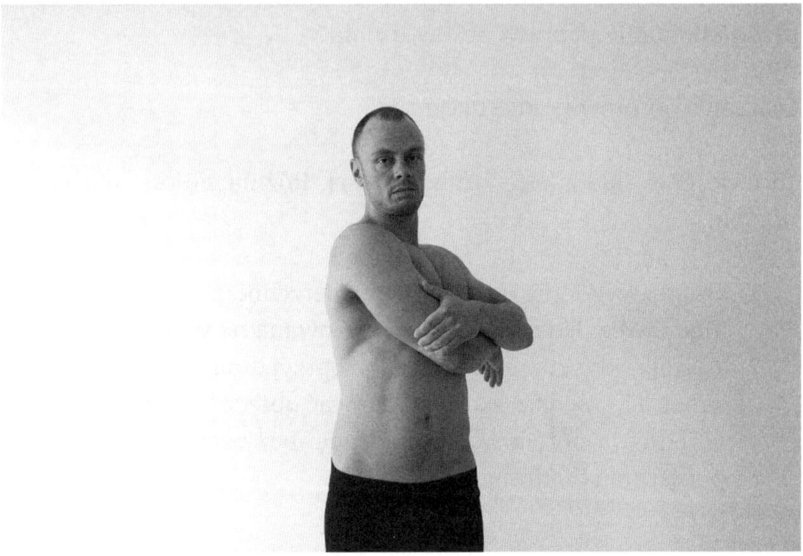

Rysunek 18. Ćwiczenie obrotowe

4. Powtórz tę czynność trzy razy. Nie wymuszaj i nie powstrzymuj ruchu. Poruszaj barkami bez zmuszania się i bez zatrzymywania ich. Ruchy powinny być łagodne i swobodne.
5. Druga część jest podobna do pierwszej: jedyna różnica polega na tym, że należy podnieść łokcie i utrzymywać je na wprost klatki piersiowej, na wysokości serca (Rysunek 19). Obróć się najpierw w jedną, a potem w drugą stronę (Rysunek 20). Powtórz tę czynność trzy razy. W ten sposób aktywujesz włókna środkowej części mięśnia czworobocznego.

Rysunek 19. Ćwiczenie obrotowe z uniesionymi łokciami

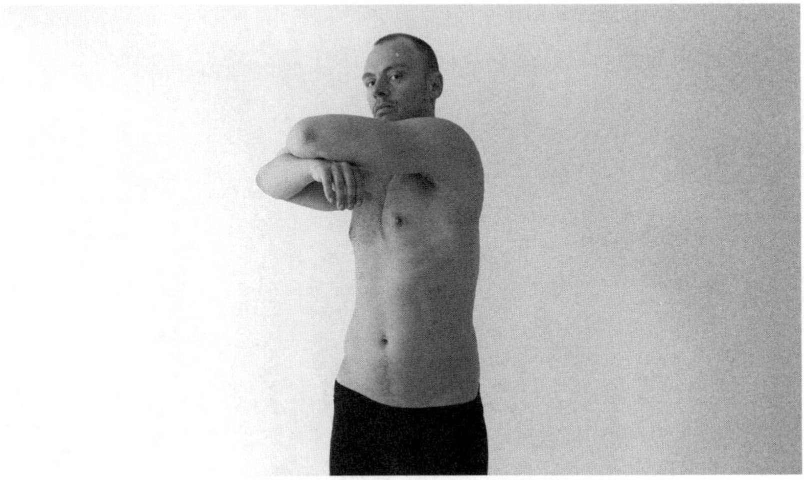

Rysunek 20. Ćwiczenie obrotowe w prawo

6. W trzeciej części podnieść łokcie tak wysoko, jak to możliwe bez wywoływania dyskomfortu i powtórz powyższe ćwiczenie (Rysunek 21). Trzy razy obróć się w jedną i w drugą stronę

(Rysunek 22). W ten sposób aktywujesz włókna dolnej części mięśnia czworobocznego.

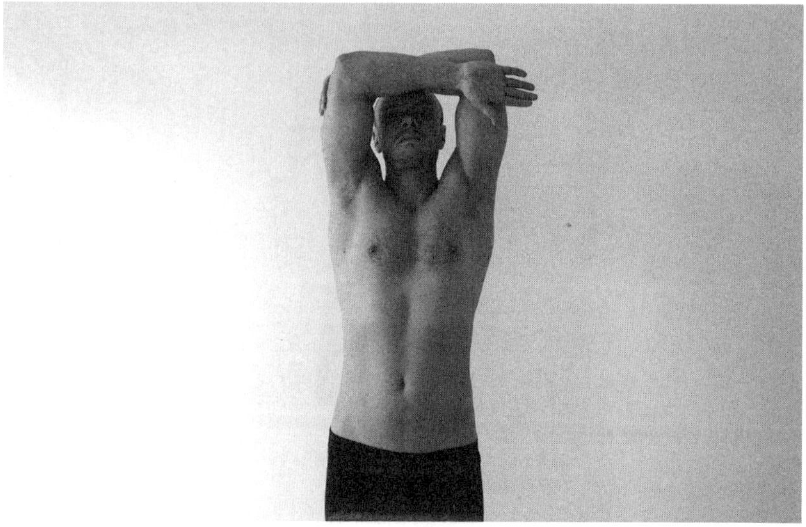

Rysunek 21. Wysoko uniesione łokcie

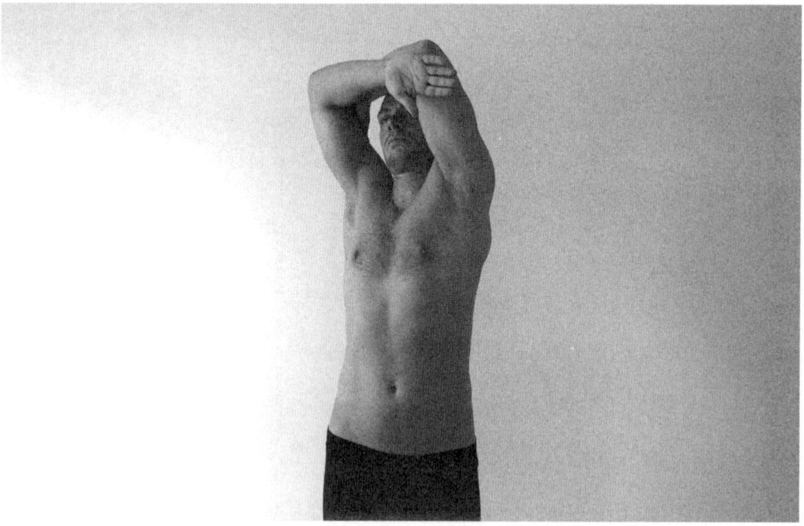

Rysunek 22. Ćwiczenie obrotowe z uniesionymi ramionami

Po wykonaniu tego ćwiczenia możesz odnieść wrażenie, że głowa stała się lżejsza i przesunęła się w górę i do tyłu, nie jest już wychylona do przodu. Często zdarza się, że osoba z głową mocno wychyloną do przodu po pierwszym wykonaniu tego ćwiczenia staje się wyższa o kilka centymetrów. Gdyby ktoś przyglądał ci się z boku, zauważyłby, że jeżeli twoja głowa była wychylona do przodu, to przesunęła się do tyłu względem pierwotnej pozycji.

Czterominutowy naturalny lifting twarzy, część 1

Korzyści płynące z tego delikatnego i przyjemnego ćwiczenia to odprężone mięśnie twarzy i bardziej naturalny uśmiech, skutki prawidłowego funkcjonowania nerwów czaszkowych V i VII. Możesz wykonywać je sam lub z innymi. To ćwiczenie:

- poprawia dopływ krwi do skóry;
- ożywia mięśnie odpowiadające za mimikę dolnej jednej trzeciej twarzy, w obszarze między kącikami ust a kącikami oczu;
- poprawia dopływ krwi do skóry twarzy;
- przywraca młodzieńcze ożywienie, które ty czujesz, a inni widzą;
- pomaga uśmiechać się naturalniej i częściej;
- sprawia, że twarz lepiej reaguje podczas interakcji z innymi i tym samym zwiększa twoją empatię;
- sprawia, że płaskie kości policzkowe stają się nieco bardziej wydatne, a wysokie kości policzkowe – bardziej płaskie.

Zanim zastosujesz tę technikę, przyjrzyj się swojemu odbiciu w lustrze. Jeżeli wykonujesz ten zabieg u kogoś innego, podaj mu lusterko, aby mógł patrzeć na swoją twarz i obserwować zmiany. Przyjrzyj się zwłaszcza skórze wokół kości policzkowych.

Najpierw zajmij się jedną stroną twarzy. Następnie sprawdź, czy widzisz lub czujesz różnicę między jedną a drugą stroną. Różnice zwykle są wyraźne, kiedy mówisz lub się uśmiechasz. Potem zajmij się drugą stroną twarzą. Teraz rezultaty powinny być bardziej symetryczne.

Gdzie zastosować technikę

Na twarzy znajduje się znany w akupunkturze punkt końcowy meridianu jelita grubego, nazywany punktem LI 20. (Zob. „Punkty akupunktury" w Dodatku). To punkt piękna w masażu chińskim, japońskim i tajskim. W klasycznym masażu tajskim punkt ten nazywany jest „złotym bambusem". W tradycyjnej medycynie chińskiej nazywany jest z kolei „powitaniem perfum", ponieważ otwiera nozdrza i poprawia wydolność oddechową.

Punkt ten jest interesujący z punktu widzenia zachodniej anatomii. Leży dokładnie nad miejscem, w którym łączą się dwie kości twarzy: szczękowa i przedszczękowa. Obie kości w odległym punkcie ewolucji naszego gatunku były osobnymi jednostkami, ale bardzo szybko zrosły się w jedną kość. We współczesnej anatomii kości szczękowa i przedszczękowa często nazywane są po prostu kością szczękową.

Zakończenie południka jelita grubego jest bardzo łatwe do znalezienia. Wystarczy delikatnie dotknąć skóry około trzech milimetrów w bok od górnej części bruzdy nosowo-wargowej (fałda między policzkiem a górną wargą), w pobliżu zewnętrznej krawędzi nozdrza. Jeżeli zbadasz ten obszar palcem, z łatwością znajdziesz właściwy punkt, ponieważ jest o wiele wrażliwszy niż skóra dookoła (Rysunek 23).

Rysunek 23. Masaż punktu LI 20

Jak i dlaczego wykonywać technikę

Powierzchnia skóry twarzy unerwiona jest przez gałęzie nerwu czaszkowego V. Delikatny dotyk skóry twarzy stymuluje zakończenia nerwowe.

1. Delikatnie gładź skórę w punkcie akupunktury LI 20, niech palec bardzo lekko styka się z jej powierzchnią. Następnie pozwól opuszce palca stopić się ze skórą twarzy.
2. Przesuń ją w górę i w dół, żeby sprawdzić, przy którym kierunku napotykasz najsilniejszy opór. Delikatnie naciśnij w tę stronę. Zatrzymaj się.
3. Zaczekaj w tym punkcie, aż wyczujesz, że się rozluźnia.
4. Przesuń skórę do wewnątrz, w kierunku linii środkowej twarzy, a potem na zewnątrz, żeby sprawdzić, gdzie wyczuwasz większy opór.
5. Zatrzymaj się w tym miejscu i delikatnie naciśnij. Zaczekaj na rozluźnienie.

Mięśnie twarzy są unerwione przez gałęzie nerwu czaszkowego VII. Tuż pod skórą znajdują się dwie warstwy mięśni twarzy.

6. Pozwól opuszce palca delikatnie zagłębić się w warstwy mięśni pod skórą w tym samym punkcie. Pozwól pierwszej warstwie przyczepić się do palca, jak gdyby była rzepem.
7. Jeżeli będziesz naciskał ostrożnie i niezbyt mocno, wyczuwając, co dzieje się pod opuszkami palców, będziesz mógł przesuwać warstwy mięśni. Zacznij od przesuwania jednej względem drugiej – wykonuj niewielkie okrężne ruchy.
8. Wykonując je, możesz zauważyć, że w którymś kierunku skóra stawia większy opór przy przesuwaniu. Delikatnie naciskaj w tę stronę i przytrzymaj palec aż do rozluźnienia w postaci westchnienia lub przełknięcia śliny.
9. Następnie naciśnij nieco mocniej. Teraz warstwa mięśni położona niżej łączy się z górną warstwą i skórą. Możesz przesuwać obie warstwy razem po powierzchni kości.
10. Wykonując okrężne ruchy, możesz zauważyć, że w którymś kierunku skóra stawia większy opór przy przesuwaniu. Deli-

katnie naciskaj w tę stronę i przytrzymaj palec aż do rozluźnienia w postaci westchnienia lub przełknięcia śliny.

Wszystkie kości otoczone są tkanką łączną nazywaną okostną (*periosteum* – *peri-* oznacza wokół, a *osteum* kość). W tkance tej znajduje się wiele zakończeń nerwowych nerwów rdzeniowych, a w tym przypadku – nerwów czaszkowych.

11. Pozwól opuszce palca jeszcze bardziej się zagłębić, aż delikatnie oprze się na powierzchni kości.
12. Masaż wykonywany na powierzchni okostnej mocno wpływa na autonomiczny układ nerwowy. Naciskaj lekko, ale na tyle mocno, żeby dosięgnąć powierzchni kości w punkcie LI 20. Poruszaj palcem tam i z powrotem po powierzchni kości, a następnie utrzymaj lekki nacisk na kość i zaczekaj, aż osiągniesz rozluźnienie.

Na etapie embrionu kość ta była dwiema kośćmi: szczękową i przedszczękową. Choć zrosły się w jedną, u większości ludzi nadal można wyczuć, że były kiedyś osobnymi jednostkami.

Masaż nerwów V i VII stymuluje nerwy biegnące do skóry i mięśni twarzy. Nie usuwa wszystkich zmarszczek, ale odpręża mięśnie twarzy, redukuje niektóre zmarszczki i sprawia, że twarz wydaje się młodsza i świeższa. Nie wywołuje żadnych skutków ubocznych, takich jak blizny po zabiegu liftingu czy nagromadzenie toksycznego botoksu.

Co ważniejsze, taki masaż zwiększa ekspresję mimiczną i sprawia, że twarz lepiej reaguje i staje się bardziej komunikatywna – bardziej zaangażowana społecznie. Twarz powinna być elastyczna i zdolna do wyrażania różnych reakcji emocjonalnych w zależności od sytuacji. Mimika to kluczowy element komunikacji z innymi ludźmi.

Elastyczność twarzy nie tylko pozwala nam wyrażać własne emocje, lecz jest ważna także w kontekście zaangażowania społecznego. Kiedy mamy odprężoną twarz i patrzymy na twarz kogoś innego, automatycznie wykonujemy mikroruchy odzwierciedlające mimikę rozmówcy. Ruchy te są bardzo delikatne i następują szybko po sobie.

Zmiany napięcia skóry i mięśni twarzy za pośrednictwem włókien czuciowych nerwów V i VII dostarczają do mózgu informacje, które pozwalają nam natychmiastowo i nieświadomie zrozumieć, co czuje rozmówca. To zasadniczy warunek odczuwania empatii wobec drugiej osoby.

Jeżeli mięśnie twarzy pod skórą są ogólnie rozluźnione, mamy gładką, sympatyczną twarz, postrzeganą jako piękną lub przystojną. Niestety, u wielu osób utrzymuje się przez lata ten sam stan emocjonalny i wzorzec mimiczny. Mięśnie twarzy rozciągają skórę, tworząc zmarszczki i podwójny podbródek. Jeżeli u kogoś utrzymuje się ten sam stan emocjonalny, a mięśnie twarzowe się nie rozluźniają, z czasem zmarszczki się pogłębiają.

Oprócz opisanej powyżej techniki w celu stymulacji nerwu V i zmniejszenia napięcia wszystkich mięśni twarzy można delikatnie gładzić się po twarzy.

Czterominutowy naturalny lifting twarzy, część 2

Część pierwsza koncentruje się na punkcie akupunktury LI 20, znajdującym się na meridianie jelita grubego obok nosa. Stymulacja tego punktu poprawia równowagę i napięcie mięśni dolnej części twarzy – okolicy nosa i ust. Część druga natomiast skupia się na oczach. Sama technika jest pod wieloma względami podobna do pierwszej metody liftingu twarzy wykorzystującej punkt LI 20. Punkt akupunktury B 2 znajduje się przy wewnętrznym zakończeniu brwi. Ludzie często pocierają ten punkt nieświadomie, w naturalnym odruchu, kiedy są zmęczeni. Masaż skóry i mięśni twarzy często jest sposobem na uspokojenie się (Rysunek 24).

Dotknij punktu B 2 kciukiem i palcem wskazującym. Zajmij się kolejno każdą kolejną warstwą: skórą, dwoma warstwami mięśni i okostną.

Jest to także punkt spustowy mięśnia okrężnego oka, cienkiego, płaskiego mięśnia otaczającego otwór, w którym znajduje się oko. Oczy nazywane są czasami zwierciadłem duszy. Przed masażem punktu B 2 mięsień może być zbyt napięty, co sprawia, że oko jest lekko przymknięte, może też być niewystarczająco napięty, wtedy oko jest zbyt szeroko otwarte. Po masażu poprawi się równowaga między patrzeniem a byciem oglądanym. Z jednej strony będziesz wyraźniej widział rozmówcę, a z drugiej strony utrzymywanie kontaktu wzrokowego z tobą będzie łatwiejsze dla rozmówcy, który będzie postrzegał cię inaczej.

Rysunek 24. Masaż w punkcie B 2

Na głębszym poziomie ten punkt akupunktury jest krawędzią niewielkiej kości twarzy nazywanej kością łzową. Łacińska nazwa *lacrimale* odnosi się do łez. Czasami czyjeś oczy mogą się wydawać suche i pozbawione życia. Ktoś inny z kolei może zmagać się z denerwującym łzawieniem.

Dotykanie kości łzowej w punkcie B 2 i utrzymywanie palca w kontakcie z nią pozwoli przywrócić równowagę w nawilżeniu oczu, które staną się jasne i błyszczące. Celem masażu twarzy jest wywołanie uśmiechu na ustach i błysku w oczach.

1. Znajdź przy wewnętrznym zakończeniu brwi punkt, który jest bardziej wrażliwy niż obszar dookoła.
2. Najpierw delikatnie kilka razy pogładź skórę czubkiem palca.
3. Oprzyj go delikatnie na skórze w punkcie B 2 (zob. wyżej) i utrzymuj kontakt z powierzchnią skóry aż do rozluźnienia w postaci westchnienia lub przełknięcia śliny.

4. Następnie delikatnie naciśnij na warstwy mięśni twarzy. Właśnie w tym miejscu płaski, okrągły mięsień okrężny oka jest przyczepiony do kości twarzy. Pozwól skórze połączyć się z palcem i wykonuj delikatne okrężne ruchy, delikatnie przesuwając skórę i szukając kierunku, w którym pojawia się opór.
5. Przytrzymaj palec w stawiającym opór miejscu aż do rozluźnienia w postaci westchnienia lub przełknięcia śliny.
6. Naciśnij mocniej, aż poczujesz powierzchnię kości. Potrzyj ją kilka razy.
7. Utrzymuj palec na kości i poczekaj na rozluźnienie.

Jeżeli mięsień okrężny oka jest zbyt napięty, co powoduje mrużenie oczu, po tym zabiegu oko powinno być normalnie otwarte. Jeżeli oko było otwarte zbyt szeroko, po zastosowaniu tej techniki powinno nieco się przymknąć, ale nadal pozostać otwarte.

To drugi z punktów piękna w klasycznym masażu tajskim.

Odciąć wszystkie głowy Hydry

Celem tych wszystkich ćwiczeń i praktycznych technik do samodzielnego wykonania jest pomoc ludziom w wyjściu ze stanu aktywności części grzbietowej nerwu błędnego lub chronicznej aktywności pnia współczulnego i wprowadzenie ich z powrotem w stan aktywności części brzusznej nerwu błędnego. Tylko w ten sposób możemy odciąć wszystkie głowy Hydry i przywrócić możliwość osiągnięcia zdrowia fizycznego i emocjonalnego.

Dodatek

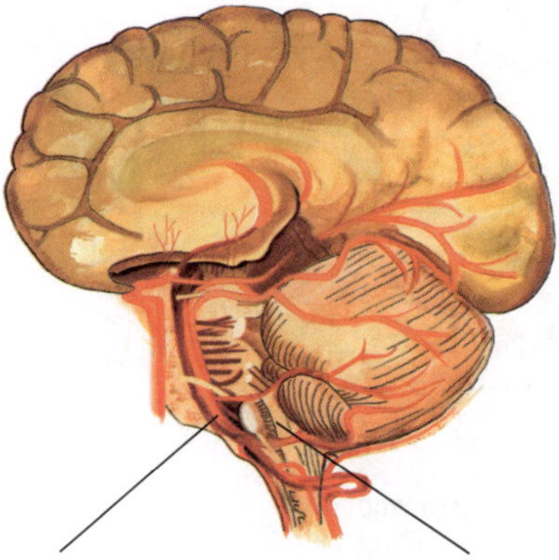

Mózg

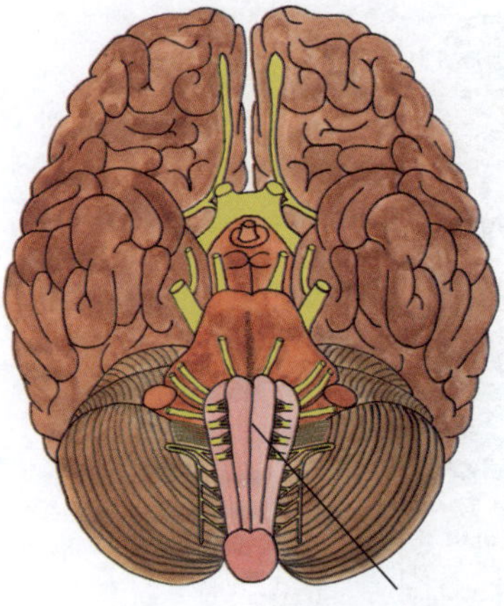

Nerwy czaszkowe

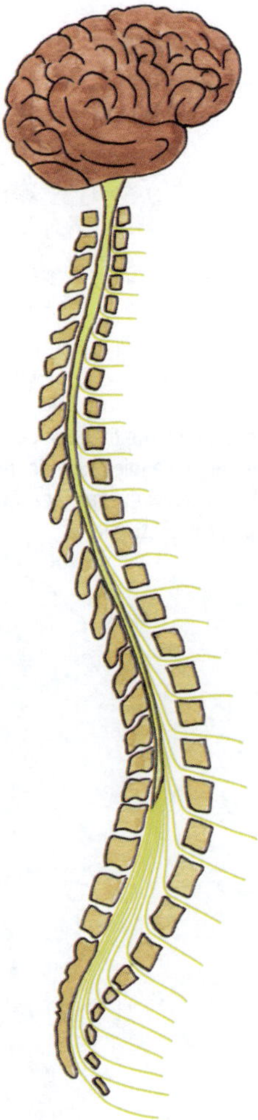

Rdzeń kręgowy

Rdzeń przedłużony bierze swój początek w mózgu; znajduje się na brzusznej stronie mózgu i jest początkiem rdzenia kręgowego. Wszystkie nerwy czaszkowe oprócz pierwszego (węchowego) i drugiego (wzrokowego) rozpoczynają się w rdzeniu przedłużonym. Tętnica kręgowa dostarcza krew do rdzenia przedłużonego i pięciu nerwów czaszkowych.

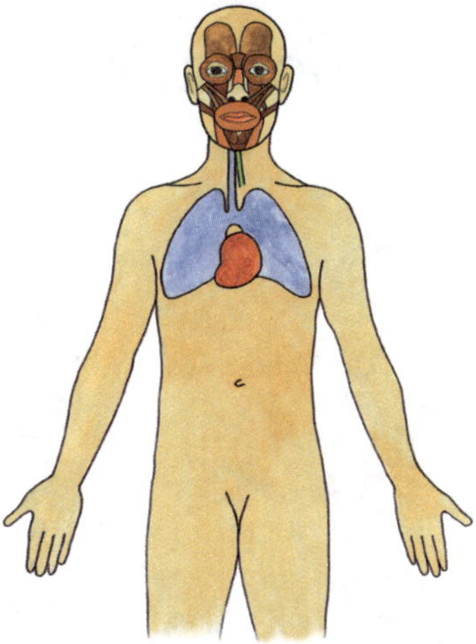

Część brzuszna nerwu błędnego

Obie gałęzie nerwu błędnego docierają do serca, płuc i dróg oddechowych. Ponadto część brzuszna nerwu błędnego biegnie także do mięśni gardła (krtani i gardła) i jest powiązana z ruchami twarzy. Na rysunku na czerwono zaznaczono serce, a na niebiesko płuca i dwa przewody – tchawicę po lewej i przełyk po prawej stronie.

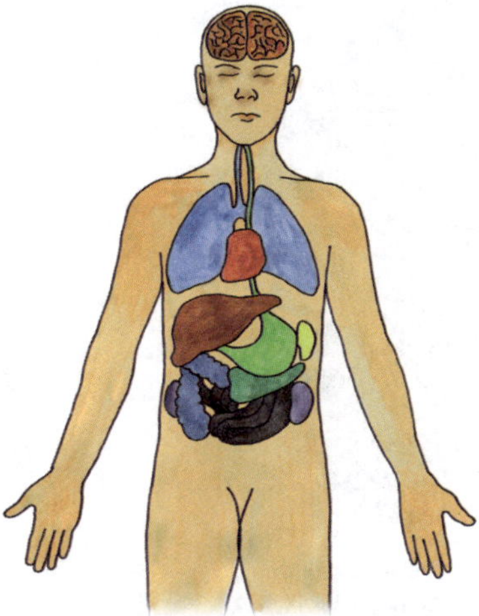

Część grzbietowa nerwu błędnego

Część grzbietowa nerwu błędnego dociera poza sercem i płucami także do podprzeponowych narządów trawiennych (oprócz zstępnicy). Biegnie do żołądka, wątroby, trzustki, śledziony, wstępnicy i poprzecznicy. Na rysunku na niebiesko zaznaczone są płuca, na czerwono – serce, na zielono – żołądek, na brązowo – wątroba, na szarozielono – nerki, na ciemnoniebiesko – części jelita grubego: wstępnica i poprzecznica, na żółto – śledziona, na szaro – jelito cienkie.

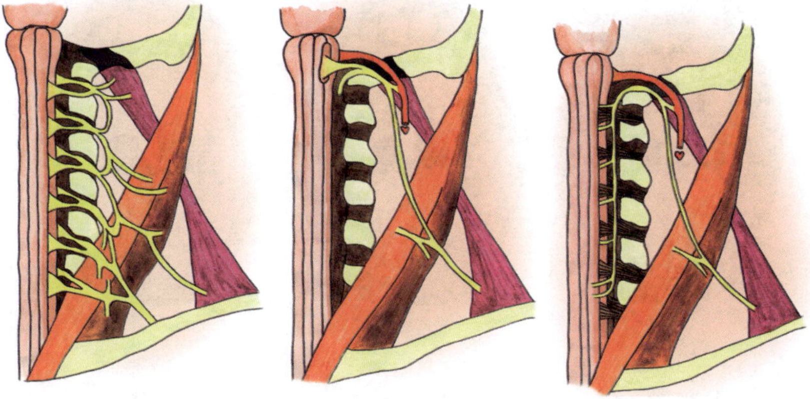

Nerw XI

Na rysunkach przedstawiono różne gałęzie nerwu XI. Rysunek po lewej stronie przedstawia gałęzie, które biorą swój początek w rdzeniu kręgowym na wysokości kręgów szyjnych i biegną bezpośrednio do mięśnia czworobocznego i mięśnia mostkowo-obojczykowo-sutkowego. Środkowy rysunek przedstawia gałęzie, które biorą swój początek w rdzeniu kręgowym na wysokości kręgów szyjnych i biegną w górę do czaszki, a następnie opuszczają ją przez otwór szyjny i także docierają do tych dwóch mięśni. Gałąź przedstawiona na rysunku po prawej stronie zaczyna się w rdzeniu przedłużonym, opuszcza czaszkę przez otwór szyjny i dociera do obu mięśni. Wszystkie te nerwy docierają do różnych wiązek włókien mięśniowych, co pozwala na elastyczne i precyzyjne ruchy szyi.

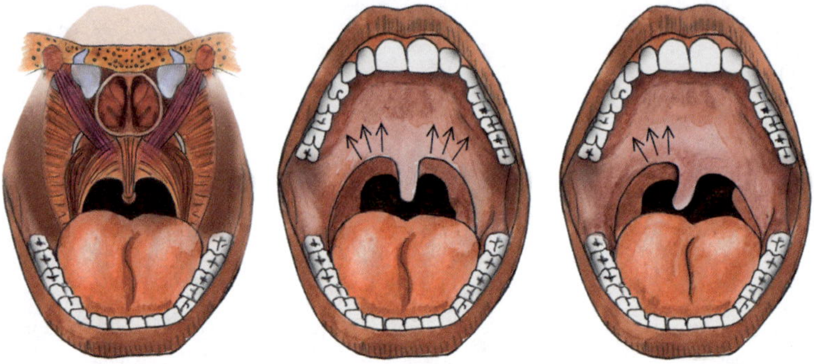

Języczek 1 Języczek 2 Języczek 3

Badanie gałęzi gardłowej części brzusznej nerwu błędnego: Mięsień dźwigacz podniebienia miękkiego powinien dźwigać podniebienie miękkie, gdy powtarzamy rytmicznie „a–a–a". Języczek powinien się symetrycznie unosić, tak jak na rysunku „Języczek 2". Jeżeli unosi się po jednej stronie, a po drugiej nie (jak na rysunku „Języczek 3"), oznacza to dysfunkcję gałęzi gardłowej części brzusznej nerwu błędnego po tej stronie, która unosi się niżej.

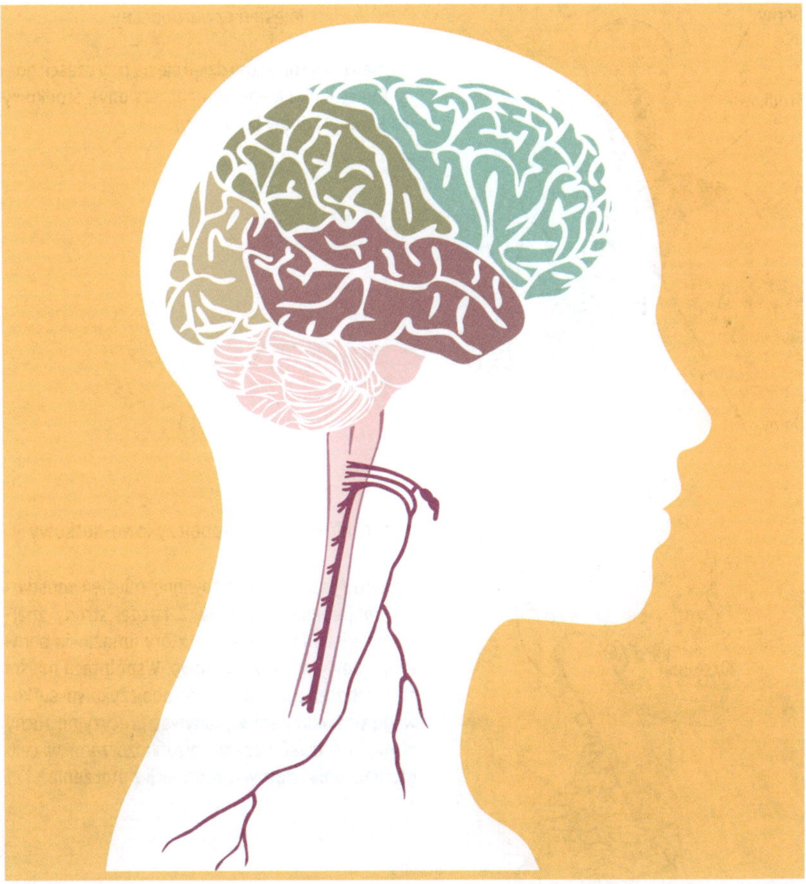

Ośrodkowy układ nerwowy

Na rysunku przedstawiono schemat ośrodkowego układu nerwowego. Obejmuje on: mózg, rdzeń przedłużony (zwężająca się dolna część mózgu, która biegnie w dół ciała w postaci rdzenia kręgowego) i jeden z pięciu nerwów czaszkowych zaczynających się w rdzeniu przedłużonym.

Wszystkie nerwy czaszkowe biorą swój początek w dolnej powierzchni mózgu lub w rdzeniu przedłużonym. Szczególnie interesują nas nerwy V, VII, IX, X i XI. Do osiągnięcia stanu zaangażowania społecznego konieczne jest właściwe funkcjonowanie wszystkich pięciu nerwów. Z kolei do prawidłowego działania tych nerwów czaszkowych konieczne jest dostarczanie odpowiedniej ilości krwi. Skręcenie dźwigacza, obrotnika lub innych kręgów szyjnych może zmniejszyć dopływ krwi do rdzenia przedłużonego, co może powodować dysfunkcje tych pięciu nerwów.

Jedenasty nerw czaszkowy (nerw XI), jeden z pięciu nerwów koniecznych do osiągnięcia stanu zaangażowania społecznego, również unerwia mięśnie: czworoboczny oraz mostkowo-obojczykowo-sutkowy.

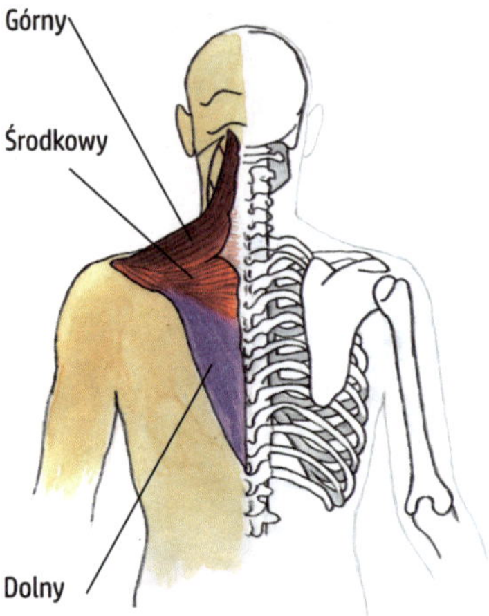

Mięsień czworoboczny

Mięsień czworoboczny dzieli się na trzy części: górny (na rysunku kolor ciemnoczerwony), środkowy (czerwony) i dolny (fioletowy).

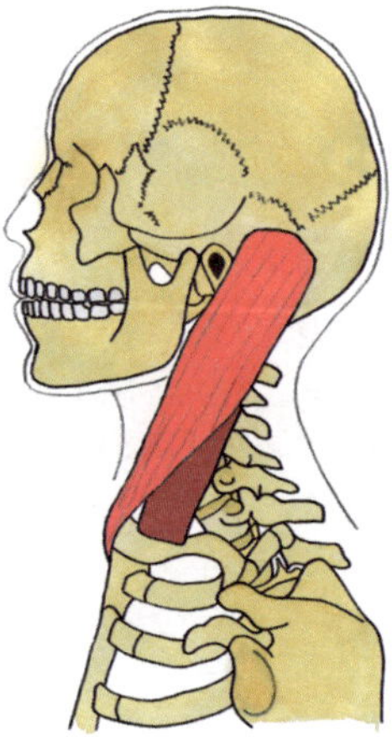

Mięsień mostkowo-obojczykowo-sutkowy

Na tym rysunku przedstawiono mięsień mostkowo-obojczykowo-sutkowy. Z każdej strony znajduje się jeden taki mięsień, który umożliwia obracanie głowy w lewo i w prawo. Współpraca mięśni czworobocznego i mostkowo-obojczykowo-sutkowego pozwala nam wykonywać precyzyjne ruchy głowy, kierować oczyma oraz nozdrzami w celu gromadzenia istotnych informacji z otoczenia.

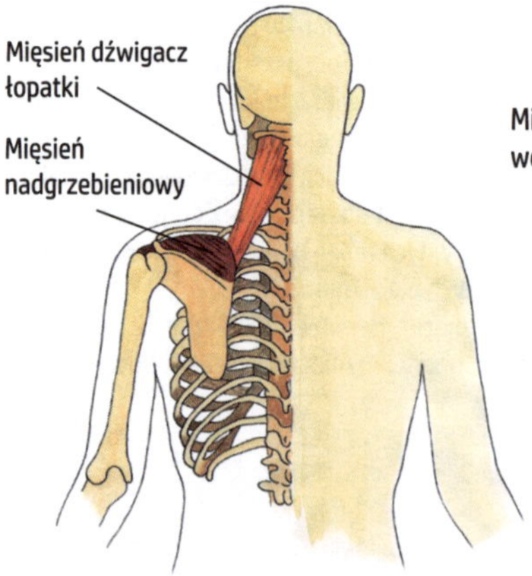

Mięsień nadgrzebieniowy

Mięsień nadgrzebieniowy biegnie wzdłuż górnej krawędzi łopatki.

Dziecko na brzuchu

Gdy dziecko leży na brzuchu, jednym z pierwszych wykonywanych przez nie ruchów jest podnoszenie głowy. W tym celu napina wszystkie trzy części mięśnia czworobocznego. Napięcie włókien górnej części mięśnia unosi głowę do tyłu i w górę. Napięcie środkowej części mięśnia ściąga łopatki i stabilizuje ramiona dziecka, dzięki czemu mogą one utrzymać masę ciała. Napięcie dolnej części mięśnia pozwala dziecku wygiąć kręgosłup na całej długości.

Na zdjęciu widać, że głowa dziecka jest uniesiona i przechylona do tyłu. Łopatki są ściągnięte razem ku tyłowi. Kręgosłup na całej długości jest wygięty w łuk. Jeśli dziecko uniosło już głowę, obraca nią dzięki mięśniowi mostkowo-obojczykowo-sutkowemu. Wspólne działanie mięśni czworobocznego i mostkowo-obojczykowo-sutkowego pozwala dziecku poruszać głową i koncentrować zmysły wzroku, węchu i słuchu na interesujących obiektach znajdujących się przed nim.

Dziecko na czworakach

Gdy dziecko podnosi się na rękach i nogach, aby chodzić na czworakach, trzy części mięśnia czworobocznego – górna, środkowa i dolna – nadal napinają się w taki sam sposób jak wtedy, kiedy dziecko leżało na brzuchu i unosiło głowę.

Stosunek napięcia wszystkich części mięśnia czworobocznego względem siebie drastycznie się zmienia, gdy dziecko staje na dwóch nogach. Górna część nie unosi już głowy ani nie przechyla jej do tyłu tak jak podczas chodzenia na czworakach.

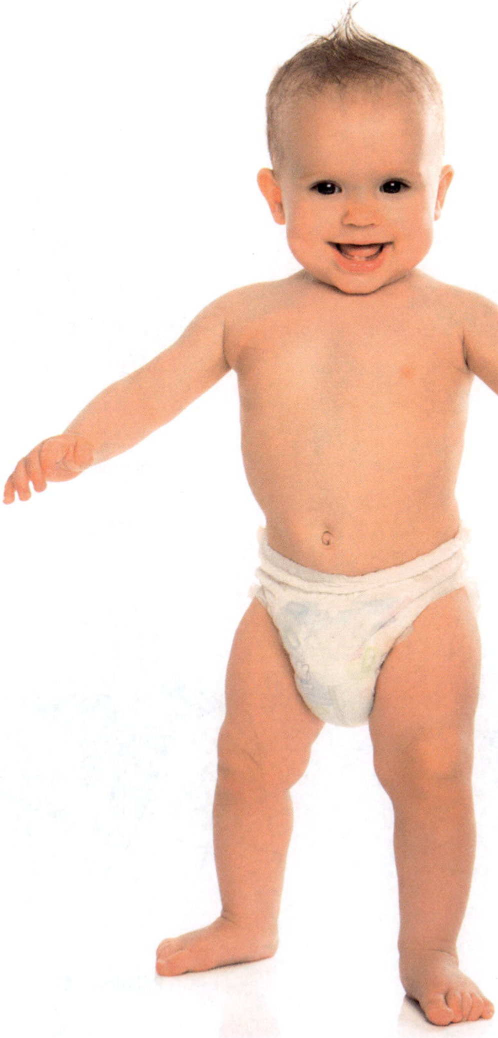

Dziecko w postawie stojącej

Jeżeli pozycja głowy względem ciała byłaby taka sama jak podczas chodzenia na czworakach, byłaby ona odchylona o 90 stopni, a twarz zwrócona prosto w górę. Kiedy przyjmujemy postawę stojącą, głowa ustawia się tak, abyśmy patrzyli przed siebie. Dlatego właśnie napięcie górnej części mięśnia czworobocznego jest wtedy zdecydowanie mniejsze niż podczas leżenia na brzuchu lub chodzenia na czworakach. Wychylenie głowy do przodu nie jest skutkiem nadmiernego napięcia górnej części mięśnia czworobocznego, ale nadmiernego jej rozluźnienia. W miarę upływu lat staje się ona coraz bardziej zwiotczała, a głowa przesuwa się na pierwszym kręgu szyjnym coraz bardziej do przodu.

Ćwiczenie obrotowe opisane w Części drugiej pomaga przywrócić lepszą pozycję głowy, ponieważ stymuluje wszystkie trzy części mięśnia czworobocznego.

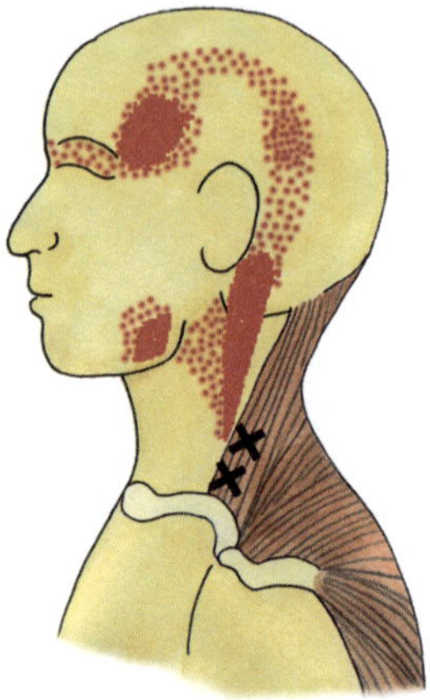

Ból głowy 1

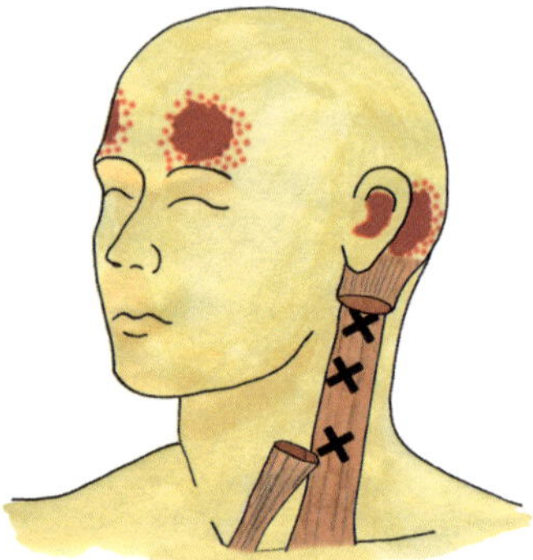

Ból głowy 2

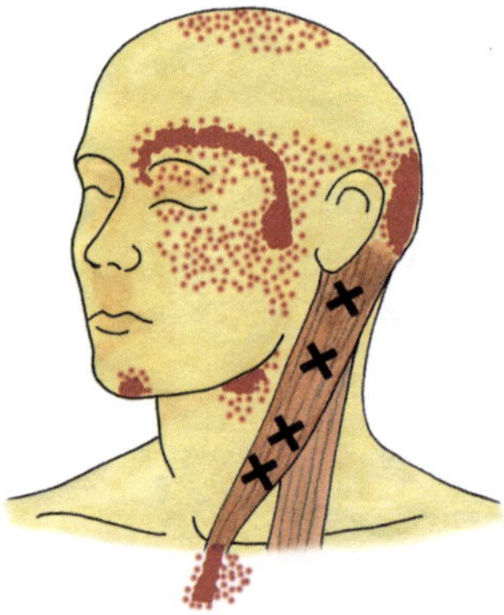

Ból głowy 3

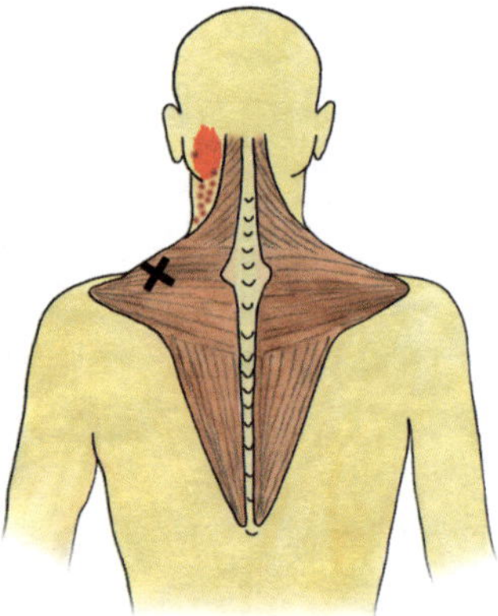

Ból głowy 4

Na podstawie wieloletniego doświadczenia zgromadzonego w pracy klinicznej, a wbrew powszechnie akceptowanej praktyce lekarskiej, jestem przekonany, że powodem migrenowych bólów głowy jest dysfunkcja nerwu XI, który unerwia mięśnie czworoboczny i mostkowo-obojczykowo-sutkowy.

Migrenowe bóle głowy wynikają z napięcia, a w zależności od tego, czy określony wzorzec napięcia dotyczy mięśnia mostkowo-obojczykowo-sutkowego czy czworobocznego, istnieją cztery rodzaje takiego bólu głowy. Jeżeli nęka cię migrena, przyjrzyj się czterem rysunkom i sprawdź, czy potrafisz określić, z którym wzorcem bólu (zaznaczonym na czerwono) się zmagasz.

Jako że odpowiednie części tych mięśni unerwione są przez nerw XI, pierwszym krokiem w leczeniu migreny jest przywrócenie właściwego funkcjonowania nerwu XI dzięki Ćwiczeniu podstawowemu (zob. Część druga). Następnie należy znaleźć właściwe punkty spustowe zaznaczone znakami *X* i masować je przez kilka minut, aż do odczucia ulgi.

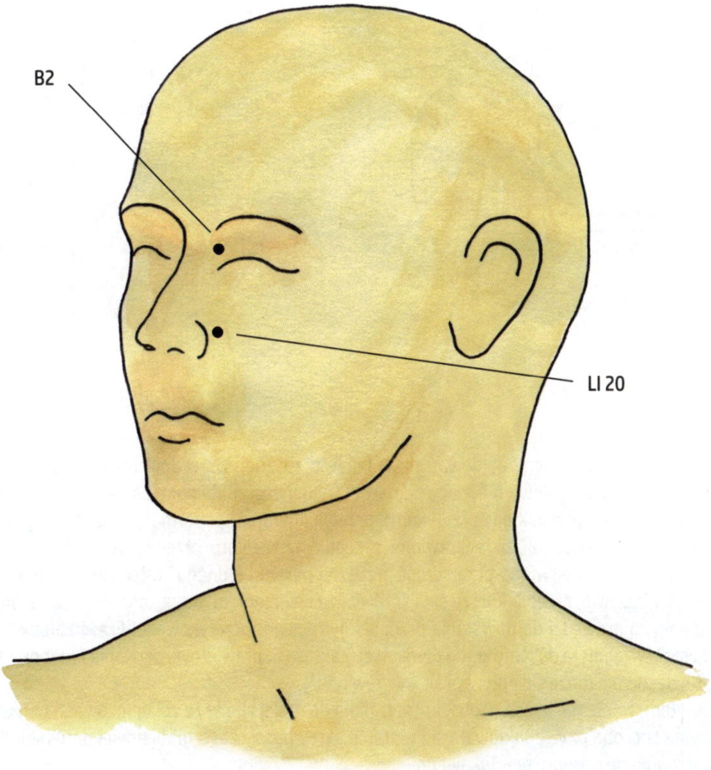

Punkty akupunktury

Masaż punktów akupunktury w ramach naturalnego liftingu twarzy – nerw V i VII: LI 20 (punkt akupunktury jelita grubego znajdujący się po obu stronach nosa) oraz B 2 (po wewnętrznej stronie brwi).

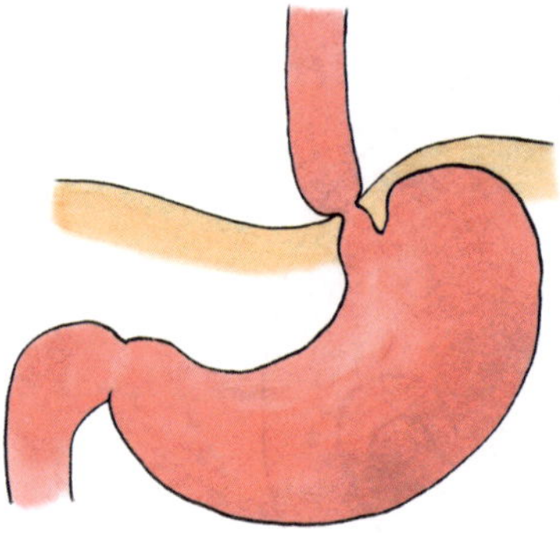

Żołądek 1

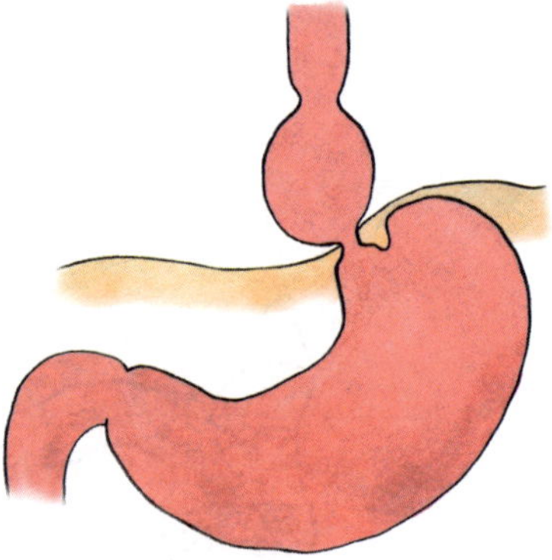

Żołądek 2

Zazwyczaj żołądek powinien znajdować się w jamie brzusznej, zdecydowanie poniżej przepony. Przełyk to przewód mięśniowy biegnący od gardła (tylnej części) do żołądka, przechodzący przez otwór (rozwór) w przeponie. Kiedy przełykamy, przełyk dostarcza pokarm z gardła do żołądka.

Na rysunku „Żołądek 2" przedstawiono przepuklinę rozworu przełykowego. Wyższa jedna trzecia przełyku jest unerwiona przez część brzuszną nerwu błędnego. Jeżeli część brzuszna nie funkcjonuje właściwie, przełyk kurczy się i sprawia, że ciągnięty ku górze żołądek napiera od dołu na przeponę, co prowadzi do powstania przepukliny rozworu przełykowego. Część żołądka może nawet zostać wciągnięta do jamy klatki piersiowej. Zakłóca to prawidłowe działanie przepony, która podczas wdechu nie może się obniżyć tak, jak powinna.

Odkryłem, że niemal każda osoba, która trafiała do mojej kliniki ze zdiagnozowaną przewlekłą obturacyjną chorobą płuc, znajdowała się w stanie aktywności części grzbietowej nerwu błędnego i miała przepuklinę rozworu przełykowego.

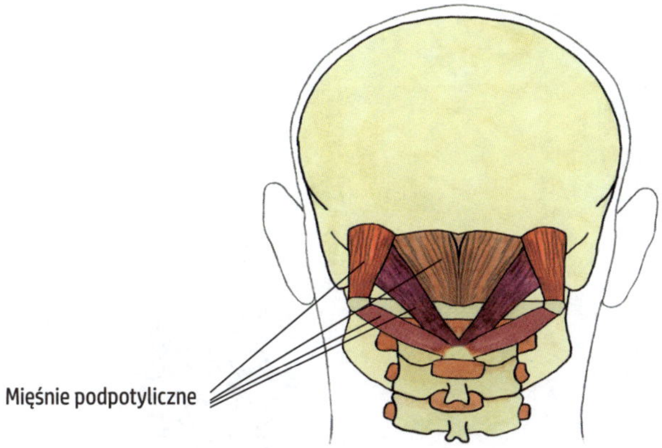

Mięśnie podpotyliczne

Cztery pary mięśni podpotylicznych znajdują się poniżej kości potylicznej u podstawy czaszki. Trójkąt podpotyliczny to obszar, który otaczają trzy mięśnie: mięsień prosty głowy tylny większy (u góry na środku), mięsień skośny głowy górny (u góry po bokach) oraz mięsień skośny głowy dolny (na dole po bokach).

Podczas gdy mięśnie czworoboczny i mostkowo-obojczykowo-sutkowy odpowiadają za ogólne poruszanie głową, mięśnie podpotyliczne umożliwiają dokładniejszą kontrolę tych ruchów.

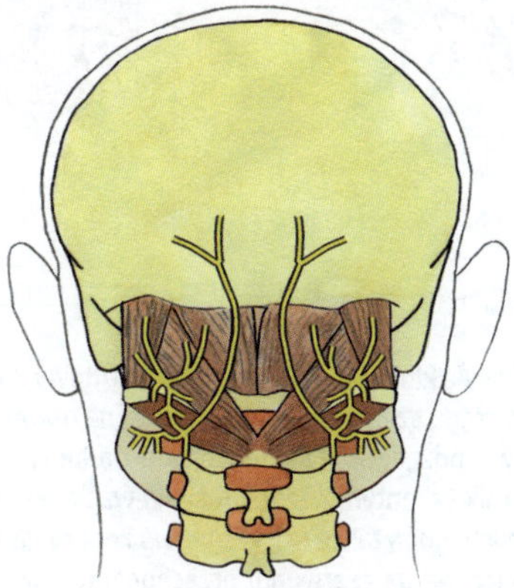

Nerw podpotyliczny

Mięśnie podpotyliczne są unerwione przez nerw podpotyliczny, który dociera do nich po przejściu przez trójkąt podpotyliczny.

Za pomocą delikatnej techniki Ćwiczenia podstawowego możemy zrównoważyć napięcie tych mięśni. Dzięki temu kości mogą przyjąć lepszą pozycję względem siebie, co z kolei umożliwia większy dopływ krwi przez tętnice kręgowe. Wywołuje to niemal natychmiastową poprawę nie tylko układu kości, lecz także funkcjonowania części brzusznej nerwu błędnego.

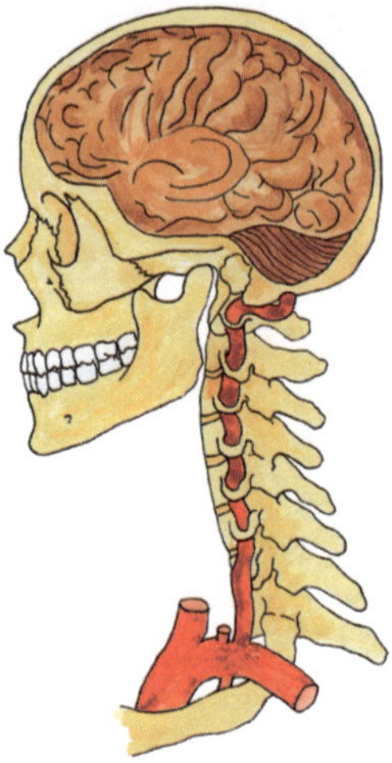

Tętnice kręgowe

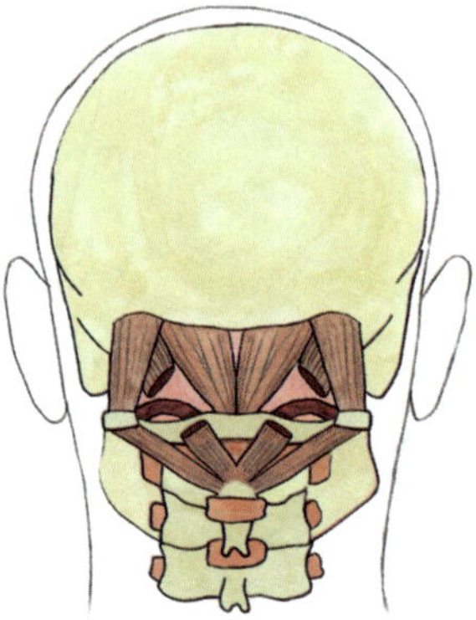

Mięśnie podpotyliczne z kręgami

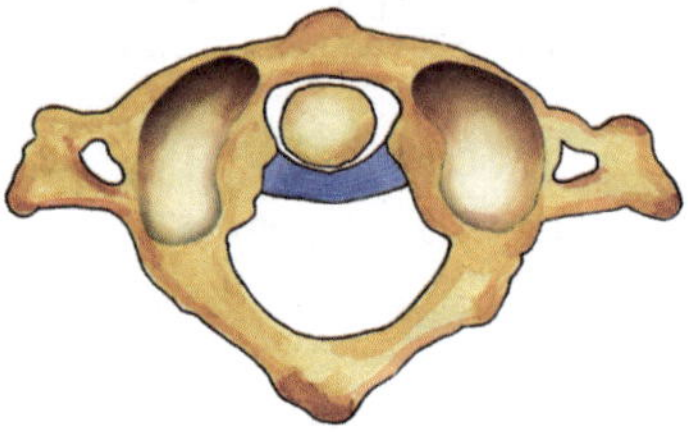

Dźwigacz

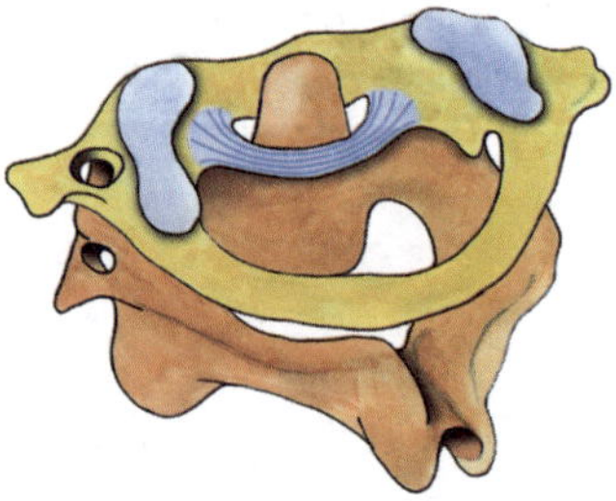

Obrotnik i dźwigacz

Mięśnie podpotyliczne odgrywają kluczową rolę w stabilizacji głowy na szyi przez stabilizację czaszki na dźwigaczu (pierwszym kręgu szyjnym) oraz dźwigacza na obrotniku (drugim kręgu szyjnym).

Napięcia w mięśniach wchodzących w skład trójkąta podpotylicznego mogą odciągnąć kość potyliczną, dźwigacz i obrotnik od optymalnego ułożenia względem siebie. Napinanie i brak równowagi mięśni podpotylicznych mogą także uciskać nerwy i naczynia krwionośne w tym obszarze.

Tętnica kręgowa (zaznaczona na czerwono) przechodzi między mięśniami podpotylicznymi, zanim dotrze do rdzenia przedłużonego, napięcie w tych mięśniach może zatem ograniczyć dopływ krwi do rdzenia.

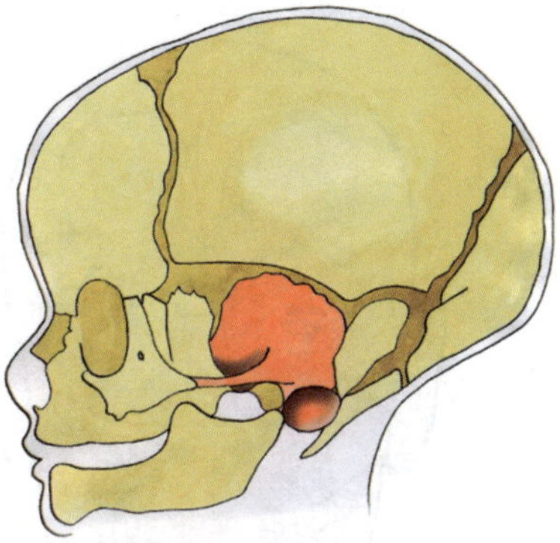

Czaszka dziecka

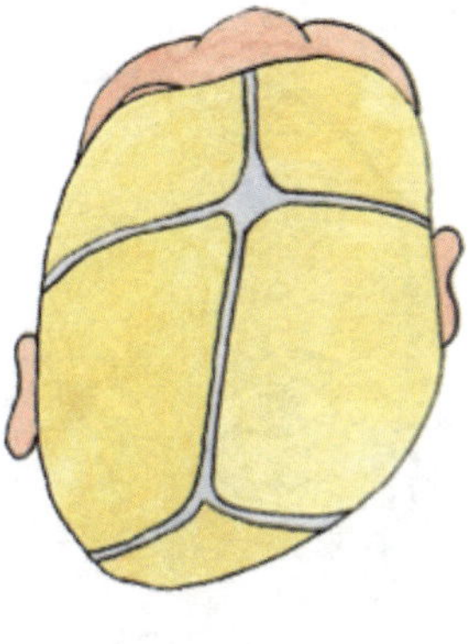

Czaszka dziecka – widok z góry

Płaski tył głowy jest spowodowany chronicznym napięciem mięśnia mostkowo-obojczykowo-sutkowego po jednej stronie – najczęściej po prawej. Napięcie to jest prawdopodobnie skutkiem dysfunkcji nerwu XI.

Czaszka składa się z ośmiu kości, twarz – z czternastu. W momencie narodzin kości te nie uległy jeszcze kalcyfikacji i nie zrosły się w szwach. Kości połączone są grubą warstwą elastycznej tkanki łącznej. Elastyczność kości oraz tkanki łącznej między nimi jest bardzo istotna w kontekście samych narodzin. Podczas przechodzenia przez kanał rodny – a nie jest to prosty odcinek – na czaszkę działa ogromne ciśnienie. Elastyczność czaszki umożliwia zmianę jej kształtu podczas przesuwania się przez przewód o nieregularnym kształcie.

Po narodzinach napięcie mięśni szyi i oddziaływanie płynów znajdujących się wewnątrz czaszki pozwala przywrócić główce dziecka bardziej symetryczny i zaokrąglony kształt. Chroniczne napięcie mięśnia mostkowo-obojczykowo-sutkowego oddziałujące na kości czaszki wystarczy jednak, aby zmienić ich ułożenie względem siebie na nieprawidłowe.

Zmiana kształtu tyłu głowy może wpłynąć na dopływ krwi do mózgu: do niektórych części dociera jej zbyt dużo, do innych – za mało. Od kiedy zacząłem zwracać uwagę na kształt tyłu głowy, zaobserwowałem płaski tył głowy u wszystkich moich pacjentów z zaburzeniami ze spektrum autyzmu lub z ADHD. Rysunek „Czaszka dziecka – widok z góry" przedstawia poważny przypadek deformacji, której przyczyną jest zazwyczaj napięty mięsień mostkowo-obojczykowo-sutkowy.

Można zmniejszyć stopień deformacji czaszki przez rozluźnienie chronicznie napiętego mięśnia mostkowo-obojczykowo-sutkowego po jednej stronie, i to nawet u dorosłych, u których kości czaszki ponoć już się zrosły, a kształt głowy powinien być niezmienny. Bynajmniej! To zaskakujące, jak bardzo można zaokrąglić płaski tył głowy niezależnie od wieku pacjenta.

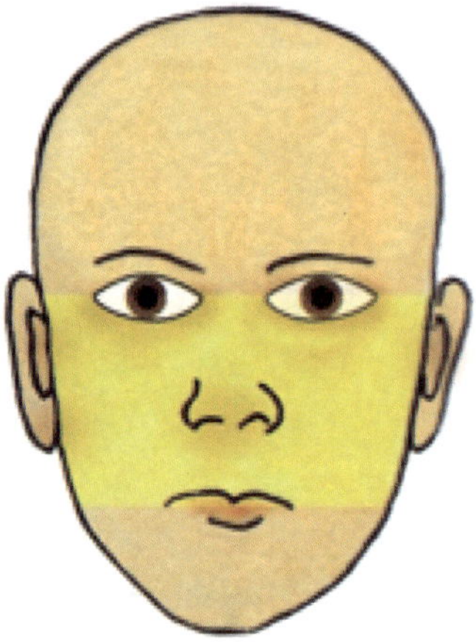

Twarz

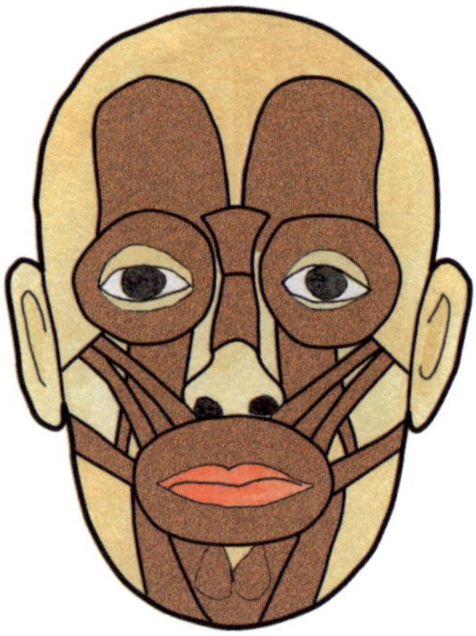

Mięśnie twarzy

Mięśnie twarzy u wielu z nas nie poruszają się zbyt intensywnie. Ruch mięśni twarzy może pojawiać się spontanicznie lub może być wywoływany świadomie, na przykład podczas uśmiechania się do zdjęcia.

Spontaniczne zmiany wyrazu twarzy, zwłaszcza podczas patrzenia wprost na inną osobę, są oznaką zaangażowania społecznego. W ciągu sekundy dochodzi do kilku takich drobnych zmian. Pojedyncze miny znikają zbyt szybko, aby dało się je zauważyć, ale widać, że twarz jest pełna życia.

Kiedy ktoś znajduje się w stanie zaangażowania społecznego, spontaniczne zmiany wyrazu twarzy zachodzą między linią w środkowej części oczu a linią warg.

Przypisy

[1] J. Grotowski, *Ku teatrowi ubogiemu*, [w:] *Ku teatrowi ubogiemu*, oprac. E. Barba, tłum. G. Ziółkowski, Instytut im. Jerzego Grotowskiego, Wrocław 2007, s. 14 [przyp. tłum.].

[2] I.P. Rolf, PhD, *Rolfing: Reestablishing the Natural Alignment and Structural Integration of the Human Body for Vitality and Well-Being*, rev. ed., Healing Arts Press, Rochester, VT 1989.

[3] *The Nobel Prize in Physiology or Medicine 1937*, Nobel Media AB 2014 (Oct 4, 2016), www.nobelprize.org/nobel_prizes/medicine /laureates/1937/.

[4] Istnieje jeszcze inny aspekt stresu, a zarazem definicja medyczna tego stanu. Dotyczy ona pracy nad mięśniami lub organami w ramach ćwiczeń sportowych lub innych ograniczeń fizycznych (np. post). Wykazano, że pewien poziom takiego stresu jest korzystny dla organizmu.

[5] Najważniejsza pozycja autorstwa Alaina Gehina to *The Atlas of Manipulative Techniques for the Cranium and the Face, English translation*, Eastland Press, Seattle 1985. Gehin opisuje w niej ponad 150 technik biomechanicznych i wskazuje, które z nich należy zastosować w celu poprawy funkcjonowania poszczególnych nerwów czaszkowych.

[6] R. Lawrence, S. Rosenberg, *Pain Relief with Osteomassage*, Woodbridge Press, Santa Barbara, CA 1982.

[7] Nerw czaszkowy VIII to nerw przedsionkowo-ślimakowy. W kości skroniowej, w błędniku kostnym, znajdują się dwa wyspecjalizowane narządy. Słowo „ślimakowy" dotyczy funkcji słuchowej nerwu VIII, czyli przenoszenia fal dźwiękowych do mózgu jako impulsów elektrycznych. Słowo „przedsionkowy" natomiast odnosi się do działania związanego z przetwarzaniem informacji wynikających z ruchu gęstego płynu w trzech kanałach półkolistych znajdujących się w kości skroniowej. Kiedy zmieniamy ułożenie głowy względem siły grawitacji, płyn ten porusza się, naciskając na rzęski, które z kolei pobudzają nerwy przekazujące do mózgu informacje o pozycji i ruchach głowy.

[8] H. Magoun, DO, *Osteopathy in the Cranial Field*, 3rd ed., The Cranial Academy, Indianapolis, IN 1976.

[9] Koncepcja ruchu kości czaszkowych jest niemal całkowicie sprzeczna z tym, czego uczy się na anatomii i fizjologii. Zgodnie z powszechną opinią kości te łączą się na określonych etapach życia. Ostatnie zrosty utrwalają się w trzydziestym ósmym roku życia człowieka. Widziałem jednak w pracowni anatomicznej zbiór składający się z niepołączonych kości czaszki osoby starszej. Kości zostały rozdzielone następującą metodą: spreparowaną czaszkę napełniono ryżem i zanurzono w pojemniku z wodą. Ryż nasiąknął wodą i rozepchnął kości czaszki. Gdyby były one w pełni zrośnięte, jak naucza się na niemal wszystkich kursach anatomii, rozdzielenie kości czaszki człowieka starszego niż trzydzieści osiem lat nie byłoby możliwe.

[10] M. Wier Lauren, MPH (Thomson Reuters), R.M. Andrews, PhD (AHRQ), *Statistical Brief #107: The National Hospital Bill: The Most Expensive Conditions by Payer, 2008*, Healthcare Cost and Utilization Project Statistical Brief #107, Agency for Healthcare Research and Quality, Rockville, MD 2011, www.hcup-us.ahrq.gov/reports/statbriefs/sb107.pdf.

[11] M. Widen, *Back Specialists are Discouraging the Use of Surgery*, American Academy of Pain Medicine, 17th annual meeting, Miami Beach, FL 2001.

[12] M. Melloh, Ch. Röder, A. Elfering, J.-C. Theis, U. Müller, L.P. Staub, E. Aghayev, T. Zweig, T. Barz, T. Kohlmann, S. Wieser, P. Jüni, M. Zwahlen, *Differences Across Health Care Systems in Outcome and Cost-Utility of Surgical and Conservative Treatment of Chronic Low Back Pain: A Study Protocol*, „BMC Musculoskeletal Disorders" 2008, 9, nr 81.

[13] *Lumbar Spinal Stenosis*, American Academy of Orthopaedic Surgeons 2010, www.knowyourback.org/Pages/SpinalConditions/DegenerativeConditions/LumbarSpinalStenosis.aspx.

[14] M. Gershon, *The Second Brain*, Harper Collins Publishers, New York 1999.

[15] B. Zahorska-Markiewicz, E. Kuagowska, C. Kucio, M. Klin, *Heart Rate Variability in Obesity*, „International Journal of Obesity and Related Metabolic Disorders" 1993, 17, nr 1: 21–23.

[16] G. Ernst, *Heart Rate Variability*, Springer-Verlag, London 2014: 261.

[17] S.W. Porges, *Orienting in a Defensive World: Mammalian Modifications of our Evolutionary Heritage – A Polyvagal Theory*, „Psychophysiology" 1995, 32: 301–318.

[18] P. Fischer, MD, *Postural Orthostatic Tachycardia Syndrome (POTS)*, Mayo Clinic podcast (Apr 23, 2008), http://newsnetwork.mayoclinic.org/discussion/postural-orthostatic-tachycardia-syndrome-pots-24cc80/.

[19] P.J. Carek, S.E. Laibstain, S.M. Carek, *Exercise for the Treatment of Depression and Anxiety*, „The International Journal of Psychiatry in Medicine" 2011, 41, nr 1: 15–28.

[20] Lista problemów zdrowotnych, które przynajmniej częściowo wynikają z dysfunkcji części brzusznej nerwu błędnego, znajduje się na początku Części pierwszej w tabeli „Głowy Hydry".

[21] S.W. Porges, *Neuroception: A Subconscious System for Detecting Threats and Safety*, „Zero to Three" 2004, 24, nr 5: 19–24.

[22] B. Hogan, *Five Lessons: The Modern Fundamentals of Golf*, Simon and Schuster, New York 1957.

[23] V. Papaioannou, I. Pneumatikos, N. Maglaveras, *Association of Heart Rate Variability and Inflammatory Response in Patients with Cardiovascular Diseases:*

Current Strengths and Limitations, „Psychosomatic Medicine" 2005, 67, suppl. 1: S29–S33.

[24] B. Pomeranz, R.J. Macauley, I. Caudill, I. Kutz, D. Adam, D. Gordon, *Assessment of Autonomic Function in Humans by Heart Rate Spectral Analysis*, „American Journal of Physiology" 1985, 248: H151–H153.

[25] U.I. Zulfiqar, D.A. Jurivich, W. Gao, D.H. Singer, *Relation of High Heart Rate Variability to Healthy Longevity*, „American Journal of Cardiology" 2010, 105, nr 8: 1181–1185, doi: 10.1016/j.amj-card.2009.12.022 (epub Feb 20, 2010), erratum 106, no. 1 (Jul 1, 2010): 142.

[26] P. Jönsson, *Respiratory Sinus Arrhythmia as a Function of State Anxiety in Healthy Individuals*, „International Journal of Psychophysiology" 2007, 63: 48–54.

[27] P. Nickel, F. Nachreiner, *Sensitivity and Diagnosticity of the 0.1-Hz Component of Heart Rate Variability as an Indicator of Mental Workload*, „Human Factors" 2003, 45, nr 4: 575–590.

[28] J.F. Brosschot, E. Van Dijk, J.F. Thayer, *Daily Worry is Related to Low Heart Rate Variability During Waking and the Subsequent Nocturnal Sleep Period*, „International Journal of Psychophysiology" 2007, 63: 39–47.

[29] A.J. Camm, M. Malik, J.T. Bigger, G. Breithardt, S. Cerutti, R.J. Cohen, P. Coumel, E.L. Fallen, H.L. Kennedy, R.E. Kleiger, F. Lombardi, A. Malliani, A.J. Moss, J.N. Rottman, G. Schmidt, P.J. Schwartz, D.H. Singer (Task Force of the European Society of Cardiology and the North American Society of Electrophysiology), *Heart Rate Variability: Standards of Measurement, Physiological Interpretation, and Clinical Use*, „Circulation" 1996, 93: 1043–1065.

[30] A. Minassian, PhD, M.A. Geyer, PhD, D.G. Baker, MD, C.M. Nievergelt, PhD, D.T. O'Connor, MD, V.B. Risbrough, PhD, *Marine Resiliency Study Team, Heart Rate Variability in a Large Group of Active-Duty Marines and Relationship to Posttraumatic Stress*, „Psychosomatic Medicine" 2014, 76, nr 4: 292–301.

[31] V. Papaioannou, I. Pneumatikos, N. Maglaveras, op. cit.

[32] M. Amano, M. Kando, U.E. Hidetoshi, T. Moriani, *Exercise Training and Autonomic Nervous System Activity in Obese Individuals*, „Medicine and Science in Sports and Exercise" 2001, 33: 1287–1291.

[33] A.M. Stanton, T.A. Lorenz, C.S. Pulverman, C.M. Meston, *Heart Rate Variability: A Risk Factor for Female Sexual Dysfunction*, „Applied Psychophysiology and Biofeedback" 2015, 40: 229–237.

[34] Ji Yong Lee, Kwan-Joong Joo, Jin Tae Kim, Sung Tae Cho, Dae Sung Cho, Yong-Yeun Won, Jong Bo Choi, *Heart Rate Variability in Men with Erectile Dysfunction*, „International Neurourology Journal" 2011, 15, nr 2: 87–91.

[35] J.M. Dekker, PhD, R.S. Crow, MD, A.R. Folsom, MD, MPH, P.J. Hannan, MStat, D. Liao, MD, PhD, C.A. Swenne, PhD, E.G. Schouten, MD, PhD, *Clinical Investigation and Reports: Low Heart Rate Variability in a 2-Minute Rhythm Strip Predicts Risk of Coronary Heart Disease and Mortality from Several Causes: The ARIC Study*, „Circulation" 2000, 102: 1239–1244.

[36] R.M. Carney, K.E. Freedland, R.C. Veith, *Depression, the Autonomic Nervous System, and Coronary Heart Disease*, „Psychosomatic Medicine" 2005, 67: S29–S33. Badania pacjentów psychiatrycznych ze zdiagnozowaną depresją, ale zdrowych pod względem fizycznym, wykazały podwyższony poziom katecholamin w plazmie krwi i innych markerów zaburzonego funkcjonowania

autonomicznego układu nerwowego w porównaniu z grupą kontrolną. Badania pacjentów z depresją cierpiących na chorobę wieńcową również wykazały istnienie dysfunkcji autonomicznego układu nerwowego, między innymi: podwyższone tętno, niską zmienność rytmu zatokowego, wyolbrzymioną reakcję pulsu na stresory fizyczne, wysoką zmienność repolaryzacji komór serca i niską wrażliwość baroreceptorów. Wszystkie te sygnały dysfunkcji autonomicznego układu nerwowego są powiązane z podwyższonym ryzykiem śmiertelności i zachorowalności na choroby serca u pacjentów z chorobą wieńcową.

[37] M. Malik, P. Barthel, R. Schneider, K. Ulm, G. Schmidt, *Heartrate Turbulence after Ventricular Premature Beats as a Predictor of Mortality after Acute Myocardial Infarction*, „The Lancet" 1999, 353, nr 9162: 1390–1396.

[38] U.S. Department of Health and Human Services, National Center for Health Statistics, *Health, United States 2015: Special Feature on Racial and Ethnic Health Disparities*, www.cdc.gov/nchs/hus/(dostęp: czerwiec 2016).

[39] A.B. Kulur, N. Haleagrahara, P. Adhikary, P.S. Jeganathan, *Effect of Diaphragmatic Breathing on Heart Rate Variability in Ischemic Heart Disease with Diabetes*, „Arquivos Brasilieros Cardiologia" 2009, 92, nr 6: 423–429, 440–447, 457–463.

[40] Peter Levine jest czołowym terapeutą w zakresie szoku i traumy. Stosuje techniki werbalne połączone z dokładną obserwacją pacjenta pod kątem delikatnych zmian w autonomicznym układzie nerwowym, w miarę jak u pacjenta zachodzi regresja do momentu traumatycznego zdarzenia. Napisał *Waking the Tiger*, North Atlantic Books, Berkeley 1997. Wyd. polskie: *Obudźcie tygrysa*, tłum. B. Jarząbska-Ziewiec, Wydawnictwo Czarna Owca, Warszawa 2012. Od tamtej pory nauczane przez niego metody przekształciły się w formę terapii nazywaną somatic experiencing [dosł. doświadczanie somatyczne – przyp. tłum.].

[41] Stephen Porges opracował, opatentował i wprowadził na rynek miernik napięcia nerwu błędnego, który pozwala mierzyć zmienność rytmu zatokowego. Współpracował z niewielką, nieistniejącą już firmą Delta-Biometrics, Inc. Obecnie tego rodzaju urządzenia oferowane są przez wielu producentów.

[42] Dr James Oschman jest naukowcem, badaczem i autorem bestsellera *Energy Medicine*, Churchill Livingstone, London 2000.

[43] Protokół Słuchania Terapeutycznego jest obecnie dostępny w ramach Zintegrowanych Systemów Słuchania jako *Safe and Sounds Protocol: A Portal to Social Engagement*: http://integratedlistening.com/ssp-safe-sound-protocol.

[44] J.T. Cottingham, S.W. Porges, T. Lyon, *Effects of Soft Tissue Mobilization (Rolfing Pelvic Lift) on Parasympathetic Tone in Two Age Groups*, „Physical Therapy" 1988, 68, nr 3: 352–356.

[45] D. Buskila D., H. Cohen, *Comorbidity of Fibromyalgia and Psychiatric Disorders*, „Current Pain and Headache Reports" 2007, 11, nr 5: 333–338.

[46] P. Schweinhardt, K.M. Sauro, M.C. Bushnell, *Fibromyalgia: A Disorder of the Brain?*, „Neuroscientist" 2008, 14, nr 5: 415–421.

[47] Systematyczny przegląd efektywności leków antydepresyjnych nie wykazał wyższej skuteczności w porównaniu z psychoterapią, alternatywnymi terapiami, takimi jak ćwiczenia, akupunktura czy relaksacja, a także technikami aktywnej interwencji, na przykład fałszywą akupunkturą lub terapiami niespecyficznymi dla depresji. A. Khan, C. Faucet, P. Lichtenberg, I.A. Kirsch,

W.A. Brown, *A Systematic Review of Comparative Efficacy of Treatments and Controls for Depression*, „PLOS" 2012, http://dx.doi.org/10.1371/journal.pone.0041778.

[48] Moim głównym nauczycielem biomechanicznej terapii czaszkowo-krzyżowej jest Alain Gehin, francuski osteopata, autor *The Atlas of Manipulative Techniques for the Cranium and the Face*. (Zob. także przypis 5).

[49] M.J. Fletcher, J. Upton, J. Taylor-Fishwick, S.A. Buist, C. Jenkins, J. Hutton, N. Barnes, T. Van Der Molen, J.W. Walsh, P. Jones, S. Walker, *COPD Uncovered: An International Survey on the Impact of Chronic Obstructive Pulmonary Disease [COPD] on a Working-Age Population*, „BMC Public Health Journal" 2011, 11, nr 612, www.biomedcentral.com/1471-2458/11/612#B1, doi:10.1186/1471-2458-11-612.

[50] *The 10 Leading Causes of Death in the World, 2000 and 2012*, World Health Organization Fact Sheet No. 310, World Health Organization, Geneva, Switzerland 2013.

[51] R.I. Miller, S.K. Clarren, *Long-Term Developmental Outcomes in Patients with Deformational Plagiocephaly*, „Pediatrics" 2000, 105, nr 2: e26.

[52] D.G. Simons, MD, J.G. Travell, MD, L.S. Simons, PT, *Myofascial Pain and Dysfunction: The Trigger Point Manual*, 6th ed., t. 2, Churchill Livingstone, London 2008.

[53] I.P. Rolf, PhD, *Rolfing: Reestablishing the Natural Alignment and Structural Integration of the Human Body for Vitality and Well-Being*, rev. ed., Healing Arts Press, Rochester, VT 1989.

[54] Ne 9, 17, *Biblia Tysiąclecia Online*, Poznań 2003, https://biblia.deon.pl/rozdzial.php?id=1340 (dostęp: 30.12.2019) [przyp. tłum.].

[55] J.T. Cottingham, S.W. Porges, T. Lyon, *Effects of Soft Tissue Mobilization (Rolfing Pelvic Lift) on Parasympathetic Tone in Two Age Groups*, op. cit. Ich eksperyment został szczegółowo omówiony w Rozdziale 4.

[56] A.C. Lunardi, C.C. Marques da Silva, F.A. Rodrigues Mendes, A.P. Marques, R. Stelmach, C.R. Fernandes Carvalho, *Musculoskeletal dysfunction and pain in adults with asthma*, www.ncbi.nlm.nih.gov/pubmed/21189115.

[57] D.M. Kado, M.H. Huang, H.S. Karlamangla, E. Barrett-Connor, G.A. Greendale, *Hyperkyphotic Posture Predicts Mortality in Older Community-Dwelling Men and Women: A Prospective Study*, „Journal of the American Geriatric Society" 2004, 52, nr 10: 1662–1667.

[58] „Mayo Clinic Newsletter" Nov 3, 2000.

[59] A. Breig, *Adverse Mechanical Tension in the Central Nervous System: An Analysis of Cause and Effect: Relief by Functional Neurosurgery*, Almqvist & Wiksell International, Stockholm 1978.

[60] R.W. Sperry, *Roger Sperry's Brain Research*, „Bulletin of The Theosophy Science Study Group" 1988, 26, nr 3–4: 27–28. Zob. także: R.W. Sperry, *Review of The Formation of Nerve Connections by R.M. Gaze* w „Quarterly Review of Biology" 1971, 46: 198.

[61] A.I. Kapandji, *The Physiology of the Joints*, 6th ed., t. 3, Churchill Livingstone, London 2008 [wyd. pol. *Anatomia funkcjonalna*, t. 3 *Kręgosłup i głowa*, tłum. R. Gnat, Edra Urban & Partner, Wrocław 2014, tłum. własne, brak fragmentu w polskiej wersji – przyp. tłum.].

[62] T.A. Smitherman, R. Burch, H. Sheikh, E. Loder, *The Prevalence, Impact, and Treatment of Migraine and Severe Headaches in the United States: A Review of Statistics from National Surveillance Studies*, „Headache" 2013, 53, nr 3: 427–436.

[63] L.D. Goldberg, *The Cost of Migraine and its Treatment*, „American Journal of Managed Care" 2005, 11, nr 2 suppl.: S62–67.

[64] D.G. Simons, MD, J.G. Travell, MD, L.S. Simons, PT, *Myofascial Pain and Dysfunction: The Trigger Point Manual*, op. cit.

[65] M.S. Robbins, R.B. Lipton, *The Epidemiology of Primary Headache Disorders*, „Seminal Neurology" 2010, 30: 107–119.

[66] J. Olesen, *Headaches*, 3rd ed., Lippincott, Williams & Wilkins, Philadelphia 2006: 246–247.

[67] R.C. Kessler, W.T. Chiu, O. Demler, K.R. Merikangas, E.E. Walters, *Prevalence, Severity, and Comorbidity of 12-Month DSM-IV Disorders in the National Comorbidity Survey Replication*, „Archives of General Psychiatry" 2005, 62, nr 6: 617–627.

[68] P. Barker, *Psychiatric and Mental Health Nursing: The Craft of Caring*, Arnold, London 2003.

[69] M. Passer, R. Smith, N. Holt, A. Bremner, E. Sutherland, M. Vliek, *Psychology*, McGrath Hill Higher Education, UK 2009.

[70] *The National Intimate Partner and Sexual Violence Survey*, National Center for Injury Prevention and Control, Centers for Disease Control and Prevention, Atlanta, GA 2017, www.cdc.gov/violenceprevention/nisvs/.

[71] M.J. Breiding, J. Chen, M.C. Black, *Intimate Partner Violence in the United States – 2010*, National Center for Injury Prevention and Control, Centers for Disease Control and Prevention, Atlanta, GA 2014, www.cdc.gov/violenceprevention/pdf/cdc_nisvs_ipv_report_2013_v17_single_a.pdf.

[72] T. Frodi, E. Meisenzahl, T. Zetsche, R. Bottlender, C. Born, C. Groll, M. Jäger, G. Leinsinger, K. Hahn, H.J. Möller, *Enlargement of the Amygdala in Patients with a First Episode of Major Depression*, „Biological Psychiatry" 2002, 51, nr 9: 708–714.

[73] B.S. McEwen, *L1 Stress Induced, Hippocampal, Amygdala and Prefrontal Cortex Plasticity and Mood Disorders*, „Behavioral Pharmacology" 2001, 15, nr 5–6: A1.

[74] Nie opublikowano żadnego raportu opisującego przebieg projektu terapeutycznego. Podsumowanie powstało na podstawie osobistych rozmów z psychologiem Markiem Levinem, które odbyłem w ciągu kilku lat.

[75] T. Insel, *Antidepressants: A Complicated Picture*, „The National Institute of Mental Health Directors Blog" Dec 6, 2011, www.nimh.nih.gov/about/directors/thomas-insel/blog/2011/antidepressants-a-complicated-picture.shtml.

[76] P. Wehrwein, *Astounding Increase in Antidepressant Use by Americans*, „Harvard Health Blog" Oct 20, 2011, www.health.harvard.edu/blog/astounding-increase-in-antidepressant-use-by-americans-201110203624.

[77] A. Vilhelmsson, *Depression and Antidepressants: A Nordic Perspective*, „Frontiers in Public Health" 2013, 1, nr 30, doi: 10.3389/fpubh.2013.00030.

[78] C.W. Lindsley, ed., *2013 Statistics for Global Prescription Medications*, „ACS Chemical Neuroscience" 2014, 5, nr 4: 250–251, www.ncbi.nlm.nih.gov/pmc/articles/PMC3990946/, doi: 10.1021/cn500063v.

79 J.C. Fournier, MA, R.J. DeRubeis, PhD, S.D. Hollon, PhD, S. Dimidjian, PhD, J.D. Amsterdam, MD, R.C. Shelton, MD, J. Fawcett, MD, *Antidepressant Drug Effects and Depression Severity: A Patient-Level Meta-analysis*, „Journal of the American Medical Association" 2010, 303: 47–53.

80 M. Olfson, MD, S.C. Marcus, PhD, *National Patterns in Antidepressant Medication Treatment*, „Archives of General Psychiatry" 2009, 66, nr 8: 848–856, doi: 10.1001/archgenpsychiatry.2009.81.

81 R.C. Kessler, P.A. Berglund, O. Demler, R. Jin, K.R. Merikangas, E.E. Walters, *Lifetime Prevalence and Age-of-Onset Distributions of DSM-IV Disorders in the National Comorbidity Survey Replication*, „Archives of General Psychiatry" 2005, 62, nr 6: 593–602.

82 Więcej informacji o przepuklinie rozworu przełykowego i jej leczeniu można znaleźć w Rozdziale 5 w podrozdziale „Łagodzenie objawów POChP i przepukliny rozworu przełykowego".

83 Centers for Disease Control and Prevention, *Prevalence of Autism Spectrum Disorder Among Children Aged 8 Years – Autism and Developmental Disabilities Monitoring Network*, „Surveillance Summaries" 2010: 1–21.

84 Centers for Disease Control and Prevention Autism and Developmental Disabilities Monitoring Network Surveillance Year 2010 Principal Investigators, Jon Baio, EdS, corresponding author, *Prevalence of Autism Spectrum Disorder among Children Aged 8 Years – Autism and Developmental Disabilities Monitoring Network, 11 Sites, United States, 2010*, „Morbidity and Mortality Weekly Report" 2014, 63, nr SS02: 1–21.

85 A.V. Buescher, MSc, Z. Cidav, PhD, M. Knapp, PhD, D.S. Mandell, ScD, *Costs of Autism Spectrum Disorders in the United Kingdom and the United States*, „Journal of the American Medical Association Pediatrics" 2014, 168, nr 8: 721–728.

86 T.A. Lavelle, PhD, M.C. Weinstein, PhD, J.P. Newhouse, PhD, K. Munir, MD, MPH, DSc, K.A. Kuhlthau, PhD, L.A. Prosser, PhD, *Economic Burden of Childhood Autism Spectrum Disorders*, „Pediatrics" 2014, 133, nr 3: e520–529.

87 N. Ostrow, *Autism Costs More Than 2 Million Dollars over Patient's Lifetime*, „Bloomberg Business" Jun 10, 2014, www.bloomberg.com/news/articles/2014-06-09/autism-costs-more-than-2-million-over-patient-s-life.

88 Zob. także E. Borg, S.A. Counter, *The Middle-Ear Muscles*, „Scientific American" 1989, 261, nr 2: 74–80.

89 Protokół Słuchania Terapeutycznego jest obecnie dostępny w ramach Zintegrowanych Systemów Słuchania jako „Safe and Sounds Protocol: A Portal to Social Engagement", http://integratedlistening.com/ssp-safe-sound-protocol.

90 S.W. Porges, M. Macellaio, S.D. Stanfill, K. McCue, G.F. Lewis, E.R. Harden, K.J. Heilman, *Respiratory Sinus Arrhythmia and Auditory Processing in Autism: Modifiable Deficits of an Integrated Social Engagement System?*, „International Journal of Psychophysiology" 2013, 88, nr 3: 261–270.

91 S.W. Porges, O.V. Bazhenova, E. Bal, N. Carlson, Y. Sorokin, K.J. Heilman, E.H. Cook, G.F. Lewis, *Reducing Auditory Hypersensitivities in Autism Spectrum Disorder: Preliminary Findings Evaluating the Listening Project Protocol*, „Frontiers in Pediatrics" 2014, 2, nr 80, doi: 10.3389/fped.2014.00080.

92 Informacja ta pochodzi z rozmowy ze Stephenem i jego asystentem, którzy podczas dwóch wizyt badali mnie pod kątem funkcjonowania mięśnia

strzemiączkowego. Zob. także E. Borg, S.A. Counter, *The Middle-Ear Muscles*, op. cit.

93 R.I. Miller, S.K. Clarren, *Long-Term Developmental Outcomes in Patients with Deformational Plagiocephaly*, „Pediatrics" 2000, 105, nr 2, http://pediatrics.aappublications.org/content/105/2/e26.short.

94 T.W. Myers, *Anatomy Trains: Myofascial Meridians for Manual and Movement Therapists*, 3rd ed., Churchill Livingstone, London 2014.

95 J.D. Bremner, MD, *Neuroimaging Studies in Post-Traumatic Stress Disorder*, „Current Psychiatry Reports" 2002, 4: 254–263.

O autorze

Stanley Rosenberg pochodzi ze Stanów Zjednoczonych, jest autorem książek i terapeutą ciała. Od 1983 roku zajmuje się rolfingiem, od 1987 – terapią czaszkowo-krzyżową. Przez wiele lat poznawał biomechaniczną terapię czaszkowo-krzyżową pod kierownictwem Alaina Gehina, szkolił się w zakresie terapii czaszkowo-krzyżowej w Instytucie Upledgera, uczestniczył w kursach biodynamicznej terapii czaszkowo-krzyżowej prowadzonych przez Giorgię Milne, badał zastosowania terapii w pracy z dziećmi wraz z Benjaminem Shieldem oraz uczestniczył w kursach osteopatii prowadzonych przez Jeana-Pierre'a Barrala.

Przez wiele lat prowadził w Danii szkołę, w której uczył integracji strukturalnej, masażu powięziowego, masażu blizn, biomechanicznej terapii czaszkowo-krzyżowej, masażu wisceralnego i biotensegracji. Napisał cztery książki wydane w Danii: *Nevermore Pain in the Back, Nevermore Stiff Neck, Pain Relief with Osteomassage oraz Hwa Yu Tai Chi*. Oprócz terapii ciała zajmował się także pracą w teatrze – szkoleniem aktorów w zakresie jogi, akrobacji i emisji głosu – w różnych instytucjach, między innymi Yale University, Brandeis University, Swarthmore College, a także w krajowych szkołach teatralnych w Danii i Islandii. Więcej informacji o technikach zaprezentowanych w niniejszej książce znajduje się na stronie internetowej: www.stanleyrosenberg.com.

Indeks

ADHD (zespół nadpobudliwości ruchowej z deficytem uwagi) 40, 104, 197, 198, 213, 220, 271
Agresja 86, 180
Antydepresanty 189, 192, 193
Antyspołeczne zachowanie 178, 179
Astma 40, 73, 107, 108, 133, 153, 158, 173
Ataki paniki 86, 171, 172, 177, 184, 200, 218
Autonomiczny układ nerwowy
anatomia 72, 73
dwa stany hybrydowe 68–71, 76
funkcje 25, 26, 123
i depresja 192, 193
i emocje 168, 169
i homeostaza 67, 68
i urazy 186–189
i zaburzenia ze spektrum autyzmu 200–201
samoregulacja 169
stary model 26, 27, 64, 84
trzy obwody 56, 64–70, 87, 88
uścisk dłoni jako wskaźnik stanu 66, 67

B 2 (punkt akupunkturowy) 253, 254
Bariera ciało–mózg 28, 29
Blizny 38, 156, 157, 175, 195, 252
Ból odbity (rzutowany) 160
Bóle głowy 71, 138, 157, 158, 184, 217
Bóle pleców 29, 90, 160
Breig Alf 154
Brutalne zbrodnie 178–181

Ciało, poczucie 96–98
Ciało migdałowate 185
Cottingham John 113–115, 119, 150, 232
Coughlin Patrick 31, 54
Część grzbietowa nerwu błędnego
funkcje 34, 48, 49, 55, 56, 68–71, 74, 130, 174
i PTSD 187–190
i zachowanie 35, 50, 53, 70, 74, 83, 123, 171
jako „stary nerw błędny” 76
wpływ aktywności 56, 66, 69, 70, 76–82, 87, 107
Czterominutowy naturalny lifting twarzy 249–255
korzyści 34, 35, 125
masaż na migrenę 240, 241
powtarzanie 35
skuteczność 35
technika rozluźniania nerwowo-powięziowego 231–235

Ćwiczenia salamandry 235–239
Ćwiczenie mięśnia mostkowo-obojczykowo-sutkowego na sztywną szyję 241–243

Ćwiczenie obrotowe mięśnia czworobocznego 244–249
Ćwiczenie podstawowe 183, 196, 197, 212, 222–226

Depresja 33, 78, 79, 84, 87–90, 120, 126, 190, 192, 193, 195, 197, 230
Depresja poporodowa 195
Dura mater – opona twarda 58
Dysfunkcje seksualne 104
Dysocjacja 76, 82, 169, 190, 194
Dzieci
  ADHD 104, 197, 213, 220
  autyzm 109, 110, 199–209, 211–213, 216–218, 220, 231
  lęk 176, 177

Einstein Albert 64
Emocje
  i autonomiczny układ nerwowy 19, 168, 169
  problemy 39, 40
Enteryczny układ nerwowy 43, 63

Fale Traubego-Heringa-Mayera 108
Falx cerebri – sierp mózgu 58
Fobie 170, 177, 178
Foramen magnum – otwór wielki 60, 148
Freud Sigmund 166

Galen Claudius 72, 83, 84, 115, 116
Gałąź (część) brzuszna nerwu błędnego
  funkcje 48, 49, 56
  i kręgi szyjne 226–228
  i mięśnie twarzowe 99–101
  i nerw XI 149, 150
  i zachowanie 69, 71, 88, 89
  i zmienność rytmu zatokowego 103–105,
  jako „nowy nerw błędny" 75
  ocena funkcjonowania 89, 90, 99–108, 112
  skutki aktywności 75, 76, 80, 83, 88
Gałąź gardłowa nerwu błędnego 115–118
Gałąź podprzeponowa nerwu błędnego. *Zob.* Część grzbietowa nerwu błędnego
Gehin Alain 106, 116, 124, 215

Hamulec wagalny 80, 118, 120
Hibernacja 77
Hipokamp 185
Hogan Ben 96, 97
Homeostaza 44, 65, 67

Instytut Stanleya Rosenberga 27, 30, 42

Johnson Lyndon 160

Kapandji Adalbert I. 155
Kennedy John F. 160
Kifoza 36. *Zob.* Wysunięcie głowy do przodu
Kręgi szyjne 140, 144, 196, 226–230, 232
Kości czaszki
  przesunięcia 29
Kość klinowa 52, 53

Lawrence Ronald 30
Levator scapulae – mięsień dźwigacz łopatki 139, 140
Levator veli palatini – mięsień dźwigacz podniebienia miękkiego 56, 116–118
Levine Peter 107
Lęk 170–178, 180, 184
LI 20 (punkt akupunkturowy) 250–253
Lifting twarzy
  naturalny 249–255
Lyon Todd 113, 115, 119, 150, 232

Magoun Harold 58
Mania 194
Metafora Hydry 37–39, 41, 102, 112, 118, 140, 221, 229, 255
Mięsień czworoboczny
  ćwiczenie obrotowe 244–249
Mięsień mostkowo-obojczykowo-sutkowy 47, 49, 56, 57, 60, 138–144, 147–150, 152, 155, 157, 159–162, 213, 214
Mięsień strzemiączkowy 48, 49, 51, 52, 203, 204, 211
Mięśnie podpotyliczne 157, 158, 229
Migrenowe bóle głowy 19, 33, 39, 57, 90, 122, 126, 138, 140, 158, 159, 161–165, 221, 240, 241
Myers Tom 140, 214

Nadpobudliwość 197. *Zob. też* ADHD
Nadwrażliwość słuchowa 52, 109, 204–207
Napięcia
  chroniczne fizyczne 39
Nerw I. *Zob.* Nerw węchowy
Nerw II. *Zob.* Nerw wzrokowy
Nerw III. *Zob.* Nerw okoruchowy
Nerw IV. *Zob.* Nerw bloczkowy
Nerw V. *Zob.* Nerw trójdzielny
Nerw VI. *Zob.* Nerw odwodzący
Nerw VII. *Zob.* Nerw twarzowy
Nerw VIII. *Zob.* Nerw przedsionkowo-ślimakowy
Nerw IX. *Zob.* Nerw językowo-gardłowy
Nerw X. *Zob.* Nerw błędny
Nerw XI. *Zob.* Rdzeniowy nerw dodatkowy
Nerw XII. *Zob.* Nerw podjęzykowy
Nerw bloczkowy (nerw IV) 47, 49
Nerw błędny (nerw X)
  etymologia 44
  funkcje 44, 47–49, 55, 56, 68, 71
  gałęzie 55, 56, 64, 65
  i nerw XI 149, 150
  położenie 44
  w historii 55, 64, 72, 73
  włókna czuciowe i ruchowe 235
  Zob. też Część grzbietowa nerwu błędnego; Gałąź (część) brzuszna nerwu błędnego
Nerw językowo-gardłowy (nerw IX) 31, 32, 47–49, 54, 55, 69, 74, 83, 154, 162, 212, 222, 235
Nerw odwodzący (nerw VI) 47, 49
Nerw okoruchowy (nerw III) 47, 49
Nerw podjęzykowy (nerw XII) 47–49
Nerw przedsionkowo-ślimakowy (nerw VIII) 48, 49, 202, 207, 211
Nerw trójdzielny (nerw V) 31, 32, 47–49, 51–53, 69, 74, 83, 97,154, 202, 203, 206–209, 211, 212, 219, 222, 249, 251–253
Nerw twarzowy (nerw VII) 31, 32, 47–49, 51–53, 69, 74, 83, 97, 154, 202, 203, 206–209, 211, 212, 219, 222, 249, 251, 252
Nerw węchowy (nerw I) 46, 49
Nerw wzrokowy (nerw II) 46, 49
Nerwy czaszkowe
  a nerwy rdzeniowe 42, 44
  funkcje 31–33, 44–49
  i zaangażowanie społeczne 32, 33, 49, 50, 54
  leczenie 57–59
  numeracja 44, 49
  początek 31, 32, 44
  role 42, 45
  Zob. też poszczególne nerwy
Nerwy rdzeniowe 31, 32, 44
Neurocepcja
  błędna 93–96, 98
  i przetrwanie 92, 93
  znaczenie 91
Nucleus ambiguus – jądro dwuznaczne 54, 149

Objawy
  eliminacja 38
  liczne 38, 41
  lista 39–41
  notowanie 221, 222
  wspólny mianownik 41, 42
Obserwacja twarzy
  ocena stanu na podstawie 99–102
Oddychanie
  brzuszne 137
  piersiowe 137
  przeponą 105, 133, 136, 137
Ohlgren Gael 107
Okostna 252, 253
Orbicularis oculi – mięsień okrężny oka 100, 253, 255
Oschman Jim 108

Pełne ćwiczenie salamandry 238–239
Pień współczulny 34, 35, 42, 50, 53, 56, 62, 63, 65, 66, 69, 70, 75, 76, 80, 81, 83–85, 87, 88, 118–120, 124, 137, 138, 188–189, 194, 200, 201, 221, 230, 241, 255
Płaska głowa
  ADHD i autyzm 139, 213, 214
  technika zaokrąglania 214, 215

Płyn mózgowo-rdzeniowy 28, 58
POChP (przewlekła obturacyjna choroba płuc)
cechy charakterystyczne 127, 128
leczenie 127–129
przyczyny 127
studium przypadku 129–137
Połowiczne ćwiczenie salamandry 235–238
Porges Stephen 19, 24, 25, 30, 31, 55, 74, 75, 79, 80, 84, 91, 99, 107, 108, 110, 111, 113, 115, 118–120, 124, 150, 193, 201–203, 206, 207, 232
POTS (zespół posturalnej tachykardii ortostatycznej) 81, 82
Problemy behawioralne 40, 41
Problemy somatopsychologiczne
znaczenie 166
Problemy z barkami 138, 139, 145, 146, 150
Problemy z płucami 19, 33, 40
Problemy z sercem 40, 68, 73, 105
Problemy z szyją 141, 147, 150, 154, 226, 227
Problemy z układem odpornościowym 35
Protokół Słuchania Terapeutycznego 109, 110, 202, 206
Przemoc domowa 178–186
Przepuklina rozworu przełykowego
i ADHD 197
leczenie 133–136
studium przypadku 132, 133
Psychiatria
historia 166, 167
PTSD (zespół stresu pourazowego) 186–189
Punkty spustowe 160–165, 240, 241, 253

Rdzeniowy nerw dodatkowy (nerw XI) 31, 32, 47, 49, 54, 56, 57, 60, 69, 74, 83, 138–143, 147–152, 154, 161–163
Reakcja odprężenia 26
Reakcja „walcz lub uciekaj" 32, 50, 62, 63, 65, 69, 84–88, 91, 180, 187, 199
Rolf Ida 23, 141
Rolfing 22, 23, 30, 112–114, 160, 231
Ruchy oczu 229, 230

Salveson Michael 107
Semispinalis capitis – mięsień półkolcowy głowy 144
Shield Benjamin 140
Simons David 139, 159, 160
Simons Lois 139, 160
Słuch
ewolucja 209–211
i zaburzenia ze spektrum autyzmu 207–209, 211, 212
nadwrażliwość słuchowa 52, 109, 204–207
Sperry Roger 154
Stan aktywności części grzbietowej nerwu błędnego
objawy 79, 80
Strach
a lęk 171
fobie 177, 178
jako proces fizjologiczny 171
zapach 172
Stres
i układ współczulny 72, 84, 85, 130, 221
nowa koncepcja 73, 87–90
przewlekły 26, 28, 34, 73, 79, 94, 154, 170
reakcja stresowa 26, 63, 94
znaczenie 84
Sutherland William Garner 27–29, 58
Szent-Györgyi Albert 25

Technika *pelvic lift* 113, 114
Technika rozluźniania nerwowo-powięziowego 231–235
Tensor tympani – napinacz błony bębenkowej 49, 52, 203, 204, 210, 211
Tentorium – namiot móżdżku 58
Teoria poliwagalna
historia 73
i bezpieczeństwo 32
implikacje 124
nazwa 34
potencjał leczniczy 126, 127
Terapia czaszkowo-krzyżowa
biodynamiczna 59
biomechaniczna 29, 30, 58, 89, 90, 110, 111, 124, 161, 212, 215, 231
historia 27, 29, 58

podejście 28, 29, 58, 59
popularność 30
Test ściskania mięśnia czworobocznego 118, 149–152, 174
Travell Janet 139, 159, 160

Ucho, struktury ucha 210, 211
Układ przywspółczulny 64, 72, 73
Układ współczulny
a układ przywspółczulny 64, 72, 73
i stres 72, 84, 85, 130, 221
Upledger John 29, 58
Upledger Institute 29, 58
Uraz
i autonomiczny układ nerwowy 186–189
powrót do zdrowia 186, 190–192
Zob. też PTSD
Uścisk dłoni 66

Współwystępowanie 41, 122
Wysunięcie głowy do przodu 138, 141, 145, 152–158, 244, 245

Zaangażowanie społeczne
i dysfunkcja nerwu czaszkowego 50–57
neurologia 31–34
przywracanie 34–36
wartość 32, 33, 50
warunki 99
Zob. też Ćwiczenia
Zaburzenia afektywne dwubiegunowe 162, 194–196
Zaburzenia umysłowe 41
Zaburzenia ze spektrum autyzmu
częstość występowania 199, 200
diagnozowanie 199
i autonomiczny układ nerwowy 200–201
i Protokół Słuchania Terapeutycznego 109, 110, 202–207
i utrudniona komunikacja 219–220
i zaburzenia słuchu 207–212
koszty 200
leczenie 211–218
objawy 198
przyczyny 198–199
studium przypadku 215–216
Zespół Aspergera. *Zob.* Zaburzenia ze spektrum autyzmu
Zmienność rytmu zatokowego (HRV) 67, 103–105, 115

Redaktorzy inicjujący
Anna Świerczyńska
Mateusz Chaberski

Redaktor
Dorota Węgierska

Korekta
Alicja Dziura

Skład i łamanie
Hanna Wiechecka

Wydawnictwo Uniwersytetu Jagiellońskiego
Redakcja: ul. Michałowskiego 9/2, 31-126 Kraków
tel. 12-663-23-80, fax 12-663-23-83